U0088837

臺灣歷史與文化 研究輯刊

十九編

第 18 冊

1990 以降親情散文母親形象研究

林 美 滿 著

花木蘭文化事業有限公司

國家圖書館出版品預行編目資料

1990 以降親情散文母親形象研究／林美滿 著 -- 初版 -- 新北
市：花木蘭文化事業有限公司，2021〔民110〕
序 2+ 目 2+194 面；19×26 公分
（臺灣歷史與文化研究輯刊十九編；第 18 冊）
ISBN 978-986-518-466-7（精裝）
1. 臺灣文學 2. 女性主義 3. 文學評論
733.08   110000681

ISBN-978-986-518-466-7

9 789865 184667

臺灣歷史與文化研究輯刊
十九編　第十八冊　　　　　　　ISBN：978-986-518-466-7

1990 以降親情散文母親形象研究

作　　　者　林美滿
總 編 輯　杜潔祥
副總編輯　楊嘉樂
編　　　輯　許郁翎、張雅淋　美術編輯　陳逸婷
出　　　版　花木蘭文化事業有限公司
發 行 人　高小娟
聯絡地址　235　新北市中和區中安街七二號十三樓
　　　　　　電話：02-2923-1455 ／傳真：02-2923-1452
網　　　址　http://www.huamulan.tw 信箱 service@huamulans.com
印　　　刷　普羅文化出版廣告事業
初　　　版　2021 年 3 月
全書字數　166328 字
定　　　價　十九編 23 冊（精裝）台幣 60,000 元

版權所有·請勿翻印

1990 以降親情散文母親形象研究

林美滿　著

作者簡介

林美滿，1973 年出生於新北市新莊。國立臺北教育大學台灣文化研究所文學組碩士。是國小教師，也是兩個孩子的媽媽。曾任教於新莊裕民國小，現任教於桃園中山國小。喜歡小孩，熱愛教學。

提　　要

　　現代散文中，「人」一直是散文創作的主流，由人倫的根底所衍生的親情，成為歷來不曾斷絕過的文學主題，作品數量之多高於其他類型之作。父母乃作家筆下最常描寫的人物，相較於父親，母親在作家筆下得到更多的關注更深刻的描繪，自九〇年代以降，隨著女性主義興起，女性意識覺醒，家族書寫風潮盛行，以母親為主體的創作上也隨之開展出更多元的寫作面向以及更深刻的思考意涵。

　　本論文根據九〇年代大規模湧現的散文選集，抽繹親情散文中母親書寫的部分作為探討對象，論文首章分析九〇年代在女性學的研究、創作及出版如何帶動母親創作以及形成討論的焦點。第二章分析不同時空下的「母親形象」，分別呈現「傳統慈母形象」、「堅毅／堅韌的地母形象」、以及「不完美的母親」三大類型的母親樣貌，隨著時空的變遷，不同時空背景之下的母親形象有其不變的共相，但也有了個別的殊相，彰顯出不同的時代價值與意義。第三章就「母親形象的表現手法」，就「意象」及「語言」兩個藝術面向，分析散文中所書寫母親的頭髮、雙手及衣服其背後所蘊涵的「象徵寓意」；透過母親的話語，進一步析論語言表相下母親的個性、愛情觀以及教育、教養觀。第四章以「母親形象主題意蘊」分析作家創作的主題思想，書寫母親的動機普遍存在著以書寫抒發對母親的感懷，另外也有意將母親自父權社會中邊緣附屬的位置推向中心，同時也進一步為母親走過的人生留下文字的記錄，置身現代社會的作家在這類作品裡也進而思索開展更符合現代精神的孝道意涵。

　　儘管母親一直在不同的作家筆下被關注書寫著卻仍令人讀之不厭，究其實，在此主題之下，作家們隨著時代變遷開拓出多元的寫作題材與面向，書寫內容愈掘愈深，並現完美與不完美的母親，思考層面也愈益深刻繁複且豐饒，因此，透過散文中母親書寫的研究，我們得以見到多元的女性面貌，同時也可以看見親情這一價值觀在不同世代間的差異與變遷。

自　序

　　因為簡媜的一本《紅嬰仔》，因為被書裡的文字說服，遂在工作與孩子之間，選擇留了下來，當起一個全職媽媽。漫長的育兒時光裡，經驗了一個小生命成長的喜悅，也經歷了如簡媜所言一瞬眼，怨言即在喉間湧動，深知危機迫近，卻無從抵擋的無助。母職實踐與自我實現的無法相容，成了一個暗影，自己永無止境的於焉掙扎，於是我結識更多正在實踐母職的女性，閱讀著關於女性與母親的散文作品，我想知道在相同的時空下，其他的女性是如何面對自己成為母親這件事？她們的選擇是什麼？她們如何看待成全他人與犧牲自己的意義？經歷了什麼樣的掙扎？又如何自掙扎中走了出來？憑藉著她人的故事與散文作家的作品，我看到了光亮也找到了出口，八年後，在實踐母職的同時也實現了自我，順利考取了研究所，每日在送孩子上學之後自己也開心的展開了桃園、台北兩地往返的求學生涯，同時間，老天爺又送了我一樣禮物，身體裡再次孕育著一個新生命，這一次，母職交纏著學業，於我而言是更艱鉅的挑戰，深知自己沒有退路，只能再次迎戰，一手孩子一手功課，歷時八年終至完成學業，回顧這一路走來，真是一趟美麗而艱辛的旅程！

　　以解決自身的困惑為起點，為了平衡自我與母親的兩種身分，因而開展母親書寫的閱讀，第一篇論文即〈簡媜散文中的母者書寫〉完成於月子期間。從九〇年代大量湧現的散文選集作品及風起雲湧的家族書寫中，更集中地見識到作家筆下所開展出不同的母親書寫面向，作家以文字訴說母親的故事，字裡行間有人間母親對子女恆常不變的愛，有台灣母親們堅毅與堅韌的生命活力，令人肅然起敬！結合自身經驗與對台灣廣大的母親們的敬意，於是確

立了論文研究的方向，希望能在此論文中呈現不同時空不同世代，母親們豐饒的面貌及豐沛的生命，補述女性的生命史，同時藉此用來榮耀台灣母親。

　　選錄的文本自五〇至九〇年代，作家則涵括前行代至最新世代。分別從母親形象、表現手法及母親書寫的主題意蘊三個面向展開論述。從五〇至九〇年代，台灣社會與文化蓬勃發展，性別論述、女性主義的傳入喚醒了女性自覺，作家筆下的母親已不再是常人所習見的傳統慈母，作家們在母親的共相之外更細膩地展現了風貌各異精采動人的殊相。另外，各種文體的越界與滲入豐富了散文的寫作技藝，母親形象書寫固然不是新穎的題材，在作家融入新的表現手法與寫作元素，依然在各文學獎中獲得評審的青睞。最後一章，探討了母親書寫的主題意蘊，早期之作較多抒情，或懷念或感恩，然而，在九〇年代以後，作家們挾帶著女性觀點及女性自覺意識，拓深了母親這個古老主題的內蘊，然而，在細讀所有的文本後，我們也發現了，書寫的最終——母親書寫，書寫母親，無非都是因為「愛」。

謝　辭

　　論文終告完成的此刻，百感交集，千言萬語，最想說的仍是感謝！

　　感謝翁聖峰老師，耐心的督促，費心的指導。課堂裡一句「操千曲而後曉聲，觀千劍而後識器」勉勵研究生，這句話抄錄在筆記裡也銘記在心裡，成了開啟研究之門最珍貴的鎖鑰。嚴謹的治學態度，孜孜不倦的提點，論文完成時，更能深刻體悟老師的深意——不積跬步，無以至千里。不積小流，無以成江海的道理。

　　感謝王鈺婷老師於初審及口試時的勉勵與指正，從題目到架構及至字字句句提出您寶貴的意見，促使論文能臻於完善，最後相贈的「妳真的寫得很好，非常全面與深入研究」，對於一個在學術之路上孜孜矻矻磕磕絆絆，卻始終堅持到底的自己，是何其珍貴的一語！感謝陳允元老師慨然允諾的前來為我口考，除了提供了精闢的見解，也分享了撰寫論文的經驗——寫論文要不斷出來跟朋友或老師討論，自己悶著寫會有很多盲點。在接近終點之時，仍不忘鼓勵自己：最後的半哩路，請再加油一下！指點迷津之情，銘謝在心！

　　感謝我的母親林鄭英玉女士，一個不識字的農婦，憑著驚人的毅力與韌性，和父親胼手胝足，肩上一擔擔的茶葉，就這麼養大了六個兒女，因為母親，所以有了這本母親的研究。撰寫期間，無數通的電話，關心她的女兒也關心她的孫子／女及女婿，自己有這樣的媽媽何其幸運，孩子有這樣寵愛的阿嬤何其幸福。這本論文，用來榮耀媽媽。同時，也要感謝我的兄姐，在困頓的日子裡，給了我精神上的鼓勵，大姐更在經濟上予以奧援，親情萬歲！

　　感謝我的先生，總在一旁默默的陪伴與支持，當了母親還能自由地追尋自己的夢想，你是成就這一切最重要也最可靠的力量，山窮水盡疑無路時，

你說了永遠相信有奇蹟！焦躁不安地原地踏步，你傳來了 Keep Walking！息交絕遊與論文為伴苦悶之際，你又開口了「花若盛開，蝴蝶自來；人若精彩，天自安排。」泡茶、遞水、買咖啡兼又打掃、買菜、洗衣服，何其有幸，與你結為連理！

最後，還要感謝我的兒子、女兒，每一年每一張張的母親節賀卡裡永遠有你們最真誠的祝福——媽媽～祝妳早日完成論文喔，然後，我們再出去玩喔～

感謝你們，因為你們的可愛與體貼，讓媽媽終於——美夢成真！

2020.2.4

第一章 緒 論

第一節 研究動機與目的

　　不論是傳說中女媧摶土造人之說，亦或女性所獨具孕育及哺育生命的功能，女性於生命中所擔負的母親角色被視為一切生命的源頭所在，母親的形象也隨之被推崇至偉大的、無私寬容與無怨奉獻的神聖地位，這樣的形貌普遍反映在文學作品中，不論是新詩、散文或小說，都可見以母親為題材而進行創作，且內容多半是以頌讚母親的勞苦、懷念母愛的偉大與溫暖為其基調。何寄澎以近四十年來台灣散文作品中女性形象的描寫情形進行分析，總結出觀察所得：

> 台灣當代散文中之女性描述，蓋以母親一類為最大宗，絕無疑問。
> 其篇章之夥，超過其他女性描述之總和，顯示散文作家對女性之關
> 注實以母親為焦點。〔註1〕

以五〇年代琦君的散文為例，白先勇即明白指出「母親是琦君最重要的創作泉源」，「琦君寫得最感人的幾篇文章幾乎都是寫她母親」〔註2〕。鄭明娳除了同時提到「懷念母親」是琦君散文中時常撰寫的題材之外，她更進一步指出透過其不同面向的母親書寫，「讀者可以從不同的角度認識她的母親，並肯定

〔註1〕何寄澎，〈當代台灣散文中的女性形象〉，收入鄭明娳主編，《當代台灣女性文學論》（台北：時報文化出版公司，1993），頁280。
〔註2〕白先勇，〈棄婦吟──讀琦君〈橘子紅了〉有感〉《橘子紅了》（台北：洪範，1991），頁2。

地勤勞、節儉、容忍、慈悲、寬懷等種種美德。」〔註3〕一個典型的慈母，除了在文學作品中隨處可見，長久以來，我們生活周遭亦不乏這樣的女性身影，當我們所閱讀的文本與生活中所習見的形象相互契合之際，我們對於母親應有的樣貌與認知幾乎已無法開展或容納其他的可能與想像，甚至毫無疑問、理所當然地期待著進而自我扮演著，並以此標準一一檢視身邊的女性。然而，一個偉大的無怨無悔的母親樣貌，果真會如作家小民所說的「『母親』的工作永不退休，『母親』的行業永不淘汰，『母親』的角色也永不落伍。」〔註4〕？這個問題我們可以從不同世代的女性作家筆下，如何詮釋母親與母職的意義，獲致答案。五〇年代慈母的擁護者小民如此寫道：「孩子，是女人的光輝。女人，都該學做好母親！」〔註5〕九〇年代張讓卻說：

> 母親是什麼？我們不因為一年一天的母親節而更深刻了解「母親」，只是更不可挽回的在一味感恩中，加倍將「母親」的意義固定到過度簡化的自我犧牲、無怨無尤的歷史形象中去。這形象是正確的嗎？公平的嗎？不可更改的嗎？在「母親你真偉大」、「母親像月亮一樣」、「母親我愛你」的歌聲背後，真正的那個女人是誰？〔註6〕

　　母親身分的重新界定在九〇年代明顯地備受重視，從五〇到九〇年代，台灣社會在各方面都有了明顯地改變，家庭結構從大家庭至小家庭；社會型態由農業社會進入工商時代；隨著環境的變遷，社會風氣的開放，女性得以與男性等同受教育，當女性擁有書寫的能力甚至是權力，女性的處境及傳統婦女的命運一時成了討論的焦點。九〇年代以來，「女性」議題在文學研究及各領域都受到前所未有的重視，台灣有更多女性主義學者加入女性主義研究，根據陳國偉的觀察，在台灣女性主義文學的研究興起於一九八六年左右，起初是以大學外文系為引介中心，而後延燒至其他領域及媒體，該年度分別有《中外文學》、《當代》、《聯合文學》三份雜誌策畫女性主義專題，正式宣告台灣女性主義文學研究的開端。〔註7〕《文訊雜誌》也分別於一九九五、一九

〔註3〕鄭明娳‧林燿德主編，〈有情四卷—親情〉（台北：正中，1989），頁50。

〔註4〕小民，〈不停擺的「媽媽鐘」〉《媽媽鐘》（台北：健行文化，1993），頁2。

〔註5〕小民，〈學做好母親〉《媽媽鐘》（台北：健行文化，1993），頁40。

〔註6〕張讓，〈界定之外——母親的象徵和實際〉《斷水的人》（台北：爾雅，1995），頁139。

〔註7〕陳國偉，〈九〇年代台灣文學現象觀察——女性主義文學研究〉《文訊》（2000年12月），頁47。

九六及一九九八年策畫女性相關專題──「女性團體與婦女處境」、「女性與台灣文藝的發展」、「女性書寫新方向」等，及至今日，女性主義思潮及女性文學已呈現相當蓬勃的景象，成了一門顯學。女性主義學者分別由性別、婚姻、經濟及身體自主等面向討論女性在社會結構中的位置，女性的「母親」身分及母職實踐更直接且全面地成了關注的議題。

「母親」受到重視的情形，也顯見於出版的熱潮。在女權會的策畫下，推出了《消失的台灣阿媽》（1995）、《阿媽的故事》（1995）及《阿母的故事》（1998）〔註8〕母親從書寫的客體躍升為主體。二〇〇四年，由立緒文化所出版的家族書寫系列文選《我的父親母親》，將「父親」與「母親」二主題分類出版，突顯出女性（母親）的自我價值。另外，隨著九〇年代家族書寫風潮的帶動，出現更多以母親為主體的散文集，《昨日重現》（鍾文音）、《多桑與紅玫瑰》（陳文玲）、《母系銀河》（周芬伶）、《從城南走來：林海音傳》（夏祖麗）、《母親的六十年洋裁歲月》（鄭鴻生）、《我的心肝阿母》（張輝誠）、《4444》（李煒）、《後來》（廖玉蕙）、《台北爸爸，紐約媽媽》（陳俊志）、《為阿嬤做傻事》《我的媽媽欠栽培》（楊富閔），這些作品以母親為敘述主體，不同於以往自傳的方式，作家們以更貼近真實生活的細節書寫方式，寫出了母親真實的人生故事。

母親書寫，在九〇年代所出版的散文選集中，可以更全面的看到不同世代的作家作品，而且從數量上可以看到母親除了在散文中佔女性描述之首，她同時也是親情散文中書寫數量之冠的人物，以九歌年度散文選集而言，130篇的親情散文，母親書寫有35篇〔註9〕；以十五冊現代散文選集收入情形分析〔註10〕，數量比例亦是居冠；以親情為主題的選集（共三十一本）再進一步檢索，510篇選文，母親部分計有273篇之多〔註11〕。從選文中文本的發表年代而言，發現九〇年代以降母親的書寫除了在數量上更多，書寫面向也愈見多元。

據此，本論文以九〇年代選集中所輯錄的親情散文，擇取書寫「母親形象」之作品為討論焦點，試圖窺探在不同世代的作家筆下呈現何種母親樣

〔註8〕女權會策畫／江文瑜編，《阿母的故事》（台北：遠流，1998）。
〔註9〕「九歌年度散文選」（1990-2015）有關親情散文中母親書寫的分佈情形，詳見附錄一。
〔註10〕「現代散文選集」（1994-2015），母親書寫文本之分佈情形，詳見附錄二。
〔註11〕以親情為主題之散文選集，母親書寫文本分佈情形，詳見附錄三。

貌？作家們如何重新界定母親的意義？女性主義所提倡的女性自覺意識，又如何左右作家們看待母親的角度與眼光？究竟在相對真實的散文文本中，我們習見的母親共相又將開展出何種殊相？最後，散文與時代密不可分，傳統的百善孝為先的倫理觀是否也走到了必須修正的時候，作家如何提煉自身的經驗賦予孝道更人性更符合現代社會的意涵？期望透過上述不同面向的探討，除了呈現母親文本中的形象書寫及其特色與意涵之外，同時也希望透過這綿延不絕的母親故事的探討，在傳統母親的苦難與精神中，尋得啟示，進而期待更多樣的母親形象，豐富散文的書寫，豐富女性的母親生活。

第二節　研究方法與研究範圍

一、研究範圍

　　本論文探討的時空範圍從五〇到九〇年代，選取的文本包括不同時空不同世代散文中書寫母親的作品，而選錄的文本主要以九〇年代所湧現的散文選本為範疇，根據黃如焄的研究，以 2000 年為考察基點，該時期出現的選集，主要有：「文學大系」、「年度選」、「名家精選」、「文學史式」選本及「主題式」選本〔註12〕，據此，本論文文本主要來源以「九歌年度散文選」、「現代散文選集」（含文學大系、文學史式等選本）以及以親情角度選錄的「親情散文選」三大類為主，相關選集之書名、編者、出版年度表列如下：

　　（一）九歌年度散文選（一九九〇～二〇一四年）

表1：九歌年度散文選集資料

選　集	編者	出版年度	選　集	編者	出版年度
《七十九年散文選》	蕭蕭	1991	《九十二年散文選》	顏崑陽	2004
《八十二年散文選》	蕭蕭	1994	《九十三年散文選》	陳芳明	2005
《八十三年散文選》	林錫嘉	1995	《九十四年散文選》	鍾怡雯	2006
《八十四年散文選》	簡媜	1996	《九十七年散文選》	周芬伶	2009
《八十六年散文選》	林錫嘉	1998	《九十八年散文選》	張曼娟	2010

〔註12〕黃如焄，〈當代散文選本與文學書寫之考察——以 2000～2006 為範圍〉《花大中文學報》第一期（花蓮教育大學中文系，2006 年 12 月），頁 265。

《八十七年散文選》	簡媜	1999	《九十九年散文選》	宇文正	2011
《八十八年散文選》	焦桐	2000	《一〇〇年散文選》	鍾怡雯	2012
《八十九年散文選》	廖玉蕙	2001	《一〇三年散文選》	阿盛	2015

以上年度散文選，選取時間範圍自一九九〇至二〇一四年散文選集中所收錄的母親書寫作品，其中民國 80 年、81 年、85 年、90 年、91 年、95 年、96 年及 101、102 年之親情散文作品未見收錄母親相關書寫，因此未予列出。

（二）現代散文選集

表 2：現代散文選集資料

書　　名	編　者	出　版	出版日期
《散文教室》	陳義芝	朱衣	1994
《散文二十家》	陳義芝	九歌	1998
《中學生現代散文手冊》	蕭蕭	翰林	1999
《現代散文選續編》	楊牧、顏崑陽	洪範	2002
《台灣現代文學教程：散文讀本》	周芬伶、鍾怡雯	二魚文化	2002
《台灣現代文選》	向陽、林黛嫚、蕭蕭	三民	2004
《國民文選：散文卷二、三》	陳萬益	玉山社	2004
《台灣現代文選·散文卷》	蕭蕭	三民	2005
《二十世紀台灣文學金典：散文卷一～三部》	向陽	聯合文學	2006
《五十年來臺灣女性散文·選文篇》（上）（下）	陳芳明、張瑞芬	麥田	2006
《台灣文學 30 年菁英選：散文 30 家》（上冊、下冊）	阿盛	九歌	2008
《中華現代文學大系》1989～2003	總編輯余光中　主編：張曉風	九歌	2009
《靈魂的領地：國民散文讀本》	凌性傑、楊佳嫻	麥田	2013
《天下散文選 I、II：1970～2010 台灣》	鍾怡雯、陳大為	天下	2013
《散文類：新時代「力與美」最佳散文課讀本》	黃錦樹、高佳謙	麥田	2015

（三）親情主題散文選集

表 3：「親情主題散文集」資料

書　名	編　者	出　版	出版日期
《感激——父母的愛》	小民	正中	初版 1986 新版 2005
《愛是無價寶——親情與孝思》	正中書局	正中	1993
《親情維他命》	正中書局	正中	1997
《無盡的愛》	幼獅文化	幼獅	1997
《親情無價》	楊明	幼獅	1998
《永恆的愛》	正中書局	正中	1998
《千針萬線紅書包》	蕭蕭	幼獅	1999
《阿爸的百寶箱》	林黛嫚	幼獅	2001
《媽媽剝開青橘子》	林黛嫚	幼獅	2001
《有空就回家》	正中書局	正中	2003
《49 個夕陽》	陳幸蕙	幼獅	2004
《我的父親母親（母）》	立緒文化	立緒文化	2004
《煮飯花——溫馨的親情小品選集》	陳幸蕙	幼獅	2006
《親情靠站列車》	正中書局	正中	2007
《父母心 彩虹情》	正中書局	正中	2007
《親情學分 ALL PASS》	正中書局	正中	2007
《真情來敲門》	正中書局	正中	2007
《散文新四書 春之華》	林黛嫚	三民	2008
《散文新四書 冬之妍》	廖玉蕙	三民	2008
《親情之旅》	沈惠芳	幼獅	2008
《溫情的擁抱：經典親情散文集》	蕭蕭	幼獅	2009
《流星雨的天空》	廖玉蕙	幼獅	2010
《像太陽一樣的笑容》	幼獅主編	幼獅	2010
《溫情的愛：現代親情散文集》	蕭蕭、王若嫻	幼獅	2010
《最好的時光——親情，愛在四季》	廖玉蕙	正中	2010
《當你失去親愛的人——走過悲傷的幽谷》	焦桐	二魚文化	2013
《中學生晨讀 10 分鐘：親情故事集》	廖玉蕙	天下雜誌	2014

二、研究方法

張瑞芬在《臺灣當代女性散文史論》一書中，明白揭示，關於女性散文的研究，具體做法「仍應由最基礎的文本整理與詮釋入手」〔註13〕，其所持理由在於女性散文研究的缺乏，因此文本的搜集、整理與詮釋，成為最直接也最具體的做法，本論文以九〇年代以降散文選集中書寫母親為題的研究，同樣面臨文本散佚與相關研究匱乏的問題，至目前為止，除正中、幼獅及親子天下以中學生為對象所編選的親情相關散文作品之外，集中以母親為主題的選集，只見立緒文化所出版的《我的父親母親（母）》〔註14〕共計四十六篇，仍有許多佳作分散於各散文選集。研究方面，也尚未有以親情散文為主題的相關研究，在作家的個論研究方面，偏重於個別作家的母女關係，母親形象、作品中的書寫意涵及藝術風格尚未有相關論文進一步探究，因此蒐集母親文本以進行整理、篩選、分類與歸納，為本研究之首要做法，接著進行文本的細讀與詮釋。由於本論文結合了「散文」及「母親形象」兩大範疇，除採取文獻分析與文本分析之外，並輔以與「散文」及「母親」相關的研究理論，以作為文本的詮釋與深究之理論基礎。

（一）文獻分析法

孟樊在《論文寫作方法與格式》一書中說明所謂「文獻分析法」係指經由文獻資料進行研究的方法，在一定的限度之內，透過對蒐集而來的文獻資料的整理、分類、綜合、比較、歸納與分析〔註15〕。本論文透過期刊論文、期刊雜誌（《文訊雜誌》、《聯合文學》、《幼獅文藝》及《國文天地》）及報紙副刊進行相關作品及其作品的評論以及研究等進行歸納分析。

（二）文本分析法

所謂文本分析，孟樊說明：即將事物的組成分子（內容）予以分解（或拆解）細察。〔註16〕將文本所組成的內容以拆解，以細讀的方式，細察文本中的字詞所呈顯的深層意義及言外之意。因此，本論文的作法即將所蒐集而來的文本，歸納分析常用的字詞，試圖透過文字解讀作家的言外之意。即透過文本分析法，拆解文本中的組成元素，進一步加以剖析與詮釋，從中析論

〔註13〕張瑞芬，《臺灣當代女性散文史論》（台北：麥田，2007），頁84。
〔註14〕立緒文化編選，《我的父親母親（母）》（台北：立緒文化，2004）。
〔註15〕孟樊，《論文寫作與格式》（台北：威仕曼文化事業，2009），頁106。
〔註16〕孟樊，《論文寫作與格式》（台北：威仕曼文化事業，2009），頁107。

出作品所反映的深層意涵。

（三）母親相關理論

女性主義文學的研究在台灣興起於一九八六年左右，至一九九五年台灣方有第一本本地學者撰述，較為全面的女性主義理論引介書籍：《女性主義理論與流派》，由顧燕翎等九位學者共同撰寫而成，大略介紹了歐美女性主義的重要流派。〔註 17〕女性由女人進入母親的身分，母親所擔負的母職角色以及存在於母親與女兒間的母女關係為女性主義論述中的重要課題，然而台灣在女性主義文學母親相關研究上所運用的理論，以克萊茵、西蒙波娃、瑞奇及伊蕊等西方學者的理論為主，以西方理論分析台灣母親作品，在社會文化背景的差異下，詮釋上勢必無法完全契合，因此，本文研究在論述上將輔以女性主義及社會學對母親的相關的探討，以期更客觀精確地探討作家書寫台灣母親的背後動機及其時代侷限。

（四）散文相關理論

本論文第三章分析散文作品中母親書寫的表現手法，柯裕棻曾說道「散文實在是個彈性與時代感都極強的文類」〔註 18〕，九〇年代以來這個文類在創作技法上呈現了繁複的寫作技巧，以容納現代人更幽密的內心世界，母親書寫是散文中歷久不衰的題材之一，到了九〇年代，作家們除了在題材上加以延續，同時也在技巧上開拓了新的書寫面向，呈現了多元的書寫風貌。因此，本論文藉由散文相關理論以分析該主題的寫作技巧。鄭明娳教授一系列的散文理論專書是目前最具系統，為研究散文領域者的主要參考專書之作，包括《現代散文構成論》、《現代散文現象論》、《現代散文縱橫論》、《現代散文類型論》等書，其中《現代散文構成論》集中分析散文寫作技巧，唯該理論成書於一九八九年，距今已有三十年，張瑞芬便指出在鄭明娳的研究基礎上「至少有近二十年的作家作品評論需要補強」〔註 19〕因此，除鄭明娳所著散文理論的運用，另外還加以參酌馮永敏《散文鑑賞藝術探微》〔註 20〕（一九

〔註 17〕陳國偉，〈九〇年代台灣文學現象觀察——女性主義文學研究〉（《文訊》，2000），頁 47～48。
〔註 18〕柯裕棻，序〈寫入時代的風雨〉《九歌 102 年散文選》（台北：九歌，2014），頁 15。
〔註 19〕張瑞芬，《臺灣當代女性散文史論》（台北：麥田，2007），頁 10。
〔註 20〕馮永敏《散文鑑賞藝術探微》（台北：文史哲，1998）。

九八）、李光連《散文技巧》〔註21〕（一九九六）、張春榮的《修辭新思維》〔註22〕（二○○一）及《現代散文廣角鏡》〔註23〕（二○○一）等書，以更完整析論作家們筆下母親書寫的技巧。

第三節　研究成果回顧

　　二○○四年，由立緒文化所編選《我的父親母親（母）》〔註24〕一書，透過所搜羅的母親文本，提供本論文進行研究時的重要參考。首先，該書中的作品，涵蓋時間自一九○○以前至二○○二年，族群方面則包含原住民、閩南、客家、中國大陸等，作家橫跨三代四十六家，自胡適至鍾文音至吳鈞堯等，提供了近百年母親形貌的大致輪廓，從文本中可以發現，母親此一形象，在不同的時空背景、不同族群的文化以及世代價值觀的影響下，母親面貌差別甚大，這些因素在分析散文中母親文本時是不可忽略的。另外，針對立緒文化的編輯群所搜集的文本，除了教科書所常見的經典之作——胡適〈我的母親〉、阿盛〈娘說的話〉等，有少部分的作品，並非出自文學作家創作的作品，如星雲法師的〈娘言二則〉、舞臺劇演員金士傑的〈母親〉，因為論文研究的範疇是以具文學性的散文作品為主，所以這些作品並未納入討論，但這些作品的發表與收錄，再次彰顯出母親之於每個人的重要性，以及以母親作為寫作題材者，不只存在於文學家筆下，另外，這些作品也為散文作家筆下所書寫的母親們提供了參照的作用。

　　張瑞芬與陳芳明合編《五十年來臺灣女性散文・選文篇》上下篇，收入女性散文作家作品共一百篇，張瑞芬更進一步從創作歷程、寫作風格及作品的藝術價值等方面進行評論，收錄於《五十年來臺灣女性散文・評論篇》一書。從選錄的作品來看，與親情相關者有十六篇，母親書寫就佔有六篇〔註25〕，

〔註21〕李光連，《散文技巧》（台北：洪葉文化，1996）。

〔註22〕張春榮，《修辭新思維》（台北：萬卷樓，2001）。

〔註23〕張春榮，《現代散文廣角鏡》（台北：萬卷樓，2001）。

〔註24〕立緒文化編選，《我的父親母親（母）》（台北：立緒文化，2004）。

〔註25〕從張瑞芬與陳芳明所擇選出五十年來臺灣女性散文的代表作品一百篇中，與親情相關者有十六篇，書寫的對象包含父親、母親、祖母、外公、兄弟、兒女、嬸婆、叔公等，其中以書寫母親所收錄的作品最多，計有六篇——琦君，〈毛衣〉；小民，〈母親的頭髮〉、〈媽媽鐘〉；劉靜娟，〈背影〉；謝霜天，〈磨〉；鍾文音，〈我的天可汗〉。詳見張瑞芬，陳芳明《五十年來臺灣女性散文・選

自五〇年代琦君至九〇鍾文音都在母親的創作上留下極具代表性的作品。在評論方面，張瑞芬以「母心似天空」〔註26〕作為標題評論小民的散文，以「母性散文」直稱小民散文，可以見出五〇年代母慈女孝的一面，成為九〇年代母女衝突一種對照，其中，張瑞芬指出五〇年代的時空背景——戰亂流離的年代、女性主義思想尚未傳入的時代，母親在那樣的時空裡深具時代意義，張瑞芬在此給予傳統母親的評價，提醒研究者同樣是母親，不論是傳統與現代，都必須將之置入時代的脈絡裡，才能檢視出價值與意義，同時，在母親個人的形象背後，其實都潛藏著時代的侷限，在重構母親的意義時，對於傳統母親的態度是理解亦或是批判？應該要有更客觀更周全的評價態度。

王德威觀察臺灣文學現象，指出「八〇年代以來，記憶台灣成為重要的文化工程」〔註27〕，他於二〇〇九年所作《臺灣：從文學看歷史》一書，或可視為以文字以文學記憶台灣的一種方式。序言中他說道，歷史上所謂的大事件只是歷史大敘事的抽樣，如果從文學的角度觀看臺灣的歷史，應當更甚於此。日常生活、物質細節、風物習俗、庶民文化等，都可以成為認知臺灣過去與現在的線索。因此，該書由小敘述的角度切入，不著意於網羅歷史事件與文學經典，以凸顯作家筆下繁複多樣的臺灣經驗為目的，蒐集十七世紀中葉以來到當代的文學作品一百四十七篇，按時序或主題，分為三十三章。文類包括小說、散文、詩歌。〔註28〕該書中第二十七章題為「我的父親母親」，收錄三位作家（孫康宜、陳芳明、鍾鐵民），四篇親情散文（父親、母親各兩篇）。王德威以為關於臺灣過去的種種迫害、離散、監禁，或死亡的敘事中，「親情的表述——尤其是人子的孺慕之情——為冰冷的歷史注入一股暖流。」透過文字，我們看到台灣這塊土地上曾有一輩的父母，「在百無出路的時刻，他們對彼此、對子女的關愛成為最重要的生存理由。」因此「倫理親情的曲折綿長，反而成為記憶臺灣的另一種資源。」〔註29〕以此可見，親情散文對於建構台灣歷史的重要性，王德威於此書中所持的觀點，深為筆者所認同，「文學乃在反映當代人集體的心靈與生活狀態」，「集體的」意義旨在除菁英

文篇》上下篇，（台北：麥田，2006）。

〔註26〕張瑞芬，〈母心似天空——論小民散文〉《五十年來台灣女性散文·評論篇》（台北：麥田，2006），頁118。

〔註27〕王德威，《臺灣：從文學看歷史》（台北：麥田，2009），頁383。

〔註28〕詳見王德威，序《臺灣：從文學看歷史》（台北：麥田，2009），頁5。

〔註29〕王德威，序《臺灣：從文學看歷史》，頁383。

偉人之外也包涵普羅大眾、市井小民，生長於台灣這塊土地上的母親們，其貢獻功不可沒，是補述台灣歷史重要的工程，她們的故事，即便如此個人，如此瑣碎與平凡，仍然存有著一定的時代意義。

　　親情散文的相關論述並不多，尤其以散文中的母親形象之探討更少。鄭明娳於一九八九年與林燿德合編《有情四卷─親情》〔註30〕一書，一九九二年發表〈台灣現代女作家筆下之父親形象〉〔註31〕一文，可見鄭明娳對親情散文的關注。該文以臺灣三十年代以前的女作家與新世代女作家筆下所形塑的父親形象進行探究，歸結出散文中所呈現的父女關係，不同世代的作家處理父親形象上有明顯的差異：老一輩作家對父親的形象為無條件接受，且以父親的功業為書寫焦點；新世代女作家雖也表彰父親的優點，但同時也寫出其性格的弱點，著重於父親生命的特色，而非停留在父親的社會價值之表象層面，這是與前輩女作家很不同的一個轉變，鄭明娳由此說明新世代的女兒們因時代的不同而逐漸要求父親由表相回歸為具有人性的真我。此文所提出的幾個面向啟發筆者於母親形象探究時著意觀察的角度，首先，從作家有意或無意的剪裁父親的日常片段作為文本中父親形貌的呈現，除了直接顯示出作家不同的觀看或理解父親的方式，也間接反映出整個時代價值觀的改變，作家的個人與時代的改變如何透過一個形象進行辯證？另外，鄭明娳指出父親形象在新世代的女性作家筆下已由「表相」回歸到「具人性的真我」，那麼，作家在母親形象方面的描繪，是否也有這樣的企圖，成為筆者在研究母親形象時所關注的面向。

　　何寄澎的〈當代台灣散文中的女性形象〉一文對於本論文母親形象的研究，提供了很重要的研究方向。何寄澎首先經過整理分析散文中所描繪的女性形象，得到的結論是：「台灣當代散文中之女性描述，蓋以母親一類為最大宗」〔註32〕；另外，他又聚焦於母親的形貌，歸納出母親的形象在散文中可見普遍的共相與別致的殊相兩大類，其中以共相的形象為多，大致為擔負者、奉獻者、庇蔭者的姿態出現。何寄澎在此提出，台灣早期受限於苦難、貧困的社會環境，傳統母親的存在實有其必然性，然而，當台灣進入工商文明急

〔註30〕鄭明娳、林燿德合編，《有情四卷─親情》（台北：正中書局，1989）。
〔註31〕鄭明娳，《當代散文現象論》（台北：大安出版社，1992），頁117～133。
〔註32〕何寄澎，〈當代台灣散文中的女性形象〉，收入鄭明娳主編，《當代台灣女性文學論》（台北：時報文化出版公司，1993），頁280。

速發展的現代，母親形象必然有所改變，他認為這是散文作品必須相應時代的腳步與之廣泛而深入、細密的回應。本論文以九○年代散文選集中的作品作為分析文本，目的也是希望檢視散文作品在這部分的成果，是否能相應時代而呈顯更多元、更人性、更真實的母親樣貌？

　　一九九六年，平路在中央日報發表了〈想像她／否定她／要她不說話──中文女作家筆下的母親形象〉〔註33〕一文，以小說文本，探討臺灣新生代女作家筆下的母親形象，根據觀察所得，存在小說中的母親形象早期有：以冰心詠歎母愛為代表的「慈愛的母親」以及以張愛玲小說中的母親曹七巧為代表的「邪惡的母親」。然而在臺灣新生代女作家筆下，幾乎已看不見這兩種母親的典型，而是出現一類很少跟女兒交談、說話，甚至陷入自言自語，不只失語，甚且失憶的「沉默的母親」，平路分析女作家藉沉默的母親，投射她們對自己性別的看法，母親喑啞了，女兒才更迫急地為她書寫故事，寫作者既作母親又作女兒，母親與女兒的經驗渾然成為一體，平路相當肯定這一個新的書寫面向，寄望更多新生代的女作家，替噤聲的母親發出前所未聞的聲音。在散文方面，八○年代女性作家的崛起，為母親書開展了新的寫作面向，開發了更多元的母親樣貌，女性書寫（觀看）女性與男性書寫女性自然有所不同，男女視角下的母親形象成為一種重要的對照，另外，由女性訴說女性的心事，我們可以由此照見母親更幽微的內心／情慾世界。

　　觀察學位論文的成果，許珮馨於二○○八年發表《台灣現代散文學位論文的研究現象分析》，歸納八○至九○年代現代散文在題材的開發，產生了環保散文、山林散文、都市散文、旅遊散文、運動散文、飲食散文、女性散文、佛理散文、族群散文等主題散文，並指出散文主題學研究實有揮灑的空間，以當時可見的主題散文學的學位論文有飲食散文、醫療散文、運動散文、環保散文等研究，自二○○八年許珮馨所言的起步階段至現在，十多年的時間過去，主題散文在前行研究基礎上又往前跨進一步，除出現不少研究成果，同時也開拓出許多新的研究議題，如都市散文、旅行散文、知性散文、音樂散文、原住民散文等皆已出現相關學位論文。然而，以親情散文為主題的研究，目前尚未有之，與親情主題相關的研究多集中在單一作家作品的探討，而親情散文之下的母親書寫，除了也同樣集中在作家的個論外，關於母親的

〔註33〕詳見平路，〈想像她／否定她／要她不說話──中文女作家筆下的母親形象〉《中央日報》（1996 年 6 月 7 日，18 版）。

討論，多表現在母女關係、女作家的母職經驗等，對於母親的形象、母子之間的互動、以及在這方面的表現手法及其蘊涵的意義，尚未有全面性的探討，這部分應該存在著很大的討論空間。

陳靜宜的博士論文《逆寫慈母——台灣戰後女性小說的母親書寫研究》〔註34〕是目前較為全面探討母親書寫的研究。雖然以小說文本做為分析對象，但論文配合不同階段台灣的政經背景、社會脈絡、文史思潮，以及運用女性主義各個流派的母職理論輔助分析女作家對母親角色的形塑與反思，對於本論文以散文角度切入母親形象的研究，除了能對該領域有全面性的概念，同時也能據以參照母親形象在小說與散文的表現下有何異同。該論文的探討從五〇到九〇年代，得出不同階段女性小說筆下的母親形象，大致為五〇年代以傳統慈愛的母親為典型；六、七〇年代的女作家開始質疑傳統母德在現代社會的價值，初步描繪介於慈與惡之間的母親；進入現代主義時期，重現母親的聲音，母親成為話語的主體成為母親重要的特質，同時此時期作家進一步顛覆傳統慈母形象，將母親拉回「人」的本位，將之「人性化」，母親成為一個真實的（女）人。離家、失蹤、瘋癲或者死亡的母親書寫是八、九〇年代女性小說家所呈現以較激進的方式表述父權箝制之下母親的可能選擇。由該論文可以看出母親形象在女性小說家筆下自五〇至九〇年代的轉變，以及書寫的寓意所在，該論文以女性作家的作品為分析，那麼在男性作家筆下的母親又呈現何種樣貌？母子關係又是如何？因此，本論文以散文作品研究母親形象，一併收入男性作家作品，期盼能更全面地呈現台灣母親樣貌。陳靜宜於論文最後指出「從琦君到蘇偉貞，透過不同世代女作家對母親角色的詮釋，我們應該更了解『女性』的『非一』感受，每個女作家觸及的文學視野都是可貴的獨立自我，不管文字經營出來的母親是善是惡，都不宜被否定」〔註35〕。此一觀點成為本論文在細讀作品時，所保持的客觀謹慎態度。

另外，在散文方面母親相關的主題研究，劉佳珍《1990年以降台灣女作家散文中母職經驗探究》〔註36〕，該論文以九〇年代以降女作家的母職經驗

〔註34〕陳靜宜，《逆寫慈母——台灣戰後女性小說的母親書寫研究》（國立東華大學中國語文學系博士論文，2000）。

〔註35〕陳靜宜，《逆寫慈母——台灣戰後女性小說的母親書寫研究》（國立東華大學中國語文學系博士論文，2000），頁231。

〔註36〕劉佳珍，《1990年以降台灣女作家散文中母職經驗探究》（國立政治大學中國文學系國文教學碩士學位班碩士論文，2010）。

為研究面向，針對李黎、廖玉蕙、龍應台、周芬伶、張讓、朱天心、簡媜、利格拉樂‧阿媯八位女作家與母職相關的散文集，說明女作家實踐母職的經驗歷程，探討女作家在成為母親之後，對於母性的思考及其親子關係的思索等，此文所分析的母職經驗是就作家個人作為母親的經驗為焦點，與本研究以作家觀看書寫自己眼中的母親形象有所不同，然論文中關於女作家對於母親身分的思索於本論文進行探究作家描繪母親的深層動機有所助益。

九〇年代以來，母女關係、母女衝突成為研究的焦點，以此作為主題研究者又以小說為多，如張佩珍的《台灣當代女性文學中的母女關係探討》（2000）、簡君玲《若即若離——八、九〇年代台灣女性文學中的「母女角色」探討》（2002）以及吳芷維的《交纏與共生：九〇年代以來女性小說中的母女關係》。散文在主題研究方面，目前只見王詩涵以母女衝突為研究焦點的《台灣女性散文作品中的母女衝突》（2014）。作家個論方面，則有陳盈宏《鍾文音母女書寫之研究》（2011）。以上所列，王詩涵以台灣女性散文家琦君、簡媜、三毛、席慕蓉、周芬伶、廖玉蕙、郝譽翔、張惠菁及鍾文音等散文作品三十二篇所進行的探討，析論出五種母女衝突類型以及母女衝突於臺灣女性主義發展中所呈顯女性自主的意義，成為本論文探討母女／子關係重要的參考。

九歌年度散文中母親相關的作品，是本論文分析母親文本的來源之一，孫于清的《九歌年度散文選研究》〔註 37〕以民國七〇到九十五年的九歌散文選進行研究，其中一章分析散文選中的主題，將之分為六類——親情散文、自然寫作、女性散文、飲食散文、旅遊散文、醫療散文，親情散文又細分為父親、母親兩個主題。與本論文相關的九〇年代以降部分（1990-2006 年）的母親書寫，孫于清整理出 10 篇〔註38〕，筆者以為在還應再加上〈哈姆雷特父親與唐吉軻德母親〉（莊裕安）、〈巴吉魯〉方梓、〈水兵領洋裝〉宇文正、〈報平安〉黃國峻、〈母姨天下〉范銘如，雖然有些作品是父母合寫，然而有時是作者藉父親的對比以凸顯母親的特質，所以在討論母親書寫時，筆者一併納入

〔註37〕孫于清，《九歌年度散文選研究》（國立中央大學中國文學研究所碩士論文，2006）。

〔註38〕孫于清，《九歌年度散文選研究》80-95 年所整理出母親書寫的作品計有 10 篇：〈永遠的媽媽山〉（高大鵬）、〈心靈中那口永遠的清井〉（劉定霖）、〈探母有感〉（於梨華）、〈我看見我的女兒〉（樊雪春）、〈蟲蟲蟲蟲飛飛〉（子詢）、〈苦路〉（楊索）、〈我的天可汗〉（鍾文音）、〈迷路〉（吳億偉）、〈故事〉（蔣勳）、〈聽母親說話〉（蔡逸君）。

討論的範疇。

親情散文相關的研究，散見於個別散文作家作品的研究，且集中於廖玉蕙、簡媜與周芬伶等女性作家。廖玉蕙的相關研究有葉嬿婷《廖玉蕙散文主題研究》（2008）、游玉雯《廖玉蕙散文中的親情書寫》（2012）、呂靜娟《廖玉蕙散文之親情主題研究》（2013）、陳采妤《廖玉蕙散文中的親情與教育書寫研究》（2014）、邱麗珠《以文字大食人間煙火——廖玉蕙親職散文的書寫研究》（2014），廖玉蕙的創作大抵書寫人世間親子、夫妻、朋友、師生種種不滅的情緣，因此在研究上也多以親情為探討的面向，而母女情緣、母親形象也多有著墨。研究簡媜之親情作品目前有李虹靜《簡媜散文之親情主題研究》（2008）、陳雅君《簡媜散文「母者書寫」研究》（2012）、王惠亭《簡媜散文母親書寫研究》（2013）、陳瑞婷《簡媜散文親職與弱勢關懷研究》（2011），這些研究，分別從親情主題的內容與表現手法，以及簡媜筆下所形塑的母者意象加以研究。周芬伶的相關研究中，未見以親情為主題，而是散見於研究的章節之一，如陳貞夙《周芬伶散文研究》（2008）、吳姿蓉《承繼與開創——周芬伶女性散文研究》（2010），兩部研究皆將母親置於家族書寫的討論之下。而廖祿基在《回歸與重建——論臺灣當代女性散文家簡媜與周芬伶散文中的女性主體性》（2010）其中一章分別討論周芬伶與母親、兒子如何進行對話。從這些個別作家的親情研究中，大略可窺見作家於散文中所關注的議題，廖玉蕙、簡媜與周芬伶三位女作家都經歷了女兒、妻子到母親的人生經驗，以身為母親的眼光回望自己的母親，多了一份的感同身受與理解，她們的母親書寫往往在女性意識之外夾雜著母性意識。

第四節 研究概念界說

一、「親情散文」釋義

「親情散文」一詞最早見於蕭蕭所編《中學生現代散文手冊》（1999），他依散文內容，將散文的類型細分為十二類：親情、愛情、友情、動物、植物、器物、景物、季節、城鄉、家國、勵志、哲思，親情於此獨立而為一類〔註39〕。蕭蕭以前有關親情散文的歸類，鄭明娳於《現代散文類型論》（1987）

〔註39〕詳見蕭蕭主編，《中學生現代散文手冊》（台南：翰林，1999），頁35～37。

中將散文分成兩大體系——散文的主要類型及特殊結構的類型，其中散文的主要類型又分出三類：情趣小品（人情小品、物趣小品），哲理小品（直接式說理、抒情式說理、敘事式說理）、雜文（社會批評、人生雜談），親情相關的作品，鄭明娳將之歸入情趣小品中人情小品一類，並進一步說明親人所指為人倫之情，如親子、手足之間等有血緣關係的人物，「親人」是人物小品的基礎，因緣於天性，故理所當然人物間會產生感情，其情感有正面綢繆也有負面傷害〔註40〕。此處已見出親情實有其繁複多樣的面貌，不必然只存在幸福溫馨溫暖的單一面向。洪富連在《當代主題散文研究》一書（1998）中以主題作為分類的依據，依同樣的題材性質及一定的描寫對象將散文分為八大類：人生歷程、生活美學、感情世界、精神修造、人文景觀、自然景觀、四季風光、萬物寶藏，每大類又細分出四小門，共三十二類。從同為抒發情感的角度切入，將親情倫理的散文作品置於「感情世界」，與師友情誼、愛戀情懷、喜怒哀樂同為一類〔註41〕。

　　親情之作，也見於懷舊散文一類中。蕭蕭於《台灣現代文選散文卷》序文中提到，敘事、說理、抒情、詠物是散文主要的四個類別，以抒情之作為現代散文之大宗，將抒情之作約分為四類：親情之作、友情之作、戀情之作、鄉情之作。並說明親情之作，多從懷念著墨，回憶自己所從出的父母、祖父母，以及描述自己所出的兒女〔註42〕。蔡忠道等主編的《現代散文選》（2009）是作為教學所用的散文選，以為散文的分類旨在幫助散文的學習者了解散文的不同風貌種類，該書以題材為選文依據，選錄十種類別的散文，分別是：都市散文、知性散文、女性散文、懷舊散文、飲食散文、運動散文、旅行散文、生態散文、宗教散文、音樂散文。所列舉的十類，也是目前散文常見的分類主題。懷舊散文為五〇年代文壇主流，懷舊散文的「舊」，此書說明在具體上，可指向家鄉以及在時光流逝中所經歷的人事物，在精神上，它是經過歲月的淘洗後，沉澱在腦海中的記憶。〔註43〕，因此，懷舊散文以懷鄉、懷人、懷事、懷物為創作內容，直至九〇年代，依然為現代散文的所持續創作，鍾怡雯在《九十四年散文選》編選序裡觀察到「二〇〇五年散

〔註40〕詳論見鄭明娳，《現代散文類型論》（台北：大安出版社，1987），頁41～48。
〔註41〕洪富連，《當代主題散文研究》（高雄：復文出版社，1998），頁23～28。
〔註42〕蕭蕭，《台灣現代文選散文卷》（台北：三民書局，2005），頁10～12。
〔註43〕詳見蔡忠道、王玫珍、陳政彥、余淑瑛、吳盈靜著，《現代散文選》（台北：五南，2009），頁97～99。

文的另一主流書寫是懷舊，不論懷人、懷鄉或記事，這些為大時代或個人生命留下記錄的文字成果豐盛。」〔註44〕，懷舊散文中便存在著許多與親情相關的人事物的作品。

　　九〇年代以來，漸以「親情散文」指稱親情相關作品，焦桐編選八十八年散文提到該年度散文成果豐碩，質與量皆可觀，同時各種風格並陳，題材向度廣闊，如親情、詠物、旅行、科學、飲食……呈現繁複的創作樣貌。〔註45〕顏崑陽於《九十二年散文選》序文中以為親情、友情、鄉情、愛情等一般人生經驗，為散文古老而常新的題材。並指出這類散文永遠都在舊題中創新，不會特別流行，也不至於過時而消失，且評論黃國峻的〈報平安〉擺脫一般「親情散文」莊嚴卻不免虛矯、空洞的窠臼〔註46〕。鍾怡雯在《一〇〇年散文選》中也直接以「親情散文」一詞指稱相關作品：「今年收入了幾篇精彩的親情散文，張讓〈好一個女子〉、利格拉樂‧阿媯〈夢中的父親〉、廖玉蕙〈我的媽媽嫁兒子〉、吳晟〈不合時宜〉以及吳鈞堯〈身後〉。」〔註47〕同時於散文選集中，蕭蕭編有《溫情的擁抱：經典親情散文集》以及與王若嫻合編的《溫馨的愛：現代親情散文集》，及至二〇一四年廖玉蕙所編《晨讀十分鐘：親情故事集》，皆以「親情散文」一詞名之。

　　綜觀以上諸家的分類及說明，概略歸納親情散文的幾項特質：

　　（一）與親情相關的作品有歸之「人情小品」、「親情倫理」、「抒情散文」、「懷舊散文」、「親情散文」等，九〇年代以降，大多以「親情散文」來指稱散文中的親情書寫。

　　（二）「親人」是親情散文創作的基礎，以具有血緣關係之父母、祖父母、兄弟姊妹、及親子等為主要寫作對象。

　　（三）親情之作，多從情感出發，懷念著墨——懷人、懷事、懷物。於書寫中為時間和生命留下記錄，既抒個人情懷，同時亦為時代留下印記。

　　（四）親情為歷久不衰的散文主題，作家筆下除延續該主題也同時在舊題中加以創新，因此成為一類不會特別流行，也不至於過時消失的散文題材。

〔註44〕鍾怡雯主編，《九十四年散文選》（台北：九歌，2006），頁14。
〔註45〕焦桐主編，《八十八年散文選》（台北：九歌，2000），頁12。
〔註46〕顏崑陽主編，《九十二年散文選》（台北：九歌，2004），頁28～29。
〔註47〕鍾怡雯主編，《一〇〇年散文選》（台北：九歌，2006），頁17～18。

二、「母親書寫」的發展

以下從母親書寫的特質、相關作家作品等分析從五○年代至九○母親書寫發展概況：

（一）五○年代：慈母書寫

傳統慈母的書寫，以冰心開其端，琦君延續其歌頌母愛的路線。冰心是五四時期受人矚目的女作家之一，「慈母」正是當時新文學運動中謳歌的主題之一，黃薇靜《冰心散文研究》一文中，分析冰心散文的主題思想之一，即「描寫偉大的母愛」，論文中提到冰心將母愛詮釋為母親的愛是無私、無條件、無所求的；母親的懷抱是孩子的避風港，將母愛視為人生困境的萬能解藥，甚至是「人類以及一切生物的愛的起點」〔註48〕平路指出，冰心所稱頌的母親一則經常面目模糊，由一些抽象的形容詞所界定；二則，「慈母」往往又代表了可以寄託希望的「情感烏托邦」，母愛另有其功能性，母親形象於其筆下，顯得崇高偉大，反而把真正有血有肉有困惑有徬徨的母親阻隔到距離之外了。〔註49〕許珮馨在《五○年代的遷台女作家散文研究》（2005）以為冰心歌頌母愛路線的餘緒，由琦君承繼之，因為母親對她們的影響極為深遠，兩人皆以母愛的頌揚為其創作主力，冰心以抒情謳歌的筆調書寫母愛，琦君則透過動人的敘述表現無微不至的母愛。周芬伶進一步指出琦君與冰心的相契在於「母女一體」的女性主體的追尋。雖然在語言或出身上，兩人或有差異之處，然在愛與母性的描寫上，琦君確實與冰心有心靈共通之所在〔註50〕陳芳明更於《台灣新文學史（下）》一書中，稱琦君實為一九五○年代以來最富有母性的散文家。〔註51〕琦君擅長於懷舊抒情散文，在懷人篇章中，母親是琦君筆下永遠的主題，也是最感人肺腑的部分。作家白先勇在《橘子紅了》序言中寫道：「琦君塑造成的母親意象是一位舊社會中相當典型的賢妻良母，充滿了『母心、佛心』〔註52〕。」

〔註48〕黃薇靜，《冰心散文研究》（銘傳大學應用中國文學系桃園在職專班，碩士論文，2007），頁105～107。

〔註49〕詳見平路，〈想像她／否定她／要她不說話──中文女作家筆下的母親形象〉《中央日報》（1996年6月7日，18版）。

〔註50〕周芬伶，〈打開記憶的金盒子〉，《文訊》（305期，2011年3月）。

〔註51〕陳芳明，《台灣新文學史（下）》（台北：聯經，2011.10），頁463。

〔註52〕白先勇，〈棄婦吟──讀琦君〈橘子紅了〉有感〉《橘子紅了》（台北：洪範，1991），頁2。

　　五〇年代母性散文的書寫除琦君以外，張瑞芬指出同為來台的第一代女性作家小民其散文與琦君同是慈母的擁護者，〔註53〕張瑞芬以「母心似天空」為標題評論小民散文，「母心似天空」一詞其實幾可概括小民散文的特色。小民以一篇思念亡母之作〈母親的頭髮〉進入文壇，成就往後三十年二十七本散文寫作成績。張瑞芬將小民〈母親的頭髮〉，與琦君的〈髻〉、林文月的〈白髮與臍帶〉比並，以為是寫母女之情最為動人心魄之力作。小民除書寫對母親的懷念之外，還以自己為人母親的經驗寫出《多兒的世界》和《媽媽鐘》，更先後於一九八〇、一九八六年編有母親相關的選集《母親的愛》、《感激——父母的愛》，由此可見母親的價值深受小民的認同與肯定。

（二）六〇年代：女性意識初醒下的母親

　　一九六〇年代以後，新崛起的部分女性散文家，一方面延續母親書寫的題材，另一方面即陳芳明所指出的——母性特質在女性散文中漸漸為女性特質所取代。陳芳明分析從前散文中流露的母性，有很大程度是藉由父權文化來界定的。母親的角色是依照傳統規範來形塑，而不必然代表女性的主體。女性意識初醒後，散文中的母親是由女性作者來自我形塑、自我表現。〔註54〕由陳芳明所列出的女作家中，林文月、劉靜娟、丘秀芷、張曉風、杏林子等都有母親方面的書寫，林文月〈白髮與臍帶〉、丘秀芷〈像媽媽多好！〉仍延續母慈女孝、母女情誼的書寫，所不同的是此時女作家不再從犧牲奉獻、忍耐退讓等父權文化界定下的賢妻良母歌頌母親，丘秀芷從得自母親最多的智慧以此認同像媽媽多好；林文月所肯定的在於通過臍帶，母親所給予的，不僅是滋養與愛情，另有母親身上各種有形無形的像貌與脾性。張曉風〈母親的羽衣〉一文中，描寫女人從女孩轉變為母親的心路歷程，除了肯定孩子與家庭之於女性生命內在圓滿的意義，同時已進一步省思女性在成為「母親」所必須犧牲的自我，以及傳統父權文化所論述的母職天性，使得無數母親都成了默無一語的砧板：「天下的母親不都是那樣平凡不起眼的一塊砧板嗎？不都是那樣柔順地接納了無數尖銳的割傷卻默無一語的砧板嗎？」〔註55〕，然誠

〔註53〕張瑞芬，《五十年來台灣女性散文》（台北：麥田，2006），頁39。

〔註54〕陳芳明，〈在母性與女性之間——五〇年代以降台灣女性散文的流變〉，收入陳芳明、張瑞芬主編，《五十年來台灣女性散文·選文篇（上）》（台北：麥田，2006），頁11～30。

〔註55〕張曉風，〈母親的羽衣〉原收錄於《步下紅毯之後》（1979），後收入張曉風所編親情倫理選集《親親》（台北：爾雅，1980），頁147。

如張瑞芬所言，她的女性意識在此尚未顯露，因為她終究為了孩子，情願藏匿起她的羽衣。〔註 56〕劉靜娟〈媽媽就是媽媽〉一文中，開始注意到生活中真實的母親，她寫道：「以前少不更事，只能拿那堆高帽子來送給她；但是，現在我了解母親更多了。她除了是我們的『媽媽』外，也是別人的鄰居、親戚、朋友等等。從這麼多個角度看來，媽媽的一切，豈只是慈祥、溫和這些抽象的詞兒所包含得了的？」〔註 57〕六〇年代以後，女性作家已逐漸從女性自我的意識下重構母親的價值，重塑母親的形象，筆下母親已從傳統模糊且單一的面貌，逐漸走向真實生活具有人性的母親。

（三）七〇年代：浮出地表的台灣鄉土母親

七〇年代鄉土文學蔚為風氣，李喬是這段時期重要的鄉土作家之一，更是一位多產的小說家。一九九七年以書寫母愛的散文〈心中的燈〉發表於《百合臺灣》〔註 58〕，其後更收入於教科書中。李喬以一盞燈象徵母親的愛，以之凸顯母親的慈光，進而將燈火與親情融合為一，使外在的燈火轉化為內在的心燈，給予作者勇氣和平安。在李喬生命底層，母親不僅是記憶的源頭，也是情感的初始與終極，寬容、堅強、慈悲、溫暖的母親身影，一直是李喬文學中重要的形象與象徵。存在於台灣鄉土的母親，於此時期開始為作家所記憶、所描繪。崛起於一九七〇年代末的吳晟在其《農婦》一書中，輯有四十篇系列的散文，深刻地記錄即將被遺忘的農村人們，其中又以母親為主要描繪對象，母親的一生是一般農家婦人生涯的寫照，從小就操勞忙碌：上山砍柴、下田耕作等，幫助家計，謀取生活。陳芳明指出他寫自己的母親，其實是整個台灣農村社會所有母親形象的一個縮影。他的母親可能是「沒有知識的女人」，卻有深刻而豐富的生活知識與生命力量。〔註 59〕吳晟《農婦》一書，除了為母親個人的生命留下記錄外，同時亦為時代留下了印紀，讓我們得以見識那一時代如此堅毅勤奮的母親。

〔註 56〕張瑞芬，《五十年來台灣女性散文》（台北：麥田，2006），頁 171～172。

〔註 57〕劉靜娟，〈媽媽就是媽媽〉，收錄於散文集《載走的和載不走的》（文星書店，1966 年）後收入張曉風所編親情倫理選集《親親》（台北：爾雅，1980），頁 123～132。

〔註 58〕李喬，〈心中的燈〉，發表於《百合臺灣》（第六期，1997 年 6 月）。《百合臺灣》是一份傳達臺灣主體意識的綜合性雜誌，內容包含文化、歷史、女性、文學和藝術，該刊已經停刊。

〔註 59〕陳芳明，《台灣新文學史（下）》（聯經，2011.10），頁 578。

（四）八〇～九〇年代：女性意識蓬勃發展下的母親

八十年代，國內社會歷經解嚴、報禁的解除、婦女擁有獨立的經濟能力，同時社會價值觀愈趨多元化等，社會及家庭結構皆受其影響，兩性關係也在此時有了較明顯的改變。在文學方面，陳芳明指出，女性作家終於在八〇年代開創了女性散文的新局面，年輕世代的作家於此時浮現而誕生。[註60] 其中廖玉蕙、陳幸蕙、周芬伶、張讓、簡媜、鍾文音、鍾怡雯等都是此時期重要的作家，也在母親的書寫上，開拓新的書寫面向。陳芳明進一步提到女性意識的浮現與女性歷史的再建構，兩個書寫的方向，是女性散文的新趨勢。這兩個書寫方向也正表現在母親相關作品，簡媜與周芬伶皆從自身的母親經驗，探討女性與母性角色的衝突與困境，也由此回看自己的母親，而有了新的理解。廖玉蕙與鍾文音筆下的母親，性烈，嚴格且嚴厲，鍾文音更以「天可汗」一詞形容母親，母女間的愛怨糾纏，成了作家處理親情的新課題。此時的男性作家莊裕安在〈我的野獸派丈母娘〉一文中著力描繪一個善烹飪也善繪畫的丈母娘，文中以誇張幽默的敘事筆調、巧妙有趣的譬喻描摹出丈母娘在從事喜愛事物時所展現的旺盛生命力，以丈母娘的才藝展現其形象，又進一步寫母親的新面貌，同時也從文中見出母子之間的互動關係。

（五）九〇年代以降：眾聲喧嘩的母親書寫

九〇年代以來，母親書寫進入眾聲喧嘩的新局面，就出版而言，越來越多以集中書寫母親（自己的母親以及為人母親）的作品集結成書出版，如《媽咪小太陽》（光禹）、《學飛的盟盟》（朱天心）、《像我這樣的母親》（蕭曼青）、《晴天筆記》（李黎）、《紅嬰仔》（簡媜）、《多桑與紅玫瑰》（陳文玲）、《阿母的故事》（江文瑜編）、《母女江山》（黃越綏）、《後來》（廖玉蕙）、《暮至台北停車未》（吳妮民）、《母親六十年洋裁歲月》（鄭鴻生）、《我的心肝阿母》（張輝誠）、《我的媽媽欠栽培》（楊富閔），其中陳文玲《多桑與紅玫瑰》開啟了壞媽媽書寫的扉頁，突破傳統為長者諱、家醜不可外揚的倫理界線。張輝誠《我的心肝阿母》自言小時候母親寵愛他，現在輪他來寵愛母親，疼愛母親至極，將母子關係翻轉而為父女關係，兩書在母親書寫上皆具有創新的意義。

母親的相關書寫果真具有恆久不滅的經典地位，直至九〇年代新世代作

〔註60〕陳芳明，〈在母性與女性之間──五〇年代以降台灣女性散文的流變〉，收入陳芳明、張瑞芬主編，《五十年來台灣性散文選文篇（上）》（台北：麥田，2006），頁25。

家筆下仍然持續訴說母親的故事，同時也更進一步擴寫母親的各種樣貌——
傳統、離家、瘋顛、情欲、追求夢想、獨立自主等母親同時並存，「母親的真
實」與「母職的價值」至此有了更具人性的樣貌及由母親個人出發的價值建
構。

第二章　親情散文母親形象分析

　　以九〇年代所湧現的各種散文選集，可以發現以自己的母親作為書寫的題材幾乎貫串整個台灣現代散文，儘管不同的作家有其相異的書寫動機，然而在傳統孝道倫理文化的教養之下，文本中隨處可見將母親神聖化、聖潔化乃至形塑成無所不能者，就作家而言，母親成為感懷的對象；就讀者來說，一個理想的、模範的母親形象於焉成形，母親的形象遂在傳統父權社會文化的期待、作家的書寫及讀者的認知下逐漸被定型於正面意義之上，母親成了慈愛寬容、無私奉獻、無怨無悔的單一形貌。在何寄澎〈當代台灣散文中的女性形象〉一文中便指出近四十年散文作品女性形象中的母親形象，「母親恆常以擔負者、奉獻者、庇蔭者的姿態出現」[註1]。他分析其中的原由，認為「那些所有『正面』的母親形象，其時空背景其實都有相似的特質：苦難的歲月、貧困的社會，傳統價值觀深植人心。」但他也同時提出質疑「當晚近以來，工商文明急速發展，倫理關係迭遭衝擊，價值體系頻生變化，揮別了苦難、揮別了貧困之時，母親的形象是否仍然一成不變？」[註2]何寄澎以社會時空背景及倫理關係的角度，認為母親的形象應當不致如此單調與貧乏，確實，此文發表於八〇年代初，在此之後，台灣政經社會愈發鉅變迭生，家庭型態結構也隨之改變，我們從八〇年代以後的作品當中確實可以發現母親形象在作家筆下愈見多元，且作家多半是有意識的進行母親書寫的創作，除了

〔註1〕 參見何寄澎，〈當代台灣散文中的女性形象〉，收入鄭明娳主編，《當代台灣女性文學論》（台北：時報文化出版公司，1993），頁282。

〔註2〕 何寄澎，〈當代台灣散文中的女性形象〉，收入鄭明娳主編，《當代台灣女性文學論》，頁285。

社會型態的改變之外，影響作家筆下的母親形象書寫，其中另一個關鍵乃在於自西方所傳入的女性主義及性別論述等思潮，在台灣文壇形成一股研究風氣，如何在已被定型化的母親形象上開發新的書寫面向，是相當令人矚目的，根據孫于清的研究發現，九〇年代女性主義的興起是母親形象從共相到殊相的一個轉變：

> 作家筆下的母親形象，一直到九〇年代女性主義興起後，才跳脫傳統的謳歌讚頌，而陸續從母親生命的苦處切入〔註3〕

從「謳歌讚頌」到描摹「母親生命的苦處」，從普遍讚揚母親的偉大，到反映個別母親苦難的真實處境，甚至是真實的心聲，象徵著母親從神聖到個人，從無所不能到無能為力，從集體的母性回歸到自身的女性，這一個書寫的轉變，其中在八〇年代一批女性作家大量的崛起是十分重要的關鍵。

根據廖輝英的分析八〇年代女作家崛起的原因，有因戰後嬰兒潮出生者趨向成熟，完整的接受了教育，使她們得以自由使用中文創作；另外，國外女性思潮的傳入，激盪國內女性主義之萌芽以及中國時報、聯合報等大型文學獎的設立，提供女性創作者進入文壇的一個途徑。女性文學，特別是女性小說，反應並且帶動了婦女運動，也直接影響了社會變遷，八〇年代社會，正是婦智大開，價值鬆動的時代，探索並反省女性處境的作品多出現於女性作家筆下，女性文學因之一時大盛。〔註4〕究竟女性文學的興起對母親書寫的創作有何種影響？楊翠回顧並指出在漫長的歷史流脈裡，男性所掌握的「發言權」，是兩性權力結構落差的重要關鍵，因為他們是「Author」（作者），所以有「Authority」（權威），以進行創造、詮釋或批判文化，於是歷史成為男性詮釋下的一部史書。〔註5〕因此，當女性成為寫作者，翻轉了文學中男性筆下被凝視、被描寫、

〔註3〕孫于清從民國七〇至九十四年所出版的《九歌散文選》中，析論親情散文的書寫情形，其中有關作家筆下的母親形象，她也觀察到九〇年代以前的母親書寫確實落入了制式性的描述，即作家筆下的母親形象幾乎都是溫柔慈愛、樸實節儉的，散文中的母親形象似乎仍擺脫不了「母德」與「母教」的歌頌。不過，她同時也注意到母親書寫在九〇年代出現了的轉折。參見孫于清，《九歌年度散文選研究》（國立中央大學中國文學研究所碩士論文，2006），頁101～105。

〔註4〕廖輝英，〈八〇年代女性創作與社會文化之關係〉《文訊》（1996年5月），頁42。

〔註5〕楊翠，〈她們要歌唱！——本世紀台灣女作家鳥瞰〉《文訊雜誌》（1996年5月），頁47～52。該文是《文訊雜誌》所策畫的女性專題：「女性與台灣文藝的發展」中的一篇專論。

被命名、被分類、被評價、被定義的客體而成為敘述的主體〔註6〕。那麼不同性別下的書寫會產生何種差異？楊翠另於〈原音與女聲──跨世紀台灣文學的新渠徑〉針對這個部分做了進一步的分析，她認為男性與女性在不同的視域與性別觀點之下所進行女性描寫時其根本差異在於：

> 男性書寫者，或因性別意識難以越界、或因性別概念窠臼深重，無法進入女性幽微的內心世界，……女音說女聲，自有不同於男音擬女聲，或者男音寫女聲的韻致內涵。〔註7〕

　　上述引文，說明了男女作家在基本先天上的性別及後天文化薰染下，無形中影響了作家書寫的視角及表現的重點，性別意識及概念固然是影響的因素之一，然而，女性與女性之間獨具的生命經驗，是男性所無法親身體驗的，因此，這形成男女作家在處理女性（母親）題材時所必然存在的些許差異，而此「些許的差異」正是建構此類作品最重要的元素，也是豐盈女性書寫世界的重要拼圖。

　　台灣社會涵括多元族群，不同的族群自有不同的文化，就散文選集中所收錄的作品而言，分別有大陸遷台作家、台灣本土作家及至客家族群、原住民族群等作家作品，在不同族群筆下的母親書寫，也存在不同的文化、生活習慣乃至價值觀等，甚至在作家方面又含括了不同世代，這些來自不同地域，經歷不同的生活，以及在世代之下不同的價值觀點下，作家們究竟如何豐富母親形象的創作內容？又如何賦予母親這個符號新的意涵？本章擬就「傳統慈母形象」、「堅毅／堅韌的地母形象」、以及「不完美的母親」三部分加以析論。

第一節　傳統慈母形象

　　論及親情散文中的母親書寫，五〇年代是一個重要的開端，許珮馨提到「回憶自己的母親」，幾乎是五〇年代女作家都會觸及到的寫作題材，她點出其中原因，除了初為人母，深刻體會親恩之外，兩岸的隔閡、家人的離散促使她們強烈地思念母親，再加上當時的報刊在母親節之時，經常舉辦徵文，無形中也帶動母親書寫的風氣，許多女作家以回憶自己的母親作為來台創作

〔註6〕楊翠，〈她們要歌唱！──本世紀台灣女作家鳥瞰〉《文訊雜誌》（1996 年 5 月），頁 48。

〔註7〕楊翠，〈原音與女聲──跨世紀台灣文學的新渠徑〉《文訊》（1999 年 12 月），頁 48。

的開端〔註8〕。鄭明娳曾如此評論琦君的散文：

> 琦君是五十年代抒情散文的代表人物。在她筆下，中國傳統社會溫馨、
> 甜美、淳厚的一面展露無遺，懷舊文是她散文中最出色的，而懷念母
> 親更是時常撰寫的題材。⋯⋯在中國現代散文的發展歷程中，她（指
> 琦君）是繼冰心後，對母親形象鏤刻最深的一位；⋯⋯。〔註9〕

對母親形象鏤刻最深，也因此留下許多作品，讀者幾乎可以在她的散文中閱讀
母親一生的故事，在懷念母親的同時，也勾勒出一個舊時代女性生活及其樣貌。

　　同為外省來台第一代女作家小民，以〈母親的頭髮〉一文開啟了在台灣
的創作生涯，於七〇年代更編有《母親的愛》（1969）一書，因為深深感受到
母親的愛，不論在創作或生活上，都致力於慈母文學的發揚。兩位作家有關
母親書寫的散文作品，在九〇年代的多部散文選集中仍被加以收錄保留，廣
為傳誦，母親帶給她們的影響，這個影響也廣及讀者。另外，於梨華〈探母有
感〉一文收錄於《八十六年散文選》，因母親們生存的年代接近，因此將之放
在同一節討論。三位作家，出生於一九三〇年代前後，她們的母親都生在舊
時代，傳統父權色彩尚濃厚，加以時代的動盪及生育眾多的子女，這些因素
構成了母親多難的一生，作家筆下大都描摹了母親在婚姻中所飽嘗的辛酸樣
貌，以及母親如何地在子女生活中扮演著慈母的角色，這類的書寫多出自女
作家之筆，除了為舊時女性造像外，同時也間接揭露了父權社會中女性的真
實處境。

一、隱忍與退讓：傳統婚姻中的母親

　　婚姻是一個女性從女人的角色進入妻子乃至母親身分的唯一方式，在傳
統舊時代，婚姻對女性而言是她往後的人生及命運的重要轉折，然而她們對
自己的婚姻竟是毫無任何決定權，男女的婚姻是受限於「父母之命，媒妁之
言」的傳統婚制。對男性而言，「男子在娶了無感情基礎的妻子之後，他仍然
被允許擁有三妻四妾的權力，女子卻無任何選擇。男女在婚姻上的不平等其
實是顯現在婚後的權力落差，而非婚制。」〔註10〕正是這種不平等的父權制

〔註8〕參見許珮馨，《五〇年代遷台女作家散文研究》（國立臺灣師範大學國文研究
　　　　所博士論文，2006），頁 155～158

〔註9〕鄭明娳‧林燿德主編，《有情四卷──親情》（台北：正中），頁 50。

〔註10〕陳靜宜，《逆寫慈母──台灣戰後女性小說的母親書寫研究》（國立東華大學
　　　　中國語文學系博士論文，2010），頁 21。

度，造成女性多難的婚姻，在父親「納妾」一事，是三位女作家所共同觸及的
寫作面向。鄭明娳分析琦君的作品：

> 〈毛衣〉是紀念母親的節儉；〈母親新婚時〉是寫母親的愛情；〈母
> 親那個時代〉是寫母親的勤勞；〈母親的偏方〉寫母親的幹練；〈一
> 朵小梅花〉、〈髻〉寫母親的幽怨。〔註11〕

上述引文，〈一朵小梅花〉與〈髻〉分別透過不同的物件帶出母親婚姻生活的
幽怨，描寫母親婚姻生活的幽怨，其中〈髻〉文因收入多種散文選本並收入
教科書中，廣為讀者所熟知，白先勇評：

> 琦君塑造成的母親意象是一位舊社會中相當典型的賢妻良母，充滿
> 了「母心、佛心」──但這並不是琦君文章著力之處，而是琦君寫
> 到她母親因父親納妾，夫妻恩情中斷，而遭到種種的不幸與委屈，
> 這才是琦君寫得最刻骨銘心，令人難以忘懷的片段。〔註12〕

〈髻〉文中以母親與姨娘在髮髻上的偏好，母親的傳統古板對比著姨娘新潮
美麗，以此揭示了女性在婚姻中的處境，尤其在描寫父親與姨娘笑鬧時，母
親的表情動作一段，最能突顯母親的落寞：

> 從那以後……，她的臉容已不像在鄉下廚房裡忙來忙去時那麼豐潤
> 亮麗了，她的眼睛停在鏡子裡，望著自己出神，不再是瞇縫眼兒的
> 笑了。我手中捏著母親的頭髮，一綹綹地梳理，可是我已懂得，一
> 把小小黃楊木梳，再也理不清母親心中的愁緒。因為在走廊的那一
> 邊，不時飄來父親和姨娘琅琅的笑語聲。〔註13〕

不再「豐潤亮麗」的臉容、「出神」的望著自己、不再是瞇縫眼兒的笑了，琦
君細膩的刻畫出母親的外表、神情及心情，充分顯露出母親的哀愁與無奈的
面。另一篇〈一朵小梅花〉同樣以藉物抒情的筆法，從不同面向呈現母親的
哀婉心事，文中從一支新婚時父親自杭州買回給母親的髮簪說起，敘及父親
生日時，母親所特地縫製繡有梅花的手帕正是選自髮簪上寶石的顏色，不料
送給父親時，卻遭父親嫌棄，琦君捕捉了母親不經意流露的種種表情、動作，
細膩地呈現母親在婚姻中抑鬱寡歡的一面。這樣以女性的物件呈現女性內心

〔註11〕鄭明娳，〈琦君論〉《現代散文縱橫論》，台北：大安，1986 年 10 月，頁72。

〔註12〕白先勇，〈棄婦吟──讀琦君〈橘子紅了〉有感〉，收入琦君《橘子紅了》（台
　　　　北：洪範，1991），頁 1。

〔註13〕琦君，〈髻〉《紅紗燈》（台北：三民，1969），頁36。

情事，正是女性書寫女性，不同於男性書寫女性之處。

自從父親不再帶母親出外應酬後，母親從不再戴這支髮簪到將它放進首飾盒裡最後鎖進抽屜裡，在在暗比著自己在父親心中的位置正如這支髮簪一樣，從萬分疼愛到備受冷落：

> 母親眼神中流露出對父親無限的感激與依戀。她又微喟了一聲說：「這是他給我最好的紀念品了。」寂寞的笑容又浮上了她的嘴角，好像父親離她很遠很遠似的。其實父親的臥室就在母親的正對面⋯⋯。〔註14〕

> 「那麼，您有什麼呢？媽。」「我有你，還有你爸爸從前對我的好處。」她的嘴邊始終浮著那一絲安詳、沈靜，但卻是非常寂寞的微笑。〔註15〕

父親對母親的好，始終停留在以前，兩段文字裡，分別都以「寂寞」點出了父親納妾後母親的形象，從文中可見母親除了嘆息，除了寂寞外，未見母親有任何想法企圖改變自己的處境，顯見傳統父權社會中的女性，對於婚姻的無奈與無能為力的一面。然更大的悲哀還不在此，一個在舊社會中「相當典型的賢妻良母」——集勤勞、節儉、容忍、慈悲、寬懷等美德於一身的女性，竟得不到丈夫的愛〔註16〕，這一點恐怕才更深刻地突顯出琦君的母親（甚至是那個時代的婦女們）身處於一個男尊女卑的父權社會下在婚姻裡最深沉的無奈與悲哀。

小民〈母親的繡花鞋〉一文，同樣揭露了因父親納妾母親在婚姻中所遭受的委屈與辛酸，文中首先點出繡花鞋與母親及自己的關係：

〔註14〕琦君，〈一朵小梅花〉，收入於鄭明娳・林燿德主編，《有情四卷——親情》（台北：正中），頁52。

〔註15〕琦君，〈一朵小梅花〉，收入於鄭明娳・林燿德主編，《有情四卷——親情》，頁52。

〔註16〕根據陳靜宜的分析指出舊式婚姻中的婦女們，判斷自己有無價值的標準似乎只在於兩件事上：是否得到丈夫的愛，以及是否為夫家生兒子。《逆寫慈母——台灣戰後女性小說的母親書寫研究》（國立東華大學中國語文學系博士論文，2010），頁28。很明顯地，琦君的母親並未為夫家生兒女，琦君在《永是有情人》代序〈大媽媽敬祝您在天堂裡生日快樂〉一文中向讀者透露：「數十年來，我筆下的母親，其實是對我有天高地厚之愛的伯母。我一歲喪父，四歲喪母，生母於奄奄一息中把哥哥和我這兩個苦命的孤兒托付給伯母，是伯母含辛茹苦撫育我們兄妹長大的。」（台北：九歌，1998），頁5。而於情感上又未能得到丈夫的愛，其內心的悲苦實非一般人可以體會。

繡花鞋在我心目中，非常的美麗。雖然它不經穿，不適合現代人，只因它是母親的鞋子，就有超價值的寶貴與親切。……看見繡花鞋，彷彿又看見母親慈愛的笑顏，和她穿著繡花鞋輕飄飄走路的姿態。〔註17〕

在作家心中繡花鞋之所以美麗，是因為「它是母親的鞋子」，作家深愛母親之情由此可見。文章轉而敘及父母的婚姻：「母親是富勤儉美德的婦女」、「外公掌上明珠」且「曾受過高等教育，是家鄉中唯一有福到天津女子師範讀書的」〔註18〕，和小民的父親度過了許多困苦的日子，生育了六個兒女，為子女家務操勞不已，然而，小民感慨地說父親有了這樣秀外慧中的賢妻，仍是另結了新歡，父親的新歡──一個風塵女子，不識字不會作針線，且心胸狹小性格自私，顯然新歡與母親形成強烈的對比，然而受寵的仍是新歡。令人好奇的是，代表舊時代女性的小民母親如何面對此事的態度：

母親也甘心跟隨用情不專的父親，容他納妾，還用愛心照應她，領導她過良家婦女安份的生活，給她做衣服，耐心教她作針線。講書上節義女子故事給她聽，替她寫信，因為她一字不識。父親失業時，竟然連她也送到外公家住。〔註19〕

小民用了「甘心跟隨」、「容他納妾」，究竟女性為何甘心如此？「容他」是容忍、是縱容亦或是已無能為力了，這個問題放在父權時代來看，恐怕女性的無法作主是主要原因，而在容丈夫納妾之外還處處善待丈夫的「新歡」，更突顯了舊時代女性的處境實已到了非人性的對待，全文在繡花鞋一事裡，母親在婚姻裡極盡的委屈與無奈終於表露無遺，文中說道抗戰時，因後方物質缺乏，在她母親的衣箱中，好料子的嫁妝，都改了做姐姐和她的過年新衣，唯「繡花鞋」為母親所萬分珍藏著：

唯有一雙繡花鞋，一直保存著，母親捨不得穿用，因為那是外婆費了很久功夫，親手給她心愛的女兒縫製的新娘鞋。姨娘早已對那雙鞋眼紅。父親為討好他的姨太太，竟對母親說送給她穿好了。……母親為顧全家庭安寧，孩子能安心讀書，終於含淚給了她。我永不忘記母親眼眶中晶瑩的淚珠，是委曲、無奈、忍讓的淚珠，世界上

〔註17〕小民，〈母親的繡花鞋〉，收入小民《媽媽鐘》（台北：道聲，1982），頁112。
〔註18〕小民，〈母親的繡花鞋〉《媽媽鐘》（台北：道聲，1982），頁113～114。
〔註19〕小民，〈母親的繡花鞋〉，收入小民《媽媽鐘》（台北：道聲，1982），頁114。

　　　　沒有任何高價的珍珠可比在我心中，是那麼寶貴。〔註20〕

　　這一雙外婆親手縫製給小民母親當作新娘鞋的繡花鞋，對小民的母親來說，實有兩層不凡的意義，一是它隱含著一個母親對女兒的深深祝福（希望女兒在婚姻之路上順遂幸福）與無限的慈愛；另外，它是訂情時的一項物件，代表著一個記憶與紀念以及一份情愛，然而，小民的父親竟為了「討好他的姨太太」而輕易地對妻子說「送給她穿好了」，小民的母親讓渡的不只是愛情，同時也割捨了一個足以代表母親的化身的親情。

　　白先勇曾說：「看過琦君膾炙人口的名著〈髻〉的讀者，我想沒有人會忘記二媽頭上耀武揚威的髮髻是如何刺痛著琦君母親的心。」〔註21〕那麼，同樣地在閱讀過小民此篇散文〈母親的繡花鞋〉，讀者應也能深刻感受到姨娘腳下的那雙粉紅繡花鞋是如何踩痛著小民母親的心。

　　與琦君的〈髻〉、小民的〈母親的繡花鞋〉可以並置討論的還有收錄於《八十六年散文選》於梨華的散文〈探母有感〉〔註22〕，以小說見長的於梨華，散文作品並不多，陳芳明在總評她的小說時曾言：「在保守的一九六〇年代，大膽觸探女性的情欲問題，並且也暴露婚姻制度的不合理。她是少數作家，為女性身分與認同發言的前驅。」〔註23〕廖玉蕙也表示在她的小說裡：「寫的不只是愛情婚姻，而是藉好看的愛情婚姻故事，鋪陳所處時代的女性處境」〔註24〕這篇散文正如她的小說在暴露婚姻制度的不合理的基調中，緩緩道出母親艱辛的一生，帶領讀者回看母親「所處時代女性的處境」，不同於小說的是，它不是虛構而出的故事，而是一個時代裡女性的真實處境，從「真實」這一角度而言，比起她的小說更容易引起讀者的共鳴。作者自美國回台灣為母親作九十大壽，於飛機上回顧母親的一生，有感而發的寫了此文。此文雖也

〔註20〕小民，〈母親的繡花鞋〉，收入小民《媽媽鐘》（台北：道聲，1982），頁114。
〔註21〕白先勇，〈棄婦吟──讀琦君〈橘子紅了〉有感〉，收入琦君《橘子紅了》（台北：洪範，1991），頁2。
〔註22〕於梨華，〈探母有感〉，原載《聯合報副刊》（86年6月18～20），收入林錫嘉所編《八十六年散文選》（台北：九歌，1998），頁87～103。
〔註23〕陳芳明，《台灣新文學史（上）》（聯經，2011.10），頁406。
〔註24〕〈「留學生文學始祖」於梨華經典作品惹哭作家廖玉蕙！〉，記者楊蕙綾於台北的報導，2016年2月25日。長年旅居美國的於梨華回台發表新書，作家廖玉蕙上台致詞時表示，於梨華的作品深刻記錄漂流的年代，她寫的不只是愛情婚姻，而是藉好看的愛情婚姻故事，鋪陳所處時代的女性處境，甚至是世界華文小說中的「漂流意識」。參見網址：https://www.ettoday.net/news/2016 0225/653245.htm。

以寫母親多舛的一生為主軸，但比起琦君的〈髻〉及小民〈母親的繡花鞋〉，除了篇幅較大，時間軸線較長，文中所鋪陳的事件較多之外，此篇散文在著墨父親的部分明顯偏多且帶有濃厚的批判力道，林錫嘉分析：「許是要用父親的暴戾脾氣來襯托母親容忍和毅力走過幾十年的苦難歲月。」〔註25〕的確，造成母親一生抑鬱寡歡、悲戚淒苦的正是於梨華文中所言「既不是個上乘的父親，更不是上乘的──絕對不是──丈夫。」〔註26〕文中用了相當多的篇幅細數父親的惡行惡狀：好賭、脾氣粗暴的惡神：兇光畢露的眼神，毫不留情的拳腳、貪於享樂、對妻子不忠、私生活失檢等等。若從這個層面來看，造成於梨華母親不堪的婚姻，似乎是繫於父親這個「個人」的因素上，實則，時代也是釀成一個悲劇婚姻的原因：

> 父親娶母親時，他是一個剛從法國留學回來、是他的村子裡唯一喝
> 過洋水的廿六歲青年，母親則是一個十八歲、怕連中學都沒有進過
> 的──她對這一點一直很含糊──鄉下姑娘。他們會結合，當然是
> 那時的父母之命、媒妁之言的使然。但後來我們私下推論，母親出
> 眾的端莊秀麗的容貌未必不是促使父親同意的原因。但這種教育程
> 度懸殊的婚姻，是注定不會美滿的。〔註27〕

誠然，此處所點出「教育程度」的懸殊是注定了父母婚姻不幸的原因，其實兩人生活背景的天壤之別──一個留學法國，一個身處鄉村，恐怕也是不容忽視的因素。何以如此懸殊的兩人會進入婚姻共組家庭？正是傳統舊時代的婚制所促成的。父親於婚後成了一個不忠的丈夫：「自我們知事起，就知道了父母的不和，不和的原因幾乎都是父親口袋裡不是母親的女人的照片，或是他上衣領口與母親無關的女人的唇膏」〔註28〕；婚姻路上無數次的婚外情，自大陸到台灣時，父親在外面又另組一個家庭，成了她們婚姻長途中最黑的陰影。這裡，於梨華的母親如何面對這樣的婚姻同樣令人關注，從幾段文字得以窺見她（甚至是那個時代的婦女）在婚姻中的處境：

〔註25〕林錫嘉編選，《八十六年散文選》（台北：九歌，1998），頁72。

〔註26〕於梨華，〈探母有感〉，收入林錫嘉所編《八十六年散文選》（台北：九歌，1998），頁89。

〔註27〕於梨華，〈探母有感〉，收入林錫嘉所編《八十六年散文選》（台北：九歌，1998），頁88。

〔註28〕於梨華，〈探母有感〉，收入林錫嘉所編《八十六年散文選》（台北：九歌，1998），頁89。

先是爭吵，再是咒罵，再是毆打。〔註29〕

母親則四十歲不到，面容姣好如昔，但不知從幾時開始，臉是一朵霜封的花，眉不舒，目不展，線條柔美的嘴唇是經常鎖著的。〔註30〕

唯有當她獨坐，她臉容上顯示的悲戚淒苦是令人心為之碎的。因我不只一次放學回家，偷覷到了她這份神情，但每當我衝動地叫一聲娘，奔向她，要向她表示我看到，而且知道了她的愁苦時，她臉上即刻用一種冷漠的表情來拒絕我的憐憫。對，冷漠。我們子女日後常用這兩字來形容她，但從未深究——也許不敢——這份冷漠是用多少暗吞的淚築成的？〔註31〕

從上述文字裡，真實且清楚地呈現一個舊時代的女性在婚姻下毫無權利與能力（經濟能力）抵抗婚姻中所加諸的種種不平等，其中又以丈夫的納妾（或婚外情或另組家庭）最能凸顯出女性置於傳統父權社會所設下的婚姻制度的附屬地位與悲劇命運，而於梨華的母親比起琦君、小民的母親在一味的隱忍、退讓下，她更進一步地敢於和丈夫「爭吵」，這或多或少象徵著她還主動地為自己爭取了些什麼，雖然仍是徒勞無功，仍必須讓自己退縮到一個以暗吞的淚水築成的「冷漠」、「霜封」的硬殼裡，以此拒絕憐憫，以此「用來掩蓋她自己不肯觸及、更不許別人觸到的傷痛。」〔註32〕但是，至少她在命運面前並不是全然地認命的。

二、無私奉獻，無怨無悔：正面的慈母形象

關於五○年代遷台女作家筆下的母親書寫，雖然已開始描繪母親在傳統婚姻中令人同情的悲劇形象，然而，整體而言，正面的「慈母」形象依然是她們創作的主流。就散文中的慈母書寫來看，五○年代遷台女作家的作品在質與量上均較同時期的男性作家得到較多的肯定，這與五○年代的文學氛圍自

〔註29〕於梨華，〈探母有感〉，收入林錫嘉所編《八十六年散文選》（台北：九歌，1998），頁89。

〔註30〕於梨華，〈探母有感〉，收入林錫嘉所編《八十六年散文選》（台北：九歌，1998），頁92。

〔註31〕於梨華，〈探母有感〉，收入林錫嘉所編《八十六年散文選》（台北：九歌，1998），頁99。

〔註32〕於梨華，〈探母有感〉，收入林錫嘉所編《八十六年散文選》（台北：九歌，1998），頁95。

然不無關係，然而，不論是男性筆下的家國大敘述或是女性以生活細節所鋪陳的瑣碎敘述，就歌頌母親的慈愛這一層面而言，他們的取材角度、表現手法或有不同，但作家所體現的母親觀點卻是相當接近的。他們筆下的慈母大致上都有一種無私的高貴情操——博大寬厚，無私奉獻，慈愛祥和，以家庭、丈夫及子女為自我生命的中心，呈現出讀者所熟習的典型——「偉大的母親」此一共相。

此類散文中，作家透過回憶，鋪陳母親的日常生活細節，描繪感人的事件，以表現無微不至的母愛及傳統母親的美德。將「慈母書寫」發揮到極致的琦君正是透過這樣的敘寫方式塑造出一位典型的慈母代表，〈毛衣〉〔註33〕一文是她描寫母愛的傑作，文中她回憶起有母親疼愛呵護的點滴——送她去上海讀書時，叮嚀她要買毛線最暖和的細毛線織背心、幫她鋪床，怕她暈船又把枕頭拍得鬆鬆的。琦君在家放寒假一段，更見母親備至的呵護：

> 寒冷的夜晚，我吃完飯老早鑽進被窩，雙腳伸過去，一個暖烘烘的
> 熱水袋已經給放好了。我滿意地捧起小說，看一陣子就呼呼睡去了。
> 在夢裡我沒有知覺到母親一雙凍僵的手在為一家忙來忙去，更沒有
> 知覺到最後兩個夜，母親在為我趕織毛衣袖子。〔註34〕

閱讀這段文字，不免令人聯想起孟郊〈慈母吟〉裡那位為即將遠行的遊子一針一線縫製衣服的慈母身影，透過母親為琦君趕織的毛衣一事，既展現了母親的慈愛，寫出了她為家人「忙來忙去」的辛勤身影，同時也點出母親節儉的美德。另外〈虎爪〉一文藉著一隻可以帶來平安的虎爪，一本心經，綰合著母親的慈悲及對兒女無止盡的牽掛：「想想母親一定還是記掛著那隻小老虎，所以把虎爪和心經拴在一起，求菩薩超渡牠。母親又把它們和我的短褲包在一起，明明是不放心我隻身在外，要虎爪為我辟邪，求菩薩保佑我平安。」〔註35〕，然而，琦君的母親，一位傳統的女性（母親）對這一切的犧牲與奉獻從來是不要求回報的，她以丈夫子女的成就感到滿足：「儘管母親有幫夫運，使父親在仕途上一帆風順，她卻一直自甘淡泊地住在鄉間，為父親料理田地、果園。……只要父親的信裡說一句：『水果都很甜，

〔註33〕琦君，〈毛衣〉《煙愁》（台北：爾雅，1981），頁63〜70，收入於《親情維他命》（台北：正中，1997）。

〔註34〕琦君，〈毛衣〉《親情維他命》（台北：正中，1997），頁67〜68。

〔註35〕琦君，〈虎爪〉，收入於林黛嫚主編《媽媽剝開青橘子》（幼獅，2001），頁11。

辛苦你了。』母親就笑逐顏開。」〔註36〕；「她在淚光中看著我一天天長大，看我穿上短衫青裙，踏進女子中學，畢業後又進入洋裡洋氣的教會大學，她一點也沒有看不順眼。她緊鎖的眉峰展開了笑靨……。」〔註37〕總評琦君的慈母書寫，鄭明娳言及：

> 讀者可以配合許多片段，塑造出一個具備三從四德的舊式婦女。
> 也可以從任何角度去肯定她許多勤勞、節儉、容忍、慈悲、寬懷
> 的美德。〔註38〕

或許以今日的眼光視之，我們實在無法去「肯定」或認同這樣的美德，然而，就琦君所言：「母親是個具備三從四德的舊式婦女，她自幼承受的母教就是勤勞、節儉和容忍。」〔註39〕她努力盡責的實踐她的母教觀，也著實地成就了一個家庭，以這個角度而言，對於舊時代婦女的無私，除了同情、憐憫之外，應該是投以更多的敬意。

同樣是寫母親的慈愛，胡適不同於女作家多以日常生活起居的照顧與愛護展現慈母面貌，而以敘寫母教著手，呈顯出一種慈愛與嚴厲交織下母愛。〈母親的教誨〉〔註40〕第二段即言：「我母親管束我最嚴。她是慈母兼任嚴父。」，文中胡適敘及母子相依的那段歲月，每天天剛亮，母親就將他叫醒，要他檢點言行，用功讀書；他犯了錯，母親不寬容，先加責備，然後處罰，或罰跪，或擰他的肉，甚至還不許他上床去睡，這些都使讀者感受到母親所扮演的嚴父姿態。其後在他所提到當時曾害了一場眼翳病該段，一個偉大的慈母形貌不著痕跡地躍然紙上：

> 我跪著哭，用手擦眼淚，不知擦進了什麼黴菌，後來足足害了一年
> 多的眼翳病。醫來醫去，總醫不好。我母親心裡又悔又急，聽說眼
> 翳可以用舌頭舔去，有一夜她把我叫醒，她真用舌頭舔我的病眼。
> 這是我的嚴師，我的慈母。〔註41〕

〔註36〕琦君，〈母親〉，收入張曉風編《親親》（台北：爾雅，1980），頁33。
〔註37〕琦君，〈母親那個時代〉《紅紗燈》（台北：三民，2013），頁17。
〔註38〕鄭明娳，〈琦君論〉《現代散文縱橫論》，台北：長安，1986年10月，頁72。
〔註39〕琦君，〈母親那個時代〉《紅紗燈》（台北：三民，2013），頁16。
〔註40〕胡適，〈母親的教誨〉，立緒文化編選《我的父親母親（母）》（台北：立緒文化），頁3～9。
〔註41〕胡適，〈母親的教誨〉，引文出處選自立緒文化編選《我的父親母親（母）》（台北：立緒文化），頁6，原篇名〈我的母親〉。

這種將母親內心的「慈」愛，蘊含在外表「嚴」格的教誨中，鄭明娳認為是十分難能可貴者：

> 胡適之撰述母親，則一反往例，不強調慈母之愛，卻寫母親對他勤勉督促、嚴厲管教。細讀之後，便會發現兒子沒有父親，母親不僅扮演慈母的角色，更要代理嚴父的職責，這種厚重的責任感，使一個小女人，放棄女性慣有的「寵性」，實則是轉化軟性的慈悲變成剛健的愛心，益見其難能可貴。〔註42〕

此文若與胡適在《四十自述》〔註43〕一書中敘及母親的部分參照閱讀，當更能明白何以鄭明娳對這位「轉化軟性的慈悲變成剛健的愛心」之慈母兼任嚴父的女性，發出「益見其難能可貴」之言。

五〇年代遷台作家身處新舊文化交替時代，五四新文化所標舉的人文精神及其對於傳統父權文化的批判，其實相當程度地影響著她們筆下的母親書寫，因此，在她們的散文作品裡，已隱微點出母親於傳統婚姻下其附屬／沉默／隱忍委屈的一面。另外受到五四女作家如冰心等的影響，作家筆下所回憶起的母親多為正面的慈母形象，書寫慈母除了這層文化因素之外，更存在著人之常情的心理因素以及大時代的因素等，如張瑞芬所言：

> 那是一個離戰亂很近，離現在很遙遠的時代。一個還沒有聽過女性主義的時代，也是一個有真誠有盼望，覺得無論世事如何艱難，總還有慈母的愛無可懷疑的時代。〔註44〕

〔註42〕鄭明娳，《現代散文類型論》第二章：「散文的主要類型」（台北：大安，1986），頁50。

〔註43〕關於胡適母親的生平小傳，在《四十自述》一書中，大致敘及母親馮順弟，十七歲嫁給胡適的父親做填房，比丈夫小三十歲。胡傳初娶馮氏，結婚不久便病逝。前任妻子曹氏，生三子三女，曹氏死於光緒四年（西元一八七八年）。胡適回憶說：「我母親結婚後三天，我的大哥嗣稼也娶親了。那時我的大姊已出嫁生了兒子。大姊比我母親大七歲，大哥比她大兩歲。二姊是從小抱給人家的。三姊比我母親小三歲，二哥、三哥（孿生的），比她小四歲。這樣一個家庭裡忽然來了一個十七歲的後母，她的地位自然十分困難，她的生活自然免不了苦痛。……」一個後母兼寡婦的女性，其處境之艱難，令人著實難以想像。《四十自述》（台北：遠流）。

〔註44〕這段文字分別出現於張瑞芬評論琦君及小民散文的論述當中：張瑞芬在〈母心似天空——論小民散文〉，《五十年來台灣女性散文》（台北：麥田，2006），頁122 張瑞芬〈琦君散文及五〇、六〇年代女性創作位置〉，《臺灣當代女性散文史論》（台北：麥田，2007），頁197。

這一段文字，簡單勾勒出了五〇年代的時代氛圍及文學的大致輪廓———一個戰亂流離的時代，一群大陸遷台的作家，建構了正面／光明的慈母文學，以今日眼光視之，女作家筆下的母親書寫或許不具女性意識（因女性主義尚未盛行且社會風氣仍屬保守），然而流動在字裡行間的慈愛光輝，「著實陪伴一個時代走過黑暗、迎向黎明」〔註45〕，就這一個層面而言，正面的母親書寫在那樣的時代實有不可忽視的深層意涵。

第二節　堅毅／堅韌的地母形象

　　有別於上述五〇年代遷台作家散文中的慈母形象，台灣本土作家筆下的母親書寫著墨較多的是充滿韌性的堅毅之母，這些母親們同樣慈愛子女，但其姿態與琦君等所描繪的具有中國傳統婦女溫柔婉約、溫順平和的母親形象顯然有所不同，或許大陸遷台作家的母親們所接受傳統儒家對女性的規範影響較深，因此，一個具備三從（從父、從夫、從子）四德（婦德、婦言、婦容、婦功）的婦女成了女性一生最高的追求，而且也唯有如此，她才能得到家庭乃至社會的認可，才能維持她的生存位置。而審視出生於一九四〇至一九六〇年代台灣作家筆下的母親們，傳統儒家思想對女性的要求在她們身上並不明顯也不深刻（至少在文本中表現的是如此）。母親們大多來自農村，苦難是她們共同的生存背景———家中男性的缺席（或喪夫或不務正業或軟弱無能），撫育眾多子女的重擔，現實層面的經濟匱乏等，使得這群年紀輕輕就結婚生子的母親們，面對現實的生存、生活壓力，讓她們沒有柔弱，甚至軟弱的可能性，她們大多堅強地扛起家計重任，展現女性剛強韌性的一面，正如簡媜於《女兒紅》一書所言：「一半壯士，一半地母」〔註46〕，既以大地之母的形象作為照顧子女，護佑子女後裔的人；又以烈士果敢孤獨的姿態靠著自己去掙得一片天，這應是台灣母親們身上所渾融的最動人的胸襟。這類既剛且柔的台灣母親們，在作家筆下所顯現的幾項特質分述如下：

〔註45〕張瑞芬，〈琦君散文及五〇、六〇年代女性創作位置〉《臺灣當代女性散文史論》（台北：麥田，2007），頁198。

〔註46〕簡媜，〈紅色的疼痛——序《女兒紅》〉，《女兒紅》（台北：洪範，1996），頁8。

一、勞動的母親

　　關於散文中的母親書寫，何寄澎曾將琦君與吳晟兩人的作品相提並論，其所提出的觀點是「相較於其他作家的零星篇章，琦、吳二氏有大量作品描述母親。琦君著作等身，而母親永遠是她筆下最重要的人物；吳晟則有《農婦》一書，見證母親在其心中的地位。」〔註47〕另外，兩位作家在刻劃母親的形象雖然都以正面意義為其書寫的基調，兩者皆具共通的婦女美德，然兩位母親所處的時空背景不同——大陸與臺灣；動盪戰亂的年代與勞動的農業社會，因此，仔細尋繹其間仍有所差別，對此，何寄澎分析：

> 琦君的母親勤勞、節儉、容忍、慈祥——傳統中國婦女三從四德之美德集於一身；比較特殊的是，終其一生似乎未得到丈夫之愛情，故在其平和、優美的形象背後，其實充滿悲劇色彩。吳晟的母親則勤勞、刻苦、儉僕，一生逆來順受，督子甚嚴，土地是她永遠固守的生命舞台。兩者雖有共通的品質與德性，但後者顯然已龐大至具有地母性格。那種無限給予、無限付出，不斷勞作，不斷承擔的本質，無一不與「大地」之仁德相應和，吳晟筆下的「農婦」似乎已不再是他個人母親的形象，而成為「大地」的象徵。〔註48〕

　　如果說琦君的母親代表的是典型的「傳統中國婦女三從四德之美德」，那麼吳晟的母親所展現的則是「傳統臺灣漢人的美德——勤勞、節儉、認分、知足」〔註49〕，這些傳統臺灣婦女的特質都在吳晟的描述中表露無遺。在〈一本厚厚的大書〉〔註50〕一文裡，吳晟提到母親出生在貧寒的農家，為了幫助家計，而與吳晟父親結婚後，依然必須辛勤耕作忙碌——為家務、為農事、為養育七個子女。至此，在讀者眼中吳晟的母親不過是和日據時代多數的農家婦女一般，然而，真正突顯其母「逆來順受」的堅毅韌性可說是來自於吳晟父親的驟逝，此「逆來順受」所展現的是一個女性在命運所安排的逆境之下，依然靠著一己之力堅強地扛起家計重任，吳晟回憶那時母親：

〔註47〕何寄澎，〈當代台灣散文中的女性形象〉，收入鄭明娳主編，《當代台灣女性文學論》（台北：時報文化出版公司，1993），頁283。

〔註48〕何寄澎，〈當代台灣散文中的女性形象〉，收入鄭明娳主編，《當代台灣女性文學論》（台北：時報文化出版公司，1993），頁283～284。

〔註49〕宋澤萊，〈臺灣農村生活紀實文學的巔峰——論吳晟散文的重大價值〉，《臺灣日報》（民國八十五年十一月十日～十三日）。

〔註50〕吳晟，〈一本厚厚的大書〉《農婦》（台北：洪範，1982），頁1～3。

「既要應付各種稅金的繳納，又要供給我們的學費和生活費，又要為紛雜繁重的農事操勞，多方債務，更是逼迫甚緊，而母親卻一一獨自艱苦的撐下來」〔註51〕

　　吳晟另一篇收錄於國中教科書的〈不驚田水冷霜霜〉〔註52〕敘寫農家清晨潑霜水的工作情形，特別是敘述了一個深冬時節的清晨，冷風陣陣，寒氣逼人，母親一如平常地早起下田工作：

　　　　我說：天氣這樣寒冷，田水這樣冷霜霜，大家真打拚，這麼早就來
　　　　工作啊！母親看了我一下，目中充滿了責備：大家都像你這樣怕冷，
　　　　誰來種田？……哪有工作還得選日子的。〔註53〕

　　「哪有工作還得選日子的」一句點出了臺灣農人（農婦）勤奮工作的精神樣貌，全文最令人印象深刻的是結尾兩段敘述母親凍裂的腳底，結了厚厚的繭，母親刻苦與堅忍的勞動身影，常年耕種留下的辛勞痕跡，以及不畏寒苦的堅韌全都在此具象地呈現出來：

　　　　是啊！誰驚田水冷霜霜，從開始浸稻種、整理田地，到插下秧苗，
　　　　每年這段期間，天氣最為寒冷，而母親每天都田裏來田裏去，難怪
　　　　母親的腳掌，結了一層又一層厚厚的繭，多年來，常凍開一道一道
　　　　深深的裂痕，每一道裂痕裏，都塞滿了泥巴……。〔註54〕

　　　　結了一層又一層厚厚的繭，凍開了一道又一道深深的裂痕，母親這
　　　　樣厚實的一雙腳，抗拒了多少歲月的霜寒啊！〔註55〕

　　從篇名〈不驚田水冷霜霜〉的「不驚」二字及此處「誰驚田水冷霜霜」的「誰驚」一詞，展現出母親無限的勇氣和驚人的毅力，此即或可視為何寄澎所言台灣母親「已龐大至具有地母性格，那種無限給予、無限付出，不斷勞作，不斷承擔的本質」。吳晟「一直以自己的母親來暗示或明示勞動、肯做、實在、樸素、節儉，這些德性才是做人的根本。」〔註56〕母親終其一生貫徹著這些臺灣人的美德，即便年歲已大，責任已了，她還是堅持著固執的想法：

〔註51〕吳晟，〈一本厚厚的大書〉《農婦》（台北：洪範，1982），頁2。
〔註52〕吳晟，〈不驚田水冷霜霜〉《農婦》（台北：洪範，1982），頁155～158。
〔註53〕吳晟，〈不驚田水冷霜霜〉《農婦》（台北：洪範，1982），頁157。
〔註54〕吳晟，〈一本厚厚的大書〉《農婦》（台北：洪範，1982），頁157～158。
〔註55〕吳晟，〈一本厚厚的大書〉《農婦》（台北：洪範，1982），頁158。
〔註56〕宋澤萊，〈臺灣農村生活記實文學的巔峰——論吳晟散文的重大價值〉，《臺灣日報》（民國八十五年十一月十日～十三日）。

「時代不管怎麼變，人總要勞動才有飯吃。」〔註57〕「人總要勞動才有飯吃」，是吳晟的母親以一生辛勤的耕作所體會而得的生活經驗，以無數的汗水所凝聚而出的生命哲學，這一位農婦的生活智慧也正是廣大的農村母親的生活智慧寫照，在吳鈞堯〈終於原諒我媽媽了〉及〈媽的自傳〉散文裡也可見到這樣一位具有土地的容忍性格、「天天勞動也不生病」〔註58〕的媽媽：

> 成長於農村，土地的容忍性格很早以前便住進她胸臆。……那是種
> 無怨的容忍，不管颱風下雨，她都得到田裡播種、除草；無論心情
> 多麼低潮，雨只往她的心裡下，完全不會流露在外。〔註59〕

如同吳晟母親一般，吳鈞堯的母親也來自窮困的農村，在農村的家庭裡，即使是女性也必須和男性一樣「到田裡播種、除草」；及至嫁到金門濱海的村落，台灣的母親並不就此在家相夫教子，吳鈞堯寫下了婚後母親織魚網、賣魚、割高粱等辛勤勞動的身影，尤其以割高粱一事在作家的描寫之下最令人感到辛苦至極：

> 烈日下的高粱田裡，怕過敏的媽戴斗笠、手臂套著袖管，像個木乃
> 伊，沿著田埂割高粱，汗水浸皺的尼龍衣服黏住皮膚，像脫不下的
> 皮，媽這麼穿，不見喊累。〔註60〕

吳鈞堯在〈高粱酒事之敬邀天地〉一文談及往昔金門窮，要吃米食不易，因此胡璉將軍任金門司令官時，為鼓勵農民種植高粱，定下了一斤高粱換一斤白米辦法。因此，收成高粱就成了他們家裡的大事，同時也是一件苦差事，因為在大熱天裡收成高粱，為了怕高粱穀塵刺激皮膚，引發搔癢，他們必須戴口罩、著長袖、拿鐮刀壓低高粱稈以割取高粱，〔註61〕此文揭示了金門人採收高粱的辛苦所在，參照此文，可以更深刻體會吳鈞堯所言母親所具有的「土地的容忍性格」。在此令人好奇的是，在女性的生命裡究竟醞藏著什麼樣

〔註57〕吳晟，〈一本厚厚的大書〉《農婦》（台北：洪範，1982），頁3。

〔註58〕吳鈞堯，〈媽的自傳〉《金門》（台北：爾雅2002），收入立緒文化編選，《我的父親母親（母）》（台北：立緒文化，2004），頁319。

〔註59〕吳鈞堯，〈終於原諒我媽媽了〉，刊登於《幼獅文藝》（台北：幼獅文化，90年5月），頁63。該篇於其後特別附註說明：「本文原名〈一直無法原諒我媽媽〉，載於《聯合報》副刊（約民國86年4月），經改寫而為〈終於原諒我媽媽了〉」。

〔註60〕吳鈞堯，〈媽的自傳〉《金門》（台北：爾雅2002），收入立緒文化編選，《我的父親母親（母）》（台北：立緒文化，2004），頁320。

〔註61〕詳見吳鈞堯，〈高粱酒事之敬邀天地〉，刊載於《金門日報全球資訊網》（2012年1月24日），網址：www.kmdn.gov.tw/1117/1271/1275/205319?cprint=pt。

的能量可以如此強大如此堅毅又如此溫婉？恐怕除了艱困的現實環境的淬鍊之外，母親的身分應該是最主要的原因，這群母親們展現出一股「為母則強」的生命特質，因而吳晟的母親「幾乎都是憑恃一股意志力在支持」〔註62〕母兼父職的撐起一個家；吳鈞堯的母親在烈日下忍受「木乃伊」般的包覆，辛勤割取高粱而「不見喊累」，一個女性堅韌的生命特質，其中的原因如吳鈞堯所言「媽媽的生命其實就存活在我們之間」〔註63〕。也正是簡媜於〈母者〉一文所分析一個成為母親的女性，既「具備鋼鐵般的意志又不減溫婉善良」，她們是「蝴蝶與坦克」並存於一身的女性〔註64〕。這種既剛且柔，「蝴蝶與坦克」並存一身的女性，是台灣母親的一種典型特質，范銘如〈母姨天下〉一文中也出現了這類的女性：

> 遠在我知道女性主義是什麼之前，周遭環境裡許多能幹的女性長輩
> 們就以身教讓我認識女性絕不是弱者。我的母親、她的兩個姐姐和
> 弟媳，不但錢賺得比較多、講話更有分量、連活得都比她們的男人
> 久；她的朋友跟工作夥伴們每一個都很堅強，當養女的、當寡婦的，
> 再怎麼拚死拚活做牛做馬也能拉拔一家大小。〔註65〕

短短的篇幅裡，寫母親，也寫母親的姐姐、弟媳以及在她們家工作的阿姨們，值得注意的是，散文中羅列的人物都是女性〔註66〕，然而卻都不是弱者，她們謙遜卻不向命運低頭，更不附屬於男性之下，相較於身邊的男性（丈夫），她們非但「錢賺得比較多、講話更有分量」，甚且連生命都「活得都比她們的男人久」，她們是一群「每天像插上不斷電裝置的機器人，睜開眼睛就要操勞到半夜」〔註67〕的能幹辛勤的女人。

〔註62〕 吳晟，〈一本厚厚的大書〉《農婦》（台北：洪範，1982），頁1。

〔註63〕 吳鈞堯，〈終於原諒我媽媽了〉，刊載於《幼獅文藝》（台北：幼獅文化，90年5月），頁62。

〔註64〕 簡媜，〈母者〉《女兒紅》（台北：洪範，1996），頁148。

〔註65〕 范銘如，〈母姨天下〉，原載《聯合報》（2005年2月26日），收入鍾怡雯主編《九十四年散文選》（台北：九歌，2006），頁58。

〔註66〕 在范銘如的〈母姨天下〉一文中所提及的女性，除了她的母系親屬（母親、兩個姐姐、弟媳、阿嬤）之外，另外還有曾是醫師的嘉義女市長許世賢以及文壇阿姨輩女作家（郭良蕙、姚宜瑛、畢璞、邱七七、艾雯、劉枋、小民、丹扉、潘人木）等。詳見《九十四年散文選》（台北：九歌，2006），頁58～62。

〔註67〕 范銘如，〈母姨天下〉，原載《聯合報》（2005年2月26日），收入鍾怡雯主編《九十四年散文選》，（台北：九歌，2006），頁59。

　　檢視范銘如筆下所描述的母親，可以發現，辛勤勞動幾乎貫串她母親的一生。十歲左右，小學還沒畢業就得賺錢謀生「白天背著雇主小孩洗衣服擦地板煮三餐、夜晚還要幫頭家孃搥背搥到打瞌睡」〔註68〕在父親過世後，「不斷被老母四處轉賣當童工」〔註69〕；結婚之後，「繼續胼手胝足地賺錢」（因為丈夫的收入不足以支撐一個家庭），最後，竟「赤手空拳地奮鬥成獨當一面的老闆」，且最難能可貴的是，在奮鬥的同時又能兼顧家庭，范銘如形容這群「又要當男人又要當女人」的女性她們所共有的特質：

> 這兩掛的阿姨們身上流露著一種無以名之的但又確實罕見於我姊
> 妹輩中的特質，一種源源的生命力；也許，那正是所謂的堅韌吧。
> 〔註70〕

　　勞動的母親是台灣作家筆下常見的母親樣貌，在作家共同書寫下，「堅韌」與「堅毅」的大地母親形象，成為台灣母親的一種典型，這種典型不同於傳統慈母的陰柔，而是較具陽剛的性格，同時作家筆下的母親也少見忍氣吞聲、委屈流淚的悲苦模樣，如范銘如母親所言：「困境裡的女人沒有示弱的特權。閨怨嘛，是吃飽飯才有的閒愁。想生存，只能打拼再打拼。」〔註71〕所以她們在經濟（從補貼家用變成了家庭裡的支柱〔註72〕）與地位（喊水會堅凍〔註73〕）上都較琦君筆下的母親更具獨立性，在家中有較具重要性，且相較之下，為生存而奮鬥的一面更顯其生命力。

二、庇護子女的母親

　　上述提及何寄澎將吳晟筆下的母親個人的「農婦」形象，提升為「大地」的象徵，且直指其所具有的「地母性格」在於——無限給予、無限付出，不斷勞作與不斷承擔，正與「大地」之仁德相應和。在台灣作家所書寫的散文中，這類「地母」的形象多指向女性，尤其以母親角色為主，因此「女性——慈母」的刻劃通常形成「母親——大地」兩者結合的書寫意象。作家筆下的母親與大地究竟在何種意義上產生聯結而有所謂的「地母」之稱？「地母」作

〔註68〕范銘如，〈母姨天下〉《九十四年散文選》（台北：九歌，2006），頁58。
〔註69〕范銘如，〈母姨天下〉《九十四年散文選》（台北：九歌，2006），頁58。
〔註70〕范銘如，〈母姨天下〉《九十四年散文選》（台北：九歌，2006），頁62。
〔註71〕范銘如，〈母姨天下〉《九十四年散文選》（台北：九歌，2006），頁60。
〔註72〕范銘如，〈母姨天下〉《九十四年散文選》（台北：九歌，2006），頁59。
〔註73〕范銘如，〈母姨天下〉《九十四年散文選》（台北：九歌，2006），頁60。

為人間母親又被賦予何種象徵意涵？根據林至仁以台灣地區所奉祀的「地母至尊」宮廟的信仰觀念進行考察一文，我們可以更清楚的知道散文中所指稱的「地母」之名及其意涵所在，文中提及埃利希‧諾伊曼在其所著的《大母神——原型分析》一書，闡釋「大地」與「母親」兩者相結合的意義在於：

> 「大地」是人們賴以生存的確實依靠，也是見證萬物生養、死亡的場域，因此，將「大地」類比為生育、養護、容納己身，乃及萬物的「母」體，且進而作為生命萬物終將回返歸結之所，也就成為顯易而起的「神話思維」。而這般「大地」與「母親」的聯想，在人類社群發展的階段中，可能將「大地」與其變形作為女性最高和最根本的奧秘象徵，甚至也有學者解釋為「生兒育女和傳宗接代」的表現意義中，「大地」為女人樹立了榜樣。〔註74〕

「大地」生養容納萬物，如同「母親」生養撫育子女，「生兒育女」成了女性獨特且奧妙的神聖使命，以及身為母親最基本的責任，這個觀點也為台灣民間信仰所認同，在目前奉祀「地母至尊」宮廟普遍誦念的《地母經》中便載有「地能生萬物，如母養群性」之語。〔註75〕且因著「大地」與「母親」的聯想，而發展出「地母」、「后土」等稱呼：

> 「土地」孕育、滋養眾生，似「母親」般貼近庶民生活，因此，自初民以來就少不了對「土地」的崇拜與信仰，且依著「后土」、「地母」等稱呼，發展著引導信仰觀念的「神話」，跨過時代與地域的區隔而普及開來，而今日在台灣各地都有主祀或配祀「地母」的宮廟，就關係著因「神話思維」而來的「土地」崇拜，卻在實際的民間信仰觀念中，又有了多元豐富的詮釋及說法，超出原本純粹的「神話思維」。〔註76〕

林至仁此文是針對台灣所奉祀的「地母至尊」為考察對象，然不論是由國外或大陸傳至台灣的「地母」一詞都緊扣著「土地」的孕育與生養此一涵義，且地母皆為大地萬物之來源（即大地上的萬物都是由「地母」所生成），

〔註74〕林至仁，〈台灣奉祀「地母至尊」宮廟考查及信仰觀念探析〉《興大中文學報》（第二十三期，2008年11月10日），頁8。

〔註75〕林至仁，〈台灣奉祀「地母至尊」宮廟考查及信仰觀念探析〉《興大中文學報》，頁21。

〔註76〕林至仁，〈台灣奉祀「地母至尊」宮廟考查及信仰觀念探析〉《興大中文學報》，頁5～6。

「地母至尊」的形象被賦予如慈母一般解人生遭遇之困厄，使人獲得身心安頓的依靠。在《地母經》的經文中「地母」以感嘆之語，如慈母般苦口婆心的勸說，導引「子」民行為之部分，可知地母在當前台灣的社會環境中，又進一步擴大了信仰的形象，從安慰萬民的「慈母」，發展為導引子民行為、急嘆「子」民行不正的「慈母」，甚至更進一步成為「導師」〔註77〕。以該篇研究台灣民間對於「地母」的信仰觀檢視台灣散文中的母親書寫，其意涵是十分相近的，早期的台灣母親因身處農業社會時代，她們與土地多有著密切的關係，作家筆下出現許多如上所述在田裡勞動的母親的身影，這類母親既有堅毅強韌的一面或扛起或分擔家庭的重擔，同時也有母性慈愛溫暖、無私與無盡呵護子女的博大胸襟，全心為子女設想的周到體貼，成為子女們生活中最安適的依靠：

> 她有天下慈母的通病：過份關心兒女，不管自己。有好吃的要留給
> 我們，連三餐都常夾來夾去，把我們弄得很過意不去，只好苦笑：
> 「嘿嘿！我又不是客人。」更要命的是，寒冬夜裡，她偶而會把我
> 們從床上拉起，吃這吃那，來個「惡性進補」……。〔註78〕

透過食物具現母親對子女的呵護與關愛，是台灣母親的共相，她們多半沒有機會受教育，不識字更不擅言辭，但她們卻以最質樸的行動，以照顧孩子的吃與食，來展現她們豐沛的母愛，即使孩子已成人成家，母親的關愛不曾稍減，阿盛〈娘說的話〉一文中提及自己自鄉村至都會謀事，也在台北成了家，然七十多歲的母親，依舊不辭辛勞千里迢迢的為兒子帶來喜愛的食物，實踐一個做母親最堅實的關愛：

> 母親每次到台北來，總要提抱許多吃食。幾回勸過她──不須大老
> 遠辛辛苦苦帶東西，勞累且不值得，她口裡說好好好，再來台北時，
> 依然手上提著、胸前抱著數不清種類的吃食。〔註79〕

阿盛〈娘說的話〉及劉靜娟〈媽媽就是媽媽〉為八〇年代的作品，兩篇文章皆是通過母親為子女費心張羅「食物」的心意以烘托母親的慈與愛，及至九〇年代以後，以母親為題材的親情之作，仍有許多作品以此書寫角度切入，獲

〔註77〕參照林至仁，〈台灣奉祀「地母至尊」宮廟考查及信仰觀念探析〉《興大中文學報》（第二十三期，2008 年 11 月 10 日），頁 1～40。
〔註78〕劉靜娟，〈媽媽就是媽媽〉收入張曉風編《親親》（台北：爾雅，1980），頁 131。
〔註79〕阿盛，〈娘說的話〉，原載《綠袖紅塵》，收錄立緒文化編選《我的父親母親（母）》（台北：立緒文化），頁 223。

第一屆林榮三文學獎散文首獎的蔡逸君〈聽母親說話〉一文即是，文章首段正是從一鍋母親特地為假日才回家的兒子熬煮的「颱風筍湯」引起全文：「假日回家，母親端出剛煮好的颱風筍，……我舀來喝，接著再一碗，湯水甘甜但微微滲著苦澀，筍圈薄嫩卻韌性十足，正是昔日的味道。我對母親說，好吃極了，她說應該再苦點會更好。」〔註80〕做母親的總細膩地牢記兒女對食物的喜好，並且時時透過這一道記憶裡的獨特滋味，重溫並延續母子之間的美好親情，這是台灣母親對待兒女的典型方式，尤其當子女適時說上的一句「好吃極了！」，更成為母親心裡最感欣慰的話語。廖玉蕙評論此文時，即言：

> 文章以味覺點醒昔日記憶，母子親情起於奶水的餵育，最終也命定歸於家常的吃食。作者由一頓飯開始著墨，精準切入台灣母親慣常的表情達意方式——等待的母親總以好菜好飯和兒女進行既親密又生疏的接軌。〔註81〕

過分關心子女，「好菜好飯」、「好吃的」總留給兒女，是台灣母親「慣常的表情達意方式」，其實這種天下慈母的通病，正是「地母性格」的展現。這一點在莊裕安筆下有了更細膩更深一層的鋪陳與詮釋：

> 她吃飯的心情，也許像個善於算計的水果商人，把最光鮮滑脆的一批高價賣出，剩下的臥底瑕疵，再留給自己。……她最喜歡配食的，也許不是扁魚白菜或蒜三層，極可能最開胃的是我們的笑聲和讚語。她難道是個再世的僧侶？好運氣祝福給別人，自己只要粗茶淡飯就滿意。〔註82〕

此文所寫的對象是一個對「女兒和女婿，充滿慈悲」的丈母娘，以「慈悲」一詞加以形容正是扣合在「丈母娘請家常客」一事之上，從上市場精心挑選食物，在廚房汗流浹背地耍刀弄鏟，催促兒女們先行食用著一道道冒著熱氣的新鮮飯菜等，慈與愛舉重若輕地聚焦於一頓家常的吃食，而當她自己上桌進食，面對的即便已是殘羹剩飯卻因一旁兒女們的「笑聲」、「讚語」而

〔註80〕蔡逸君，〈聽母親說話〉，收入鍾怡雯主編，《九十四年散文選》（台北：九歌，2006），頁370。

〔註81〕陳芳明等文，廖玉蕙主編，《中學生晨讀十分鐘：親情故事集》（台北：天下雜誌，2014），頁203。

〔註82〕莊裕安，〈野獸派丈母娘〉，原載《台灣新生報》1993.5.10母親節，收入周芬伶、鍾怡雯主編，《台灣現代文學教程：散文讀本》，（二魚文化，2002），頁286。該篇文章另選收入其他散文選集，詳見參考書目，此處不再一一詳註。

感到心滿意足，這位女婿眼中的「再世僧侶」巧妙地與「地母」、「人間母親」綰合為一。

　　在表現母親對子女的慈愛，從日常飲食起居的悉心照料這一題材入手是最普遍、最直接也最容易引起讀者共鳴，似乎人人家中都有著這樣一位在廚房忙碌的母親，母親的拿手菜往往形成生命記憶裡獨特的「媽媽的味道」，這氣味隱含著溫暖、和樂與幸福等涵義，在母親書寫的文本中，不難發現此類的書寫篇章或片段，成為作家甚至是讀者重溫母親呵護疼愛的一種方式，步入中年以後的廖玉蕙，在接母親到台北同住的一段日子裡，也因為回到家裡有母親「及時端出熱騰騰的新鮮飯菜」〔註83〕而深感「有母親在的日子，實在是太幸福了」〔註84〕。除生理飲食的照顧外，至廟宇祈求神明庇護子女生活平安順利也是台灣母親守護子女習見的一種儀式，雖然這類的書寫在作家筆下並不多見，但這普遍存在於台灣人民生活當中甚至形成一種信仰與習俗，實則存在著一定的價值，藉此我們或許可以更深刻地見識一個母親的愛究竟是如何地廣大無邊且無所不在，鹿憶鹿〈婆婆媽媽的菩薩〉開頭即言：「媽媽沒進過學校，她心目中最高的指導原則是人的菩薩心。」〔註85〕文中並未詳述母親如何以此原則教養兒女，而是從母親如何使菩薩與兒女之間產生聯繫進行鋪敘：

> 我們考試，媽媽從不會忘了去拜拜。〔註86〕

> 媽媽不停地拜菩薩，在她的心目中，拜了神明菩薩，全家大小身體就平安，工作就順利。……初一十五，初二十六，神明生日，過年過節，安太歲，點光明燈，……子孫要有出脫，多拜拜就不會錯。〔註87〕

　　引文中的兩段文字，點出了母親信仰菩薩的原因、特定膜拜的時間及其祈求的事由，一個「沒進過學校」的母親卻教育出都讀到博士的女兒，無怪

〔註83〕廖玉蕙，〈示愛〉，原載《中央日報副刊》（1993 年 12 月），收入《不信溫柔喚不回》，（台北：九歌，1994），其後又收入蕭蕭編著《台灣現代文選·散文卷》（台北：三民，2005），頁 139。
〔註84〕廖玉蕙，〈示愛〉《不信溫柔喚不回》（台北：九歌，2006 重新排版），頁 40。
〔註85〕鹿憶鹿，〈婆婆媽媽的菩薩〉《欲寄相思》（台北：九歌，1999），收入廖玉蕙主編《流星雨的天空》（台北：幼獅，2010），頁 143。
〔註86〕鹿憶鹿，〈婆婆媽媽的菩薩〉《流星雨的天空》，頁 143。
〔註87〕鹿憶鹿，〈婆婆媽媽的菩薩〉《流星雨的天空》，頁 144。

乎她深信不疑只要「多拜拜」，神明就能保佑她的孩子生活平安、考試工作
順利，前程似錦，這裡寫的是鹿憶鹿的母親對孩子慈愛的心意，在台灣這類
的母親應該為數不寡，如同文中提到的另一位母親——鹿憶鹿的婆婆，不
僅對菩薩虔誠，就連百里的神壇、遠地的廟宇都誠心參拜，甚至對於「神棍
的話言聽計從」〔註88〕至此，種種不合科學的行徑，表面上似乎透顯出母
親們在拜拜一事上的「愚」與「痴」，實則從文末所透露的感激之情，當可
明白以此突顯不同世代價值觀的差異應不是作家所著意之處，〔註89〕母親
們虔誠叩拜的舉動不過是作者借題發揮的媒介，一種挾帶著神明護持的慈
愛力量，足以使人從中領受「幸福」，才是她藉此文所欲表露對母愛的理解
與敬意：

> 從小就自嘲是上帝不愛、菩薩不喜的人，卻有唯菩薩命令是從的婆
> 婆、媽媽，從她們身上，我體會到自己的幸福，能夠受教育的幸福，
> 而且有眾多神明菩薩庇佑的幸福。〔註90〕

是什麼原因、遭遇或機緣牽引一個母親走向神明，尋求力量？鹿憶鹿言
母親不識字，因而菩薩的慈悲胸懷成了母親人生行事的最高準則，簡媜的
〈母者〉一文描述在一場祈福法會上，所看到更糾結更複雜的一幕：「木魚
與小磬引導一列隊伍，近兩百人都是互不相識的平民百姓，尋常布衣遠從
漁村、鄉鎮或都市不約而同匯聚在此。他們是人父、人子更多是灰髮人母，
隨著梵樂引導而虔誠稱誦，三步一伏跪……」〔註91〕，同時發出這樣的感
概：

> 若不是愛已醫治不了所愛的，白髮蒼蒼的老母親，妳何苦下跪！
> 〔註92〕

在尋常的日子裡一個母親尚且祈求眾多神明菩薩庇佑子女，那麼當不幸的苦
難或苦厄降臨時，我們便不難理解一個無能為力抵抗命運的平凡母親，為何
痴心地「隨著梵樂引導而虔誠稱誦，三步一伏跪」，在此「愚」與「痴」的母

〔註88〕鹿憶鹿，〈婆婆媽媽的菩薩〉《流星雨的天空》，頁 145。
〔註89〕鹿憶鹿於此文中提到：「從小媽媽就對我不拜菩薩不敢苟同，我也勉強陪她去
　　　　村裡的廟閒逛，不拿香也不跪拜」，媽媽對於女兒們都是博士一事，歸功於菩
　　　　薩的保祐，鹿憶鹿卻認為是自己用功讀書所致。參見同上，頁 142～146。
〔註90〕鹿憶鹿，〈婆婆媽媽的菩薩〉《流星雨的天空》，頁 146。
〔註91〕簡媜，〈母者〉《女兒紅》（台北：洪範，1996），頁 142。
〔註92〕簡媜，〈母者〉《女兒紅》（台北：洪範，1996），頁 143。

者形象在簡媜眼中有了新的理解與詮釋：

> 那枯瘦的身影有一股懾人的堅毅力量，超出血肉凡軀所能負荷的，
> 令我不敢正視、不能再靠近。她不需我來扶持，她已凝鍊自己如一
> 把閃耀寒光的劍。〔註93〕

　　在這常人眼裡看似愚駭無可理喻的背後，除了潛藏著一個為人母親的焦
灼與憂心，更涵攝著一股為母則強的「堅毅力量」，那力量源自於一個母親無
私且無可言喻的愛，以至於令人不敢正視，不能靠近，而對這形象心生敬畏
肅然起敬。有了這層的體悟之後再看收入於鍾怡雯所編選的《九歌100年散
文選》〔註94〕吳鈞堯〈身後〉〔註95〕一文，我們應更能理解何以作家的母親
如此虔誠的「信神」、「拜神」、「求神」甚至「騙神」等種種荒謬怪誕的舉措。
文中敘及兩位兄長不明所以接續夭折，父母在肉體靈魂俱垮的無助下，神明
成了他們的精神依託，為了能留住所愛，作家的母親為他「騙神」（身穿姊姊
的衣服，姊姊叫大麗，他則喚作小麗）也為他「求神」：

> 讓我跪著，立身後，舉我手，向神喃喃祈禱。〔註96〕

> 母親的聲音就在腦杓上、雙耳間，一字一字親密地、謹慎地傳過
> 來。

> 啊，天公伯仔，你要保庇，觀世音菩薩、恩主公、玉皇大帝、……
> 你要保庇弟子吳鈞堯……〔註97〕。

　　母親對神明的篤信與虔敬，幾乎貫穿作家的一生，小時候與玩伴誤闖坑
道，母親著急地焚香膜拜；每年的七夕情人節要拜七娘媽；成年後的婚禮上，
記憶所及仍是向著眾佛與列祖列宗的「一拜、再拜、又拜」，及至中年以後成
為人父，母親依舊令他跪拜，自己立於作家身後，舉子之手自額前至胸口，
喃喃地向眾神佛為之祈求，我們往往可以透過作家所選擇的書寫元素來解析
其中所欲呈顯的意涵或抒發的情感面向，廟宇、神明、祭祀、拜神、拜祖先，
每每立於子輩孫輩身後為之捻香祈禱的種種片段，吳鈞堯藉由這些素材描繪
出一個幾乎與神明綰合於一的人間母親，在生活中扮演著庇護子女的地母意

〔註93〕簡媜，〈母者〉《女兒紅》（台北：洪範，1996），頁144。
〔註94〕鍾怡雯主編，《九歌100年散文選》（台北：九歌，2012）。
〔註95〕吳鈞堯，〈身後〉，收入鍾怡雯主編，《九歌100年散文選》（台北：九歌，
　　　　2012），頁86～93。
〔註96〕吳鈞堯，〈身後〉《九歌100年散文選》（台北：九歌，2012），頁88。
〔註97〕吳鈞堯，〈身後〉《九歌100年散文選》（台北：九歌，2012），頁90。

象，即便在母親過世之後，在作家心中母親幻化成仙，仍然繼續無所不在更無所不能地看護著他。〔註98〕

第三節　不完美的母親形象

在上述兩節所論述的母親形象中，不論是偏向陰柔的傳統慈母，亦或較具陽剛性格充滿土地氣息的台灣地母，基本上，這兩種類型的母親都合於我們傳統認知裡慈母的典範——慈愛祥和、博大寬厚、無私奉獻，擔負並庇祐著子女，一生以家庭、丈夫及兒女為生活甚至是生命的重心，如吳鈞堯所言：「我有時候想，媽媽的生命其實就存活在我們之間，從生理飲食到心靈呵護等，她總是無微不至地照顧，她的生命重心逐漸轉移到子女身上，自己的生命光輝遂逐次黯淡。」〔註99〕廖玉蕙也說了：「母親一輩子待在廚房內做飯等丈夫、兒女回家！」〔註100〕我們不禁想問，一個母親究竟如何能無私無怨無悔地燃燒自己而照亮家人？是自覺地以追求家庭的幸福而感到滿足，亦或非自願甚至無奈地在父權社會的規範中循規蹈矩地成為母親，照顧家庭？當然，這個問題在不同的時空背景之下所獲致的答案一定不大相同，然而，不論在任何時空，我們或許都忽略甚至忽視了——「畢竟母親是母親，也是人家的女兒」〔註101〕，這個曾經是人家的女兒的母親，也是在父母的呵護疼愛下長大，同樣也有過青春的少女時光，對未來可能也懷有自己的夢想，當她進入婚姻擁有孩子，她曾經有過的多重身份（女兒、女孩、少女、女人等）都疊合在「母親」這一角色之上，並以此輻射出妻子、媳婦等在某種程度上帶有一

〔註98〕吳鈞堯在一篇〈媽媽，記得回家過年〉一文敘及自己在淡水的新家交屋時，遺憾已故的母親來不及看到，一旁的大姊安慰他：「媽媽作仙，什麼都能看到的。」，文末作家更言：「新房落成，母親再也不會挑剔什麼了，她會問我住址，然後在祭祀時，向眾神祈禱，述說我的舊址與新址。對於子嗣，母親的記憶總是很牢靠，無論在人間還是在天上。我相信她不會迷路，會回家過年。」《光明日報》（2017 年 1 月 13 日 15 版）參見網路原文網址：https://kknews.cc/society/p4r5nxe.html。

〔註99〕吳鈞堯，〈終於原諒我媽媽了〉，刊載於《幼獅文藝》（台北：幼獅文化，2001年 5 月），頁 62。

〔註100〕廖玉蕙，〈愛呷的物件莫知佇叨位〉原載《新地雜誌》（2010 年 12 月號），收錄於《後來》（台北：九歌，2011），頁 70。

〔註101〕楊富閔，〈給（新）婚的母親〉，刊載於《幼獅文藝》（台北：幼獅文化，2012年 1 月），頁 83。

定的責任與義務的角色，女人至此由被呵護者成為照顧者，她除了必須放下女兒的姿態同時還得進一步放棄夢想忘掉自我才有可能照顧好一個家，成為社會所認可的「賢妻良母」，子女所稱頌的「模範母親」，一個符合父權社會所架構出的「模範母親」往往是堅苦卓絕、犧牲奉獻、全然沒有自我的；然而問題是，如果一個女性在成為母親之後仍堅持「做自己」，不願意也不樂意成為「模範母親」？那麼她極有可能就被編派至「壞媽媽」的一端，一個負面的母親形象，周芬伶在篇名題為〈壞媽媽〉〔註102〕一文中，對於「好媽媽」與「壞媽媽」提出了她的觀察：

> 好媽媽是孩子一出門，就從日出等到日落的人；好媽媽是一有好菜就往孩子碗裡塞，剩菜留給自己吃的人；好媽媽願為了孩子辭掉工作，只為全天候陪他長大；好媽媽為了孩子，勉強維繫婚姻；好媽媽沒有自我，心中只有孩子；好媽媽是孩子要星星，會想辦法替他摘下的人。壞媽媽是孩子一出門，她也跟著海闊天空；壞媽媽是跟著孩子一起搶菜吃的人；壞媽媽為了實現自我，將孩子交給保母，壞媽媽寧願離婚，也不要留在壞爸爸的身邊；壞媽媽不願為孩子犧牲自我。〔註103〕

周芬伶眼中的「好媽媽」形貌從上述兩節母親形象的論述便可得到印證，如果我們已經認知到母親也是人家的女兒，那麼自然也應進一步思考，母親終究也只是一個「人」，既生而為人，便無可避免的存有人性的善與惡，自私與貪婪，「母性」或許可以抑止存在於人性裡部分的惡，卻無法完全取代人性的一切，因此，我們不禁要質疑，天底下真的沒有不是的母親？陳靜宜在研究台灣戰後小說中的母親書寫時提到：「隨著時代的變遷，社會與家庭的結構逐日變化的情況下，這種十分正面的母者形象，是否已經失去了某種真實的性質（或許它本來就是某種虛構性）？一個作家如果一再地敘寫這種類型的母親是否也掉入了某種制式性的描述？」〔註104〕在此，她除了質疑慈母的真實性也點出了作家在母親書寫的某種侷限，而這兩點也正是我們在閱讀母親書寫這類作品時所不應忽視的；吳鈞堯於母親節在《幼獅文藝》所企畫的專

〔註102〕周芬伶，〈壞媽媽〉《女阿甘正傳》（台北：健行，1998），頁 31～33。
〔註103〕周芬伶，〈壞媽媽〉《女阿甘正傳》（台北：健行，1998），頁 32～33。
〔註104〕陳靜宜，《逆寫慈母——台灣戰後女性小說的母親書寫研究》（國立東華大學中國語文學系博士論文，2000），頁 59。

題「媽媽的十大惡狀」即由此出發，他在編輯前言提到：

> 無意為「母親」這偉大且具體的對象再做任何說明了，只是母親節到
> 了，難免想起這首唐詩跟歌謠，難免想到新時空下，母親的身分該有
> 被重新發現的機會；也跟著會想到有些人非自願地成為「母親」……
> 以及「母親」其實也有「惡」的時候。而這「惡」其實會成為鏡子，
> 讓人知道她是多麼愛自己的孩子（正確的或扭曲的）。〔註105〕

此處雖以「好」與「壞」、「慈」與「惡」來區分正面與負面的母親形象，
其實這也只能視為一種簡便的分法，事實上就母親也是一個人這一因素之下，
母親的完美與否其實是無法截然二分的。再者，雖然時代變遷，多元的社會
風氣造就出更多元的母親樣貌，但必須注意的是，母親的多面性不必然是在
新時空之下才開始出現的，即便在傳統舊時代裡，母親依然存在著母性與人
性的多方拉扯，慈母也可能有其缺陷與弱點，而不甚完美的母親也可能有其
掙扎與偶然流露的慈愛，進入女性意識蓬勃發展的新時代，作家如何重新發
現或書寫傳統母親的真實人性與個性？如何審視「不是的母親」？在「是」
與「不是」之間進行何種揭露與辯證？這是本節在探究不完美的母親所關注
的焦點所在。

一、嘮叨瑣碎的母親

傳統典型的正面慈母形象，在言行上大多予人溫柔婉約之印象，然而，
在母親書寫的散文文本中，其實我們還可以讀到一種雖然異於慈母的輕聲細
語，卻更貼近真實人性的母親形象，在某種層面上顛覆了讀者對母親既有之
印象，同時也激起讀者對「母親」個人或符號有更多元的思考與解讀，甚至
關懷。莊裕安在〈吃蓬萊米，打萬邦嗝──讀陳黎散文〉一文中提到：

> 陳黎寫母親與丈母娘，十足「棄明投暗」，根本是從她們的後腦杓與
> 胖屁股下筆。比對街坊暢銷的名人傳記，特別是在政治、財經、科
> 技揚眉吐氣的大人物，成功男人背後的偉大女人簡直不是人。若說
> 文學旨在表現普遍而永恆的人生，這兩個錙銖必較、嘮叨瑣碎的女
> 人，恐怕才是咱們民族的「地母原型」。我必須很不客氣指出，台灣
> 閩南語電視劇長期以來對自己的母親，兩極化的不妥當刻畫，要不

〔註105〕吳鈞堯，《幼獅文藝序文──〈媽媽〉》（台北：幼獅文化，2001 年 5 月），
頁 1。

是過度謳歌便是過度貶抑，對母性的容忍犧牲與小奸小詐，並沒有適當表露。〔註106〕

　　這是莊裕安針對陳黎散文中的母親書寫所提出的看法，文中所提及「若說文學旨在表現普遍而永恆的人生，這兩個錙銖必較、嘮叨瑣碎的女人，恐怕才是咱們民族的『地母原型』。」確實是十分中肯的分析，不論在散文文本的書寫亦或真實的生活當中，我們對於一個「錙銖必較、嘮叨瑣碎」的母親形象應該不至感到陌生甚且還有一種熟悉之感，這類的母親應該更能引起讀者的閱讀共鳴。吳晟一篇題名為〈嘮叨〉的作品，通篇便是以母親的嘮叨為主軸，文中點出「大概很少年輕人不認為自己的母親不嘮叨吧？我們也常覺得母親過於嘮叨，有時不免會表示不耐煩」，成了莊裕安所推論的「地母原型」的例證之一，嘮叨的母親通常帶給子女「不耐煩」的感受，因之，在此將之歸類為不甚完美的母親類型，此文重點並非只在細數母親如何嘮叨，子女如何「被嘮叨得很煩」，而是進一步鋪敘母親在父親去世前後的轉變，由此可見其對母親的細心與體貼，父親在世時，母親沉默寡言，父親去世後，母親開始顯得嘮叨：

　　　　母親常說父親最重視子女的教育，一生做人正直，唯恐我們沒有把
　　　　書讀好，沒有培養成正常的人格，對不起父親的期望，因而常將為
　　　　學為人的道理，一有機會，便一而再、再而三的叮嚀，反反覆覆的
　　　　舉例，便顯得嘮嘮叨叨了。〔註107〕

　　原來，母兼父職，為了完成孩子父親的期望，使得母親在焦急情緒之壓力下由急切的管教淪為瑣碎的叮嚀，而這等反覆的叮嚀，吳晟還將之分類為「平常的嘮叨」及「帶有火氣的嘮叨」，嘮叨的對象除兒子、女兒乃至媳婦等，然而，這樣貌似不甚慈藹的母親，在吳晟的筆下並無貶抑也非令人生厭，相反的，「嘮叨」竟成了漂泊在外的子女對母親的一種思念：

　　　　年節將屆，遠在南美的大妹，寄了一些禮物回來給母親，並附上一
　　　　封信，信中有一段話說：在家時，常覺得母親太嘮叨，而今漂泊在
　　　　外，最想念的卻是母親的嘮叨。〔註108〕

〔註106〕莊裕安，《陳黎散文選序：〈吃蓬萊米，打萬邦嗝——讀陳黎散文〉》（台北：九歌，2009），頁7。
〔註107〕吳晟，〈嘮叨〉《農婦》（台北：洪範，1982），頁118。
〔註108〕吳晟，〈嘮叨〉《農婦》（台北：洪範，1982），頁117。

遠在南美的女兒「最想念」的竟是母親的嘮叨，而長期與母親同住的吳晟也在年歲漸增之後，體悟出「嘮叨」的背後其實蘊藏的無非是母親殷殷的盼望，因此，「為了不使母親傷心，即使被嘮叨得很煩，也會想辦法化解不耐的情緒」；而最值得細加玩味、思索的則是文末所提吳晟之妻對此的轉變，從初嫁吳家遭指責而哭了好幾個小時到多年相處以後，對長輩（婆婆）「嘮叨」的另一番見解：

> 老人家的話，仔細想想，確實大都很有道理，就算心情不好發發牢
> 騷，多念幾句，我們也應該體諒老人家長年的辛苦。〔註109〕

婚姻路上遭逢喪夫，現實經濟面臨窘狀，以及必須獨立擔負起撫養子女的責任，同時又要成全丈夫對子女的種種期望，如此艱辛的生活處境，如何使得母親能毫無火氣，不發一絲的牢騷，因此，「體諒」一詞看似成了消極的應對之道，而該段文字值得深思的應在「老人家的話，仔細想想，確實大都很有道理」一語，若我們回頭檢視吳晟此文中所提及母親嘮叨的內容，甚至是整本《農婦》書中所表露母親的為人與教育子女的態度，母親殷切叮嚀再三的無非是希望子女一生做人正直，不畏艱辛，用功讀書，努力向學，以此看來，確實是十分合於道理的，這應該是對「嘮叨」更為正面的一種理解。

阿盛〈娘說的話〉〔註110〕一文，同樣發表於六〇年代，與吳晟所提母親常將為學為人的道理，對著兒女再三叮嚀，反覆舉例而顯其嘮叨的母親形貌極其相似：

> 母親與大多數農村婦女一樣，教導子女時，總說做人要謙和有禮，
> 莫與人爭，踏實努力，不可作歹，凡事忍讓……但，母親還是恒常
> 規誡我們，除非無可退步，否則能忍就忍。這樣的教誨，曾經使我
> 吃過不少虧。〔註111〕

「教誨」一詞，總不免令人聯想到諄諄教誨、耳提面命等相關辭彙，而與上文的「總說」、「恒常規誡」相結合，間接得以窺見一個農村母親嘮叨的形象，阿盛的二哥曾經誤入歧途，使得母親必須進當鋪典當物品來為其子清償賭債，或許在這一層教養的陰影之下，母親才不自覺地「恒常規誡」，不自

〔註109〕吳晟，〈嘮叨〉《農婦》（台北：洪範，1982），頁121。
〔註110〕阿盛，〈娘說的話〉《綠袖紅塵》（台北：前衛，1985），收入胡適等著，立緒文化編選《我的父親母親（母）》，（台北：立緒文化，2004）。
〔註111〕阿盛，〈娘說的話〉《我的父親母親（母）》（台北：立緒文化，2004），頁226。

覺地一再勸說、勸誡子女「不可作歹」，要踏實努力步上人生的正途。

　　母親負面的「嘮叨」形象，原本應是予人不甚愉悅的觀感，但在作家筆下竟寫成了一種思念，一個寄託母親苦心所在之載體，表象的嘮叨實地裡卻承載著母親無限的關愛與憂心甚至是苦心的教誨，負面的嘮叨至此被轉化成正面意義的慈愛，散文文本中以這個角度來理解母親的用心良苦的論述實可說為數不少，而且在不同的世代都可以發現類似的書寫，發表於九〇年代吳鈞堯的〈終於原諒我媽媽了〉〔註112〕一文同樣花了相當的篇幅描述母親在待人接物上所形成的一套「尊他」哲學，而這個觀念在母親的強硬灌注下，遂形成作者性格的一部分，在歷經抗拒、質疑與吃虧，最後終至理解並肯定母親的一番苦心：

> 她成長的環境是窮困的，於是她便強硬灌注貧窮時代的價值觀（比如說，吃菜時多留一點給別人）。照我看來，那是一套迂腐不堪的過時觀念。都已世紀末，當重利的價值觀往工商社會達陣時，她居然還說：凡事，都幫別人想一想。〔註113〕

> 我相信多數的媽媽都跟我媽媽一樣，只希望她的孩子都能完成一件真正的事，那就是成為一個利他主義的人，而不是凡是想到自己、傷害別人的人。……我於是知道，媽媽真正的苦心在於以身教人、我的和諧。就這樣，我問心無愧。〔註114〕

吳鈞堯的母親來自貧困的農村，那時代的價值觀是「凡是，都幫別人想一想」，而吳鈞堯所處的年代卻是一個存在著競爭，著重利害的工商社會，一個「成功的背後總有一排排被踩傷的肩膀」的時代，兩人所處的時代的價值觀差異之大形成一個強烈的對比，不識字的母親所固守的「迂腐不堪的過時觀念」明顯是個不合時宜的母親，而飽讀詩書的作者最後竟體悟了這個不合時宜的母親的智慧，一個利他主義的人其價值實遠勝於一個「出人頭地、光宗耀祖、

〔註112〕吳鈞堯，〈終於原諒我媽媽了〉，刊登於《幼獅文藝》（台北：幼獅文化，90年5月），頁63。該篇於其後特別附註說明：「本文原名〈一直無法原諒我媽媽〉，載於《聯合報》副刊（約民國86年4月），經改寫而為〈終於原諒我媽媽了〉」。

〔註113〕吳鈞堯，〈終於原諒我媽媽了〉《幼獅文藝》（台北：幼獅文化，2001年），頁63。

〔註114〕吳鈞堯，〈終於原諒我媽媽了〉《幼獅文藝》（台北：幼獅文化，2001年），頁64。

享盡榮華富貴」的人，這應該得歸功於吳鈞堯所形容的母親的「話語成流，在不停的沖刷下，敦文的人際態度遂不幸成形」〔註115〕成流的話語，可能是瑣碎的嘮叨更可能是懇切的期望與叮嚀。

　　當我們大量閱讀了類似上述的母親書寫文本，不自覺地認同並習慣將母親的嘮叨等同於叮嚀之後，這個書寫主題的閱讀廣度與深度勢必會受到某種程度的侷限，事實上，在文本之外的真實生活當中，不是每個母親的話語都能被子女加以正向的包容與理解，而在相對真實的散文文本創作中，也不盡然每個作家對於母親的嘮叨都能加以肯定並賦予正面意義，即便是傳統倫理觀內化較深的前行代作家吳晟，也不禁透露了負面的感受：「有時覺得母親管得實在沒有道理，又不敢吭聲，只能生悶氣」〔註116〕，相較於吳晟的悶不吭聲，中生代作家陳黎以「連珠似的謾罵」來回應母親，可說是很有意識地顛覆了我們習見的一種普遍的情感模式——崇母心態，收錄在《人間戀歌》的〈子與母〉〔註117〕，文中對於母親每天催他報考師範學校一事，作者用了「回訓」一詞來駁正母親「有眼不識兒子的異稟」；在兒子將領到的薪水用來購買外文書籍、畫冊、奇貴無比的原版唱片時，母子之間的吵架拌嘴，似乎更能喚起讀者一些閱讀的共鳴：

> 母親看我整天沉浸在一大堆不切實際的東西裏，心頭很不舒暢。偶然會鼓起勇氣對我進言：「唱片有幾張輪流聽就夠了，買那麼多幹什麼？那些書你真的都用得到嗎？」「真是無知的婦人！」我說，「你懂什麼叫音樂嗎？……」我連珠砲似的謾罵，串起來比〈快樂頌〉的主題還長。〔註118〕

儘管陳黎在此沒有刻意描繪或直指母親嘮叨的情狀，但透過母子間的對話，我們依然可以在文本中看到一個嘮叨瑣碎的母親——催促著作者報名考試、叨唸唱片買太多、質問買來的書有沒有用處，尤有甚者還希望陳黎把浪費在寫詩的時間拿去補習賺錢等，這一個期望可以想見的應該也是透過尋常生活裡反覆的叨唸來加以開展的，對此陳黎一反唯母命是從的回應方式，

〔註115〕吳鈞堯，〈終於原諒我媽媽了〉《幼獅文藝》（台北：幼獅文化，2001 年），頁63。

〔註116〕吳晟，〈嘮叨〉《農婦》（台北：洪範，1982），頁121。

〔註117〕陳黎，〈子與母〉《人間戀歌》（台北：圓神，1989），頁142～148，收錄於陳黎《跨世紀散文選——1974～2015》（台北：印刻，2016），頁58～62。

〔註118〕陳黎，〈子與母〉《跨世紀散文選——1974～2015》，頁59～60。

直接且激進的與母親拌嘴、調侃，雖然不見母慈子孝的和樂圖像，卻多了一點人間煙火的真實情味，或許那才是台灣母子／女之間最自然的互動模式，如莊裕安所言：

> 幾乎所有小學生都會在作文課寫下〈我的母親〉這樣的題目，陳黎採用漫畫式弄臣筆調，絕不是作文課的主流筆法。但它活生生表現出，母子以拌嘴和調侃，來表現相互關愛的方式，這才是台灣家庭堅固不移的「倫理」〔註119〕

　　文中作者沒有刻意矯飾，不去塑造自己母親偉岸的動人形象，母親不只平凡，還是一個不識音樂、文學與詩等藝術的「無知婦人」，這樣的婦人在台灣這塊土地上應不算少數，這恐怕也是最貼近台灣家庭生活中真實的「母親」的形象，因為真實所以不完美，也因為不完美，我們才更能深刻的理解原來母親也是一個人，乍讀之下，我們似乎以為此文是以揭露母親瑣碎無知為重點，但閱畢全文，一種「愛之深，責之切」的母子關愛之情，躍然紙上，原本應作愛子之深，責子之切的解讀，於此成了愛母之深，責母之切，母子角色易位，一如文末所言：「俗話說：『孩子不打不成器』，我恐怕要說：『母親不罵不上進』。」〔註120〕陳黎於文中所描述責罵母親的種種，無非都是希望母親多愛自己一些。同樣是以母子角色錯置的角度切入描寫，張輝誠在《我的心肝阿母》一書中，細緻縝密地展現自己如何地對母親一整個偏心、寵愛與溺愛，這位同樣來自傳統農村，和多數的鄉下婦女一樣的母親——不識字、嘮叨甚且無理取鬧，收錄在該書中〈我那目不識丁的阿母〉一文，便提到母親看到鄰居阿媽們人手一支手機，很生羨慕，於是開口要求作者也買一支給她，當張輝誠執意不肯時，他說：「我阿母便展現她絮絮叨叨的功夫，唸得我猶如孫悟空聽了緊箍咒似的頭痛欲裂，遂也莫名其妙地買了手機給她，也莫名其妙的真以為可以教得懂她打。」〔註121〕將「絮絮叨叨」視為一門功夫，顯見「嘮叨」一事可謂其母所專擅。從上述諸文來看，文中的母親們果然是不能不開口說話的，從母親們不厭其煩的叨念裡，據此我們得以見識到一個母親的嘮叨竟可以是宇宙之大——莫

〔註119〕莊裕安，陳黎散文選序：〈吃蓬萊米，打萬邦嗝——讀陳黎散文〉《陳黎散文選一九八三～二○○八》（台北：九歌，2009），頁8。
〔註120〕陳黎，〈子與母〉《人間戀歌》（台北：圓神，1989），頁142～148，收錄於陳黎《跨世紀散文選——1974～2015》（台北：印刻，2016），頁62。
〔註121〕張輝誠，〈我那目不識丁的阿母〉《我的心肝阿母》（台北：印刻，2010），頁37。

與人爭、踏實努力、凡事忍讓地追求人我的和諧，也可以瑣碎到近乎蒼蠅之微無事而不能叨念，令子女們一如張輝誠所形容「猶如孫悟空聽了緊箍咒似的頭痛欲裂」，雖則如此，這群不甚完美嘮叨瑣碎的母親們仍究是作家們心中／筆下的「心肝阿母」，或許讀者看到的是嘮叨的表象，而作家們卻試圖透過這樣的一個形象，帶出潛藏在表象背後的諸多意涵，企圖激發讀者更進一步去思考，一個嘮叨的母親背後似乎都存在著輕重不等的苦難背景，或是時代所造成或是個人命運所致──孩子生養過多、沉重的家庭負擔、喪夫及不識字等，這是不容被忽視的一層因素，另外，在女性主義蓬勃之際，很直地影響了這類母親書寫的散文作品，藉由這一不甚完美的形象的描繪，可以感受到作家明顯有意地要還原母親的日常與個人世俗的形象，恢復母親的自我個性；同時在母子／女拌嘴爭吵的描寫中，也帶出了兩代之間不同的價值觀及生活方式，母親企圖影響子女，子女試圖將不合時宜的母親帶往新的時空，兩者間的辯證，考驗著作家書寫的高度及其影響力也考驗著讀者思考的深度與廣度，同時進一步考驗著台灣家庭堅固不移的「倫理」。

二、強悍／強權的母親

在上述不完美的母親中，母親的嘮叨尚能適可而止，嘮叨的內容也不外乎飲食起居，吃飽穿暖及為人處事的提點，而子女也多能以體恤母親的劬勞加以理解包容母親，進一步將嘮叨這不愉快的經驗昇華為溫馨的叮囑與期盼，這是一種過程不甚完美但結果卻見圓滿的書寫類型，但如果情況是母親的嘮叨處於一發不可收拾的境地呢？母親的形象與子女的相應之道還能維持讀者所習見或樂見的敘述模式嗎？崛起於九〇年代新生代作家鍾文音，1999 年以〈我的天可汗〉〔註 122〕一文獲聯合報文學獎，該文徹底顛覆慈母可親可近的樣貌，而成了一種強悍、強權甚至強勢的母親形象，篇名即言母親是〈我的天可汗〉，「天可汗」是中世紀時中國西北邊疆民族對唐太宗所稱的尊號，意味著至高無上與總掌權力之含義，十分顛覆一般常見的視母親為港灣、月亮、星星、天使等具守候、保護與慈愛意涵的象徵，通篇的基調以君與臣的關係來對比母與女，君／母是強勢的高高在上的，臣／女

〔註 122〕鍾文音，〈我的天可汗〉原載《聯合報》（1999.9 月 17 日），收錄於《昨日重現》（台北：大田，2001），頁 45～53。其後為多種散文選集所選錄（《我的父親母親（母）》、《二十世紀台灣文學金典：散文卷一～三部》、《八十八年散文選》、《五十年來臺灣女性散文選文篇》），其重要性可見一斑。

是卑下的居於弱勢的：

> 而母親是天可汗，當朝的天可汗，一家之主，絕對的威權，分配空
> 間與食物的主人。她要我報告的事，或她突如其來要我奏疏的事，
> 我最好都要知道⋯⋯〔註123〕

短短兩行的敘述裡，勾勒出一個母親強權的姿態——一家之主，絕對的威權，分配著空間與食物。只是令人匪夷所思的，為何「一家之主」不是父親而是母親？為何主掌空間與食物分配的人也是母親而不是父親？文章中沒有刻意提到父親，只在陪母親到銀行存錢一事的段落上點出了這樣一句「免得被丈夫喝酒賭博賠掉的錢」，也只這一句我們便隱約明白這個父親的無能甚至破敗——喝酒、賭博，可以想見他應該是一個家庭的負擔而不是擔負的角色，恐怕是造成母親不得不強悍的原因之一，母親必須堅強的扛起家計——種稻、種菜、種蓮藕，還得強勢的悍衛著這一切辛辛苦苦攢來的錢，母親如何還能在貧困而粗礪的生活中慈愛溫柔的對待她的子女，因此，我們甚至可以進一步臆測作者提到母親想要知道的事，她「最好都要知道」，這樣的一句話暗示著如果不知道應該會有一定的懲罰，該篇文章中並沒有據此進一步的說明，但其實在鍾文音的許多散文文本甚至小說中，都可以見到這樣一個個性剛烈、脾氣暴噪的母親，〈在夜市裡沉默的那年夏天——我的第一件胸衣〉〔註124〕這樣描寫著：

> 她說夏天喝青草茶好，消火。消火，是她需要消火。我知道她的心
> 房一直是個火宅，她不開心，我最好安靜。有時母親在逛夜市前的
> 熱絡會突然在返家後變調成冗長的疲倦，她眼澀腳酸地算著皮包內
> 的錢，然後突然開始叨唸且一發不可收拾，於是生活哀怨湧然而生，
> 竟就暴怒起來，把我們先前在夜市仔細挑選且來來回回討價所買的
> 衣服全部倒出，然後開始找剪刀⋯⋯〔註125〕

一個易怒的母親，一個必須處處小心翼翼的女兒——母親問話，凡事最好都要知道，母親不開心的時候，「最好安靜」，無怪乎鍾文音發出這樣的慨嘆「有

〔註123〕鍾文音，〈我的天可汗〉《昨日重現》（台北：大田，2001），頁49。
〔註124〕鍾文音，〈在夜市裡沉默的那年夏天——我的第一件胸衣〉（《美麗的苦痛》
　　　　（台北：大田，2001），收錄於凌性傑、楊佳嫻編著，《靈魂的領地：國民散
　　　　文讀本》（台北：麥田：2013）頁25～32。
〔註125〕鍾文音，〈在夜市裡沉默的那年夏天——我的第一件胸衣〉《靈魂的領地：國
　　　　民散文讀本》，頁25。

時我想起母親，我的天可汗，總要怔忡一陣」〔註126〕，懷想母親已經不似琦君筆下那樣充滿無限的美好與思慕之情，而是一陣的不安與驚悸，母親和女兒的糾葛成了鍾文音午夜揮之不去的夢魘〔註127〕，而創作之於鍾文音也成了梳理母女情節／情結的入口與出口，「鍾文音舉自己的第一部小說《女島紀行》為例，她笑說只是在某個返鄉的前夕，想到故鄉和母親嚴峻的面孔，感到焦躁痛苦，所以才開始書寫自己的困惑和徬徨……。」〔註128〕如果參照鍾文音的小說作品，透過小說中以母親為原型的女性人物的對話，在原音重現之下，更能體會鍾文音何以想到母親會一陣怔忡且焦躁痛苦：

> 妳咁是人生的？呀是畜牲生的？過年過節不想返轉回來，是在衝啥？給妳太自由啊，爬到頭尾頂涮尿，真不是查某囡仔啊款！……妳不存錢，我已經老皮了，可不會給妳半角銀圓，到時陣，妳就叫阿爸不應叫母不應。

> 講勿聽啦，伊是姻緣不濟，父母勞心的命。阮講壞壞尪呷勿空，輕採也有，伊還是沒交半個。我看阮這個庄子出去吃頭路的查某囡仔，返轉村內高跟鞋配套裝，胭脂抹紅紅，水噹噹，阿滿是穿得不搭不七，嫁沒人愛啦。

> 尿怎不提去飲，飲死最好。看了才不會賭爛。〔註129〕

張瑞芬提到：「從母親暴戾不馴，粗鄙無文，有如『焚風』般的粗口與恚罵，可見出獰猛粗礪」〔註130〕，其實這般粗鄙無文的叱罵，早在吳晟〈農婦〉一文便曾透露母親「和一般沒讀過書的鄉下婦女一樣，母親受了甚麼委屈，有什麼惱氣不過的事，也會順嘴溜出幾句罵女人頗不文雅的話……」〔註131〕，

〔註126〕鍾文音，〈我的天可汗〉原載《聯合報》（1999.9 月 17 日），收錄於《昨日重現》（台北：大田，2001），頁 50。

〔註127〕鍾文音提到自己在專業寫作的道路上，對於自我與創作之間有過許多自我的提問，母親成了她創作的重要課題，她說：「母親和女兒的糾葛是我午夜揮之不去的夢魘」鍾文音，〈從陣痛到無痛分娩——勾勒一張華麗的織錦圖〉，《文訊》（台北：文訊雜誌，2004 年），頁 70。

〔註128〕第七屆青年文學會議，《文訊219 期》（台北：文訊雜誌，2004 年），頁 135。

〔註129〕以上引文參閱張瑞芬，〈國族‧家族‧女性——陳玉慧、施叔青、鍾文音近期文本的國族／家族寓意〉，《逢甲人文社會學報第 10 期》，2005 年 6 月，頁 15。

〔註130〕張瑞芬，〈國族‧家族‧女性——陳玉慧、施叔青、鍾文音近期文本的國族／家族寓意〉，《逢甲人文社會學報第 10 期》，頁 15。

〔註131〕吳晟，〈嘮叨〉《農婦》（台北：洪範，1982），頁 119。

不過吳晟也只說了那是「不文雅的話」，至於如何的不文雅，在鍾文音的小說裡，才見進一步大量記錄保留書寫那如「焚風」般的粗話，同時審視作家的散文文本，也處處可見這樣怵目驚心的段落：「幹……去買一罐豆油！女兒將埋在作業簿裡的身體遲緩地往廚房移，穿過房間的黝暗，『妳卡緊喔！等晤通乎妳哮咕。』女兒不懂為什麼母親一定要那麼粗魯地把吃東西講成哮咕……言語的粗鄙像是一種習慣問候似的日日報到。母親永遠不明白她是如何地傷害了敏感文弱的小女兒。」〔註132〕；「母親罵人時所有毒語毒誓都會說出，非常血性，像一把隱形的刀橫砍直劈而下，總是讓我死傷慘烈。」〔註133〕顯然，母親暴烈的言語程度實已遠遠超出作家所能化約的一種叮嚀，在毒語毒誓的橫砍直劈下，傷痕累累的女兒竟要逸入夢裡才能尋找到她渴望的母親及母愛，那是一個「不論那江水那大火要直直漫過來或是燃眉之急，我的小身子竟都安穩地坐在母親的背上。如鯨之背，光滑柔軟而溫煦，遇難則拱起我身，無難則讓我悠游。」一個傳統慈愛溫和的母親，然而現實生活中作家是求之不得了，因此在母親身上看到了「母愛」與「暴力」並存於一身時，她有了深重的無力與無奈：

> 底層裡我是那樣地感謝她，但人子出了夢土卻無力表達愛，只以為愛
> 也是某種可汗所施展的壓力，愛也是一種想要擺脫的牢寵。〔註134〕

粗鄙的言語消解了母親辛勞的付出，也消解了母親的愛，母親給予的一切在女兒心裡的所餘留的已經不是感激而是一股壓力，一種傷痛，一個極欲擺脫牢寵。

　　鍾文音筆下所描繪母親陰晴不定與使壞的脾氣，除了表現在言語的暴力，同時還有身體上的責罰：

> 身體自小即常被母親處罰，挨巴掌、挨衣架抽、挨跪……。〔註135〕

　　這一段以「衣架和鞭子」作為副標，從上述簡短的話語裡，在閱讀時駭人的程度已遠比母親帶刀的毒語來得輕微，以致鍾文音接續說道：「如今回想起來最恐怖的竟是挨罵。」〔註136〕的確，身體的傷痛會隨著時間而淡忘消逝，心靈的創傷，卻是時日再久也難以撫平，於是提筆為文，在盡情書寫之後，

〔註132〕鍾文音，《美麗的苦痛》（台北：大田，2004），頁172～174。
〔註133〕鍾文音，〈我的天可汗〉收錄於《昨日重現》（台北：大田，2001），頁83。
〔註134〕鍾文音，〈我的天可汗〉收錄於《昨日重現》（台北：大田，2001），頁68。
〔註135〕鍾文音，〈我的天可汗〉收錄於《昨日重現》（台北：大田，2001），頁83。
〔註136〕鍾文音，〈我的天可汗〉收錄於《昨日重現》（台北：大田，2001），頁83。

母女之間的糾結找到了和解的出口。〔註 137〕母女之間較母子間容易產生情結，在鍾文音的訪談裡她認為「母女連結是永恆的反省與自我再造，尤其是女作家，無從迴避。」如果從本章所擇取的文本看來，確實男作家與母親之間的問題不似女性作家來的複雜，造成此一現象當然不可能只有單一因素，但中國社會傳統的重男輕女觀恐怕是不可忽視的一個重要因素。同是女作家，宇文正在〈盤子總是會破的〉〔註 138〕一文憶及幼年時曾和一位正在洗碗盤的鄰居姐姐聊天，一不小心盤子滑落在地上且破了，宇文正形容當時自己的反應：「先是驚恐地望著她，隔好久才說出話來：『怎麼辦？妳會不會被妳媽罵？』」鄰居媽媽的反應——微笑，且說：「為什麼要罵？盤子總是會破的。」的畫面及話語，令作家記憶深刻，因為在那樣的時代裡，這個媽媽對於孩子無心之過的寬容的教養方式，實在有別於那時代多數的母親：

> 那時眷村裡家家都窮，即使普通的盤子，也不至於打破可以毫不心疼的。而那年代的子女教養，打罵是尋常，打破了盤子，至少一定會被數落一番吧？如果是我媽，「你怎麼那麼不小心？！」「做事那麼不謹慎！」就算恰好是她心情最好的時候，起碼也會念上一念，她媽媽竟然說：「盤子總是會破的。」太意外，我回到家猶然惦惦想了又想。〔註 139〕

鍾文音有個易怒的母親，因此她的生活時刻籠罩在生怕母親不開心而動怒的陰影中，這懼怕母親的心理壓力同樣也成了宇文正成長過程中的一抹陰影：

> 我母親嚴厲，我總有不敢犯錯的無形壓力。〔註 140〕

盤子打破事件如果是發生在她身上，輕則被念上一念，前提還得是母親心情最好時，那情況如果是母親心情不好時呢？可想而知也是責打一番，而且，

〔註 137〕 在一篇鍾文音的專訪中，對於家族創作尤其是母親書寫部分，鍾文音說道：「至於筆下常見的母女情節與情結，鍾文音認為母女連結是永恆的反省與自我再造，尤其是女作家，無從迴避。她提到自己的經驗，既是獨生女也是老么，自小承擔母親對人生的想望。如果兩者類型相近，可以相互仿效學習，若截然不同，則彼此拉扯掙扎，而她偏向後者。母女間強烈巨大的對比，常讓鍾文音感覺肩膀被緊抓著，便在這回盡情書寫虎妹一角後，「緊抓的手鬆開了四指」詳見鍾文音，〈以家族表幀百年風景〉，《幼獅文藝》（台北：幼獅，2011 年），頁 67。

〔註 138〕 宇文正，〈盤子總是會破的〉原載《自由時報》副刊（2014 年 1 月 22 日），收錄於《九歌一〇三散文選》（台北：九歌，2014），頁 40～42。

〔註 139〕 宇文正，〈盤子總是會破的〉《九歌一〇三散文選》，頁 40。

〔註 140〕 宇文正，〈盤子總是會破的〉《九歌一〇三散文選》，頁 40。

作家已點出「打與罵」這種教養方式在那貧困的年代是極其尋常的，眷村與農村生活都一樣艱辛，不論是鍾文音或宇文正筆下的母親們，她們的處境與苦難及對待孩子的方式其實也十分相似。

關於挨打，廖玉蕙堪稱經驗豐富，索性將兒時的挨打事件分門別類整理成〈挨打記事簿〉﹝註141﹞一文，篇首即言：「小時候常挨揍，幾乎無日無之」，這無日無之的挨打事件原因，作家約略將之分為七類，計有一、模糊是非對錯的扦格；二、打壓強烈閱讀的慾望；三、摧毀敏慧多情的天性；四、扼殺影壇閃亮的明星；五、先天記憶體不足；六、術業有專攻、天下無完人；七、默契不足等。﹝註142﹞細讀文本中所詳述的七類慘痛挨打記，首先，因作家多愁善感的性格所伴隨而來的哭泣，成了母親經常氣得以鞭子教養的主因：「我打小愛哭，抽咽、流淚、嚎哭……常常視情境輪番上陣。」﹝註143﹞在學校舉凡被封以不雅的綽號，被同學孤立、惡作劇，乃至被老師強迫跟討厭的同學握手等種種委屈都能引來一場哭泣；在家受兄長的戲鬧也以哭來作為抗議；黃昏之時，坐在自家門檻上望著裊裊的炊煙、歸巢的燕群也令作者感到哽咽而抽抽咽咽的哭了起來；悲劇作結的歌仔戲、生離死別的愛情小說、窗邊螳螂項折而死等都可以召喚作者禁不住簌簌的淚水，而這一場場不同情境輪番上陣的啼哭，在作家的記憶裡已與鞭子、挨打緊緊的纏縛在一起，文中處處可見挨打的字眼──又被母親毒打一頓；少不得一頓竹筍炒肉絲；又勞煩雞毛撢子出馬；媽媽的藤條打了又打，抽了又抽；氣得抓起藤條一路追趕；邊罵邊拿著棍子追打；立刻抄起鞭子追打……。廖玉蕙自言：「母親的強悍勇健，像鯀一樣，屢屢用鞭子防堵我氾濫的眼淚！」﹝註144﹞她更進一步剖析其中的原因：

> 家裡孩子多，母親太早為人母，既缺乏耐心，也完全不知教養理論。面對繁雜的家事，早已精疲力盡；聽到哭聲更加失去耐心，誰哭、誰惹她心煩，便抄起藤條打誰，她才沒時間、也沒精力搞清楚來龍去脈。﹝註145﹞

﹝註141﹞廖玉蕙，〈挨打記事簿〉原載《中國時報》人間副刊（2010 年 12 月 10～11 日），收錄於《後來》（台北：九歌，2011），頁 191～200。

﹝註142﹞廖玉蕙，〈挨打記事簿〉《後來》（台北：九歌，2011），頁 191～200。

﹝註143﹞廖玉蕙，〈挨打記事簿〉《後來》（台北：九歌，2011），頁 194。

﹝註144﹞廖玉蕙，〈挨打記事簿〉《後來》（台北：九歌，2011），頁 193。

﹝註145﹞廖玉蕙，〈挨打記事簿〉《後來》（台北：九歌，2011），頁 194。

太早為人母、家裡孩子繁多以及不知教養理論等因素〔註146〕，形成廖玉蕙母親甚至是台灣傳統母親們所習以為常且慣用的教養方式——打罵教育，打與罵除了藉以止住孩子的哭聲與淚水，更藉此來督促學習，作家身處的時代，有著極大的聯考壓力，嗜書成癖、好讀不倦原本也是美事一樁，但前提是那書必須是「教科書」才能得到讚許，偏偏作家嗜讀的是「課外書」，因此，惹得母親一次又一次以藤條來加以制止，「媽媽的藤條打了又打、抽了又抽，我的四肢腫了又消、傷口好了又爛，媽媽總在放下鞭子的那刻，無奈地罵道：『汝敢是畜牲！為什麼千教、萬教，就是教不變！』」〔註147〕，檢視〈挨打記事簿〉一文，除了得以一窺臺灣在六〇年代所存在普遍的教養方式，同時該文也形塑了母親在的強悍、強勢與嚴格的樣貌。在〈我的女強人媽媽〉一文裡提到「母親真是個不平凡的人！她不是知識分子，卻對教育充滿期許。可惜她所受的學校教育不足，身受的社會教育告訴她『小孩子不打不成器』！」〔註148〕在生活規矩方面，「小時候，起晚了，匆忙趕赴學校，換下的衣服沒收好，攤在床上，她氣到恨不能奔赴學校逮人處置。好不容易等到我放學，不由分說，先以竹筍炒肉絲伺候一番；再勒令將標準動作重複做個五十次，處罰之嚴苛讓人終身難忘。」〔註149〕，然而如此令人終身難忘之生命中痛苦經驗，作家卻仍舉重若輕地以輕鬆詼諧的筆調來鋪述事件的來龍去脈，而且更進一層地以理解的眼光凝視解讀母親的作為，作家說了母親之所以氣急敗壞的痛打看課外書的她，是因為她有很多「望子成龍、望女成鳳的概念」〔註150〕而且，女性作家的生命經驗與母親最為貼近的就

〔註146〕廖玉蕙曾在演講中提到：「我母親是個非常難搞的人，我一生都在祈求討她的歡心。我母親其實沒受過什麼教育，十五歲就投入家庭，十六歲開始生養小孩，一下子生了九個小孩，所以她沒有很多時間去看什麼教養的書，就憑著『自然法』，小孩子哭就打到不敢哭為止。」參見文化部主辦「2014 作家撒野‧文學迴鄉 4：廖玉蕙，〈老花眼公主的書寫永遠不老〉」演講，佐渡守文字整理（2014 年 8 月 1 日）。

〔註147〕廖玉蕙，〈挨打記事簿〉原載《中國時報》人間副刊（2010 年 12 月 10～11日），收錄於《後來》（台北：九歌，2011），頁 194。

〔註148〕廖玉蕙，〈我的女強人媽媽〉《今生緣會》（1986），收錄《廖玉蕙精選集》（台北：九歌，2002），再收錄於《後來》（台北：九歌，2011），頁 155。

〔註149〕廖玉蕙，〈清官與酷吏〉原載《自由時報》副刊（2011 年 1 月），收錄於《後來》（台北：九歌，2011），頁 162。

〔註150〕參見文化部主辦「2014 作家撒野‧文學迴鄉 4：廖玉蕙，〈老花眼公主的書寫永遠不老〉」演講，佐渡守文字整理（2014 年 8 月 1 日）。

是進入同為母親的角色，廖玉蕙在自己當了媽媽之後，才有了這番體悟：「『養兒方知父母恩』，我是養了孩子才更深切體會母親的劬勞」〔註151〕。強悍、強權等不完美的母親形象不論在作家廖玉蕙或是鍾文音、宇文正等筆下所描繪的，都是一個不完美但仍為子女所敬愛的母親，作家們多半能體恤母親所處的時代著實生存不易，再加上普遍生養較多的孩子，加重了母親生活的重擔，因此，直到母親年老，她們依舊不離不棄地守在母親的身邊〔註152〕，在此，作家們的母親書寫提醒了我們，永遠慈藹溫柔，輕聲細語的母親或許並不存在，也不該以此標準來期待母親，生活中母親的真相該是集慈與不慈於一身的，具有人性中的喜怒哀樂，尤其在面對艱困的生活上、眾多的兒女及瑣碎繁雜等家務，如何還能時時保持心平氣和沒有半點火氣，也許是身為女性作家，在書寫強悍的母親這一主題上，展現了女性與母性特有的細膩，從生活細節處突顯母親的強悍，不論是「天可汗」的鍾母或是「女強人」的廖母，在她們身上都具有「強」與「悍」的兩種特質，這兩種特質較少見於傳統母親身上，因為它與父權文化所要求女性要「柔」與「順」是十分背道而馳的，然而，仔細閱讀文本，可以發現這兩股力量實則並不具強烈的傷人力道（作家字裡行間所吐露的並不是控訴母愛的匱乏，反而是一種無傷的抱怨著母親對待孩子的方式過分嚴格），反而造就了家庭經濟的改善，子女課業的順利及帶給家人生活更臻美好等具體積極作為，從這個角度來看，母親們強悍的表象背後其實涵藏著強大的母愛，一種「不打不成器」、「望子成龍、望女成鳳」的高度期許，其中更見可貴的是鍾文音、廖玉蕙兩位作家都是女性，在「重男輕女」的社會文化中，鍾母及廖母竟十分重視及鼓勵女兒讀書，尤其廖玉蕙的母親在這件事上還十分費心思的為之轉往更好的學校，強韌與強悍是那個時代的女性所應具備的生活能力，母親們即使不是子女們心目中理想的「慈母」，但她們所展現的那股驚人的生命力，面對苦難的生活所展現的生活智慧及其對所生育的眾多子女

〔註151〕廖玉蕙，〈當火車走過〉《今生緣會》（1986），收錄於《廖玉蕙精選集》（台北：九歌，2002），頁40。

〔註152〕廖玉蕙的母親在晚年生病的一段時間裡，曾由廖玉蕙接來家裡同住照顧，她對母親病後的種種行為，體貼備至，與母親相處的點滴，結集在《後來》一書，該書是記錄也是記憶母親的作品，於書頁上她寫道：「母親雖然再也沒有後來了，我卻在後來的每一天想起她的過去，謹以此書獻給我最親愛的媽媽。」廖玉蕙，《後來》（台北：九歌，2011）。

們擔起教養的責任，以及她們對教育的看重等，其實是令作家及至讀者所敬佩的。

三、離家／離婚的母親

鍾文音〈我的天可汗〉一文發表於一九九九年，其後收入散文集《昨日重現》（2001），廖玉蕙的〈挨打記事簿〉、〈我的女強人媽媽〉及〈清官與酷吏〉等發表時間不同，均收在為母親所寫的《後來》（2011）一書，兩本作品皆屬家族書寫一類之作，且以母親作為書寫的主題，在鍾文音及廖玉蕙筆下強悍的母親，成為女兒們又畏又愛的一名女性，從「又畏又愛」這個心理層面而言，即便在成長的過程中與母親有所扞格、齟齬因而畏懼母親，但同時存有的美好時光與回憶也成了作家們所形成對母親的愛，且在時移事往，年歲漸增人生閱歷漸多，甚至也成為人母之時，母女的關係遂有了微妙的轉變——從愛恨交織漸至相偎相依。

九〇年代以來，《昨日重現》與《後來》這兩部在家族書寫風潮下關於母親書寫的作品，所描繪出的母親形象雖將之歸類於不完美的母親形象之下，但實則這類母親仍介於慈與不慈之間，且不完美的母親最終仍是女兒們心中所敬所愛的母親，這應該也是最普遍存在於這個社會中的一種台灣母親類型。而就在同一時期的母親書寫中，陳文玲《多桑與紅玫瑰》（2000）裡的母親，則是在五〇年代裡罕見的一種母親，完全地逸出慈母的形貌與作為，堪稱開啟散文中「壞媽媽」書寫的扉頁，作家拋開了「為長者諱」的倫理包袱，將母親真實卻「不美麗人生」形諸於文字〔註153〕，陳文玲自言：「我不確定這本書究竟是創作還是記錄，它根據事實而來，所以不能算是創作；然而，所謂的事實，少部分是資料，大部份是回憶與轉述，所以也不能算是記錄。」〔註154〕關於母親的「事實」，究竟為何？為什麼自己母親的事還要透過他人的轉述？這是讀者的疑問也是作家的疑惑，成長的過程中，母親一直存在著也不斷為生活忙碌著，只是，卻不是存在她的生活當中也不為家庭而忙碌，「缺席的母親」與「陌生的母親」正是《多桑與紅玫瑰》中成長記憶的主調，為了明白「媽媽，究竟是一個什麼樣的女人啊？」〔註155〕她展開了一趟尋母之旅，花

〔註153〕陳文玲，〈不美麗人生——寫在《多桑與紅玫瑰》出版之後〉，《文訊雜誌》（2000 年 10 月），頁 76～78。
〔註154〕陳文玲，《多桑與紅玫瑰》（台北：大塊文化，2000 年），頁 7。
〔註155〕陳文玲，《多桑與紅玫瑰》（台北：大塊文化，2000 年），頁 44。

了四年的時間，訪談母親生前的親友，及與母親有過情愛糾葛的人，拼湊出有關母親的點滴，所謂「訪談」、「拼湊」等字眼皆意味著作家筆下有關母親的種種並不全然是女兒主觀之見之記憶，而是透過眾多他人眼中心中所共同描述而出的，作家再加以主觀的書寫或抒情，於此，母親在「他者」的凝視下形成了不同角色的不同面向——女兒、妻子、母親、姐妹、朋友，究竟這個母親的哪些作為不符合傳統認知裡的慈母，而成為一個在眾人口中或當時的社會眼光下所認為的「壞女人」、「壞媽媽」？

　　在〈媽媽的地圖〉一文中，陳文玲披露了母親的職業，一個曾經讓她感到「很羞恥」的行業：

> 六條通是母親年輕時候社交活動的大本營。下班以後，她和其他的
> 舞小姐們打扮得花枝招展，往巷弄裡的酒館一坐，叫一桌台菜、開
> 兩打啤酒，輕鬆恣意地用日語和鄰座的客人調笑。〔註156〕

「職業」成為讀者最粗淺也最直接認識作家母親的一個入口，隨著「六條通」、「舞小姐」、「花枝招展」、「調笑」等辭彙，展現在讀者面前的是一個迥異於傳統認知下以家庭為中心的賢妻良母，作家阿姨口中說道「一輩子愛漂亮、愛花錢、愛喝酒、愛調情」〔註157〕更進一步確立了讀者眼中所見的正是一個不完美也不理想的母親形貌。

　　在陳文玲母親所處的五〇年代裡，當時台灣社會價值觀普遍仍以父權文化為主流，社會風氣相對保守，俗諺的「嫁雞隨雞，嫁狗隨狗」的觀念仍左右著女性，不論丈夫好壞，女性在出嫁後都將從一而終，而她可以無視於傳統道德眼光，一再地結婚與離婚，且六次的婚姻裡開始與結束都是由她所掌控的，「母親生命中的『老爹』有好幾個，結果也都差不多」〔註158〕她不是一個好母親更不是一個理想的妻子：

> 我的母親是人們心目中的「壞女人」；尤其在她所處的那個時代，
> 大家都說她任性、自私、奢華、破壞別人的家庭，未善盡為人母

〔註156〕陳文玲，〈母親的地圖〉原載於李元貞等著《回首青春》（女書文化：1997），
　　　　其後改以〈媽媽的地圖〉刊載於《自由時報》（1998 年 9 月 15 日），收錄於
　　　　《多桑與紅玫瑰》（台北：大塊文化，2000 年），頁 209。

〔註157〕陳文玲，〈母親的地圖〉《多桑與紅玫瑰》（台北：大塊文化，2000 年），頁
　　　　209。

〔註158〕陳文玲，〈母親的地圖〉《多桑與紅玫瑰》（台北：大塊文化，2000 年），頁
　　　　210。

的天職。〔註159〕

母親「任性」地選擇了自己的喜歡的行業，也「任性」地將婚姻視為兒戲，且「未善盡為人母的天職」，何謂「母親的天職」？最耳熟能詳的說法是：「女性因為具有生育的能力，因此應該生小孩，既然生下小孩，就必須擔負起養育的責任，這是女人的天職」〔註160〕關於這個論點，在現今社會當然存在著很大的討論空間，但在當時社會，教養兒女確屬女性的責任，據此，陳文玲提到母親在生下她不久後便與父親離婚，自此是父兼母職：

> 如果說媽媽是給我生命的人，爸爸就是給我世界的人。因為他照顧
> 我，我才能受教育、平安長大；因為他陪著我，我才得以囤積足夠
> 的能量面對起伏的人生；因為他愛我，我才學會了愛自己、愛別人，
> 長成現在的模樣。〔註161〕

由這段文字，可知母親對陳文玲而言只是孕育生命的「生理母親」並不成為具有照顧、教導、陪伴與愛的「文化母親」，儘管母親在成長中長時間的缺席，但對母愛的本能需求促使她仍然渴望以各種方式貼近母親，然而在強烈的失落之下，女兒選擇刻意的拉開距離以阻斷渴求母親的感覺，最後乃至形同陌路：

> 別人的母親好像總是在家裡等待子女，我卻從小就穿戴整齊、滿心
> 歡喜地在不同的西餐廳等著見她，有時一等就是三、四個小時，明
> 知媽媽忘了我們的約會，還是哭鬧著懇求爸爸再陪我等一會。後來
> 有一段很長的時間，我刻意做個陌生的女兒……。〔註162〕

此處陳文玲雖然沒有直指對母親的不滿，然而，從她的「滿心歡喜」的等著見媽媽到「明知媽媽忘了我們的約會」的強烈對比中，突顯了母親對孩子的漠視與無情，而從她以「刻意做個陌生的女兒」的決心及行動，更不著一字地深化了一個「壞媽媽」的形象。別人的母親是否總在家裡等待子女？檢視

〔註159〕陳文玲，〈母親的地圖〉原載於李元貞等著《回首青春》（女書文化：1997），
　　　　其後改以〈媽媽的地圖〉刊載於《自由時報》（1998年9月15日），收錄於
　　　　《多桑與紅玫瑰》（台北：大塊文化，2000年），頁210。
〔註160〕蕭蘋、李佳燕，〈母職的社會建構與解構〉《婦女與性別研究通訊》第63期
　　　　（2002年6月），頁10。
〔註161〕陳文玲，《多桑與紅玫瑰》（台北：大塊文化，2000年），頁31～32。
〔註162〕陳文玲，〈大魔術師〉《多桑與紅玫瑰》（台北：大塊文化，2000年），頁
　　　　207。

散文裡的母親書寫，等待子女回家的母親確實為數不少﹝註163﹞，這是社會上對母親既有的認知，成為慈母的一種象徵，也因此讓子女苦盼不得的少數母親，自然地被指向為不慈一類的母親。

　　這個奇特的台灣女子，一個「非典型」的母親﹝註164﹞，回到陳文玲《多桑與紅玫瑰》的文本裡，我們還能得到更多的訊息──一生之中，入獄三次；因債務糾紛，不知上了多少次法院；拿過小孩，且每個人口中的數目不同；重男輕女，女兒還曾因她而自殺；父女姊妹一生相告無數回；左手少了一根指頭，平時戴著一個塑膠做的手指套等等，有些雖然與做母親無直接的關係，然而，身為她的子女，卻也直接的因此而受到傷害。身為一個讀者不免要問這樣的母親，何以值得作家為之立傳？當我們會有這樣的質疑，是否意味著我們仍陷入傳記等同於偉大與模範的認知窠臼裡，同時一個母親的「好」與「壞」究竟也不是可以清楚地截然二分，南方朔在論及本書曾言：

> 台灣社會有太多人與事都不被我們熟悉，這些人曾經怎麼樣的活過？不僅紅塵女子而已，有太多人的滄桑都「宛若寫滿了各式各樣斑駁字體的書頁」，或許，現在已到了人們去重新解讀這些「斑駁書頁」的時候了。他們的故事超過了「好」與「壞」，而是更大的時代與社會的謎團！﹝註165﹞

陳文玲於書中也說了在寫媽媽的故事裡，她「不只找到一個女人的功過，也

﹝註163﹞ 蘇偉貞的〈有空就回家〉：「我們做小孩的時候，都喜歡回家後看到母親。長大以後，每次回家，推開門往往母親已經聞聲出來了」原載《中央日報》（1983），收入《歲月的聲音》（台北：洪範，1990）；方梓母親以家鄉特有的野菜「巴吉魯」召喚著長大後星散的兒女，「每年暑假，她會提及『挽巴吉魯了，要不要回來』？」方梓，〈巴吉魯〉原載《中國時報》（2000年6月28日），收入於廖玉蕙編選《八十九年散文選》（台北:九歌，2001年），頁214。蔡逸君回家探望母親，臨走，母親除了叮嚀路上開車要小心之外總也會問了「下次什麼時候回家」蔡逸君，〈聽母親說話〉原載《自由時報》（2005年12月5日），收入鍾怡雯編選《九十四年散文選》（台北:九歌，2006年），頁375。

﹝註164﹞ 立緒文化在所收錄的該篇選文前，提到：「她和爸爸生活了一輩子，卻寫了一本媽媽的書《多桑與紅玫瑰》，其中追溯家中成員等與母親的關係，拼湊出一個奇怪的台灣女子，一個『非典型』的母親」。陳文玲，〈疤痕‧香奈兒No.5與其他〉，《我的父親母親（母）》，胡適等著（台北：立緒文化，2004），頁295。

﹝註165﹞ 南方朔，序文：〈「壞媽媽」的斑駁書頁〉，《多桑與紅玫瑰》（台北：大塊文化，2000年），頁20。

找到那個時代的無力與無奈」〔註166〕不論是時代或是自身的特質，在在都侷限著一個女人成為理想母親的實踐的可能，陳文玲的母親衝破了道德的藩籬，爭取做自己的自由與權力，正是在這一個層面上，作者以新的眼光理解母親：

> 直到母親過世，我打開塵封已久的回憶、按圖索驥，才發現我的母親不是什麼壞女人，而是一個「不知亦能行」的女性主義者。不管當時的社會用什麼方式訓誡她、規範她、評斷她、恐嚇她，她還是堅持在那個保守自閉的年代裡，用行動在台北市街畫出一塊地圖，做自己想做的事，過自己想過的生活。〔註167〕

前述第二章曾說明女性主義在九○年代的發展過程，由女性學者的投入研究、各雜誌分別策畫女性相關專題以及以出版女性讀物為主的「女書店」的創辦等，女性主義的思潮及女性文學的發展，在九○年代已成顯學，此波思潮對作家對文學創作而言影響甚多，陳文玲對母親的理解也正符應了女性主義所強調的個人與自我，文本中揭露母親的自私、不貞、貪婪、欺詐等面向，明顯地帶有解構慈母的神話的用意，從另一個角度來說，她似乎也提醒了讀者進一步去思考天下真的無不是的父母嗎？同時在看待這個具有血緣關係的母親，她帶入了一種新的（或說是超然的）女性觀點來解讀母親的作為，「當我領悟母親一生都在爭取做自己的自由和權力時，我不再恨她，而且有點瞭解她的想法、認同她的行為。」〔註168〕她讚許母親是個「不知亦能行」的女性主義者，也認同著母親勇於做自己——做自己想做的事，過自己想過的生活，然而她對「母親」個人的認同並不等同於她對母親身分的重新建構，其實這個觀點是否也能成為讀者或是社會所接受或理解，實有待時間的考驗，「個人」與「母親」雖屬同一個個體，但實質的角色身分究竟是不同了，或許對陳文玲來說唯有通過對母親的認同，才能放下心中的恨意，也才能真正地以書寫告別母親〔註169〕。

〔註166〕陳文玲，《多桑與紅玫瑰》（台北：大塊文化，2000年），頁130。

〔註167〕陳文玲，〈母親的地圖〉原載於李元貞等著，《回首青春》（女書文化：1997），其後改以〈媽媽的地圖〉刊載於《自由時報》（1998年9月15日），收錄於《多桑與紅玫瑰》（台北：大塊文化，2000年），頁124。

〔註168〕陳文玲，《多桑與紅玫瑰》（台北：大塊文化，2000年），頁211。

〔註169〕陳文玲提到寫書的動機是在母親的告別式後，望著鮮花、輓幛與人潮，她覺得那不是她想紀念媽媽、跟媽媽告別的方式，她的方式，是「寫一本書」。陳文玲，〈不美麗人生——寫在《多桑與紅玫瑰》出版以後〉，《文訊雜誌》（2000年10月），頁76～78。

　　陳文玲以文字開啟了一個煙視媚行的壞媽媽書寫扉頁，收錄在《八十八年散文選》裡吳億偉的〈迷路〉一文也同樣有著一個迷失在花花世界裡的母親，作家五歲那年，母親佯裝著和他在樹林玩起捉迷藏的遊戲，而後悄然離開，留下了生病的父親、年老的婆婆、幼小的他和姐姐以及鄰居們窸窸窣窣的耳語：

> 鄰居那張大嘴說著母親的不是，怎麼可以因為自己吃不了苦就跑
> 掉，留下兩個小的，一個老的，還有生病的，嫁雞隨雞嫁狗隨狗，
> 一個女孩子家真不知檢點，都結婚了還想到山下幹嘛，這麼久了還
> 不回來，苦了你們啊！〔註170〕

在這段文字裡，除了點出母親離家的原因——吃不了苦，同時透過鄰居對此事的議論裡，我們也看到了台灣社會對結了婚的女性所存有的一種根深柢固的道德倫理觀——嫁雞隨雞嫁狗隨狗，作家的母親在不願服膺這樣的倫理觀之下，因而背負了一個拋夫棄子的壞媽媽、壞妻子的罪名。乍讀之下，我們幾乎也就要相信了鄰居們的言說，繼而在心中浮現一個負面的母親形象，然而，以此評定一個母親其實是十分輕率的，在閱讀任何一個時代的母親故事時，我們都不應忽視時代與命運這兩個因素，因此，回顧母親所處的時代了解她所面臨的困境也就成了一個重要的環節，唯有將母親置放在這樣的脈絡下進行解讀，我們才更能對一個被冠以「不知檢點」的媽媽有一番更深刻的理解或同情，究竟文中的母親遭逢了什麼樣的困境，讓她在仍算保守的七〇年代選擇逃離來擺脫一個婚姻一個家，吳億偉如是描述從鄰居口中所拼湊出的母親：

> 來去的耳語逐漸繪出輪廓，每每在客廳，總感覺母親那屢瘦身子正
> 背著我，下工回來開始燒飯炒菜，整理屋子，而房裡的父親等著擦
> 身體換尿布，勞累且無助的日子只得每天咬著牙關過。但這是一個
> 二十幾歲的花樣女子要過的生活嗎？一輩子就這樣了嗎？不要，她
> 搖頭，喘不過氣來，直到忍耐積壓的能量衝破緊繃的臨界線，那天，
> 她把小兒子放在樹林，留下一張紙條，趁著慌亂之際，頭也不回的
> 向外跑，在我面前，她跑著，越來越遠，越來越遠……〔註171〕。

〔註170〕吳億偉，〈迷路〉，原載於《中華日報》（1999 年 12 月 12～13 日），收錄於
　　　　焦桐主編《八十八年散文選》（台北：九歌，2000），頁 364。本文獲第十二
　　　　屆梁實秋文學獎散文類第二名。
〔註171〕吳億偉，〈迷路〉《八十八年散文選》（台北：九歌，2000），頁 364。

在作者出生後不久，父親因工作受傷而成了一個意識不清永遠躺在床上的病人，永無止境的為丈夫「擦身體換尿布」之外還要去山上工作以及料理家務、照顧幼子等，「勞累且無助的日子只得每天咬著牙關過」一語點出母親處境的艱難，身體的勞累尚且可以在休息後得到恢復，心裡的無助與無奈，才正是使母親「忍耐積壓的能量衝破緊繃的臨界線」的真正原因，以文本中的時間推算，作者出生後不久父親受傷到五歲母親離開，將近五年的時間想必母親也經歷過無數次的掙扎，也曾試圖為生活找尋出口或找出希望，這些細節我們不得而知，因為不同於陳文玲四處尋訪母親的故事，吳憶偉在成年以後面對奶奶所保有的一大疊關於母親所寫的書信，他的選擇是「把信放回原處」〔註172〕：

> 一團迷霧近在手邊，我沒有勇氣揭開。害怕裡頭背負超量的誤解，更怕裡頭藏著過重的思念，和一堆一堆用時間和理智走也走不出糾結情緒的迷宮。〔註173〕

「誤解」與「思念」在作家形成兩個母親的影像，五歲以前記憶中的母親：「不管在哪裡，總能看到她微揚的嘴」〔註174〕文中時時浮現著母親溫柔、甜美的一張笑臉；而五歲以後，母親的樣貌成了鄰居口中的「不知檢點」的女人：

> 每件有關母親的消息都是由鄰居口中傳來，有人說她在台某某公司上班，有人說她在高雄賣水果，有人說她在賣檳榔，更有人說她在特殊場所工作，做交際，愈傳愈難聽。懂事的年紀像成熟的果實等著被啃食，學校裡同學們傳著媽媽一切淫穢不堪的行為，想反擊，卻遍體鱗傷。……幾年後在山下看到許多打扮風騷的檳榔西施和酒店女郎，實在無法想像母親也曾露著大腿，帶著刺鼻的胭脂粉味周旋一個一個男子中間，那笑臉像球一樣被踢來踢去，不停滾動。〔註175〕

記憶裡慈愛的母親成了一個在「特殊場所工作」，打扮風騷的「檳榔西施」、「酒店女郎」，那張為作家所懸念的笑臉扭曲變形成一個「像球一樣被踢來踢

〔註172〕吳憶偉，〈迷路〉《八十八年散文選》（台北：九歌，2000），頁365。
〔註173〕吳憶偉，〈迷路〉《八十八年散文選》（台北：九歌，2000），頁365。
〔註174〕吳憶偉，〈迷路〉《八十八年散文選》（台北：九歌，2000），頁362。
〔註175〕吳憶偉，〈迷路〉《八十八年散文選》（台北：九歌，2000），頁364～365。

去」的一張賣笑的臉。

珍‧貝克‧密勒（Jean Baker Miller）曾言：「衝突對女性而言，素來被貼以『禁忌』的封條。社會期盼女性扮演典型的妥協者、配合者和撫慰者。然而，如果女性要開創屬於自己的未來，衝突絕對是必要的。」〔註176〕〈迷路〉一文中的母親因不願（或者說是再也無法忍受）扮演妥協者、配合者及撫慰者的角色之下，而逃離了婚姻，然而當她離開之後，是否有足夠的能力「開創屬於自己的未來」，這是一個離開婚姻的女性所必然首要面臨的挑戰，即便是不談到未來但也有最基本的生存問題，對現代社會普遍具有學歷及經濟能力的女性而言，這個挑戰的難度不算太高，然而就文本中的母親所處的年代，它就成了一個實實在在的難關，從文本中所透露的訊息顯然她又陷入另一個生活困境，從這個角度來看母親何以需要「露著大腿，帶著刺鼻的胭脂粉味周旋一個一個男子中間」，在讀者的眼底便會多了一層理解與同情，如同前述南方朔所言，他們的故事超過了「好」與「壞」，而是更大的時代與社會的謎團！不同於陳文玲以女性觀點來釋放自己對母親的恨意，吳憶偉則是走向「告別」一途，在長大成人後他有感而發的說到「或許看清什麼了解什麼並不是件幸福的事」〔註177〕因此，就在家鄉那片貯藏著母親與他曾有過的快樂時光的樹林即將因建造計畫而被砍伐之際，作家特地回鄉，他要「趁工程車上山之前，先去和那片樹林，說聲再見。」〔註178〕，樹林的消失，意味著有關母親的記憶將從他的生命裡連根拔起，只是，家鄉的樹林或許已遭更易，但作家卻在另一個文本的世裡永遠地刻鏤（記憶）了母親。

在〈迷路〉一文裡，奶奶是與逃跑的母親形成強烈對比的另一個母親的形象，一輩子守著病榻前的兒子，獨立撫育幼小的孫兒女，作家描繪遺照裡奶奶的容顏：「沒有笑臉，眉頭微皺，嘴唇平擺，眼神看來銳利，一副咬牙苦過來堅毅的樣子，可又卻帶著悲哀無力的感覺。」〔註179〕這是我們所熟悉普遍存在於傳統社會的母親形象，她咬緊牙根儘管悲哀無力，但也確實捱過了人生的苦難，留下一個堅毅的生命姿態，這裡如果我們進一步去思考，如果

〔註176〕貝蒂‧傅瑞丹（Betty Friedan）著，李令儀譯《女性迷思》（The Feminine Mystique）（台北：新自然主義，1995），頁90～91。

〔註177〕吳憶偉，〈迷路〉，原載於《中華日報》（1999年12月12～13日），收錄於焦桐主編《八十八年散文選》（台北：九歌，2000），頁365。

〔註178〕吳憶偉，〈迷路〉《八十八年散文選》（台北：九歌，2000），頁366。

〔註179〕吳憶偉，〈迷路〉《八十八年散文選》（台北：九歌，2000），頁361。

年輕的母親當年沒有出走，繼續的壓抑自己，如果奶奶沒有從苦難裡捱了過來，那麼結果會是如何？楊索〈苦路〉一文中的母親，正是一個沒能自苦難裡捱過來而後迷失在真實世界裡的一種母親——發瘋的母親，這篇出現在散文文本裡罕見的「瘋母敘事」，描繪出另一種不完美卻十分令人同情的母親形象。

〈苦路〉一文寫於九〇年代末，而文中所敘及母親的生存時代與〈迷路〉一文的母親同樣在七〇年代，那是台灣出現大量南部農村人口北上奮鬥的一個時期，楊索的父母正是「從雲林鄉下到台北打拼的年輕夫妻」〔註 180〕作者追憶了自己成長的時光，也敘及了母親的精神困境，於是伴隨作家一路成長的是一個患有精神病且不斷生產的母親：

> 母親懷第九個孩子的時候，我已十三歲，……成長的過程，只知道母親不斷地懷孕，一個娃娃接一個娃娃，輪流地躺在一張藤線崩落的小床。〔註 181〕

在沒有節育觀念之下，「不斷地懷孕，一個娃娃接一個娃娃」所衍生的問題除了造成租屋之處「愈來愈擁擠」，「嗷嗷待哺」的食物皆須以金錢換取，另外，還有作家必須提早長大扮演著小媽媽的角色「肩膀上永遠有個小弟弟、小妹妹，像個小包袱永遠甩不掉」〔註 182〕甩不掉的眾多子女的負擔，加上經濟的窘迫以及債務的壓力（丈夫借資經營的紙袋廠倒閉）等等，對此，母親始終沒有選擇逃離，仍舊站在妻母的崗位，扮演著勇於承擔的正面母親角色，然而長期累積的疲勞與精神壓力終致始母親崩潰，母親成了一個披頭散髮的「瘋婦」、「肖查某」〔註 183〕：

> 那時，父親借資經營的紙袋廠倒閉，母親生下我後，長期累積的精神壓力爆發。姊姊還記得，狂亂的母親脫光衣服在巷術間衝來撞去，最後被父親、叔叔用繩子捆住，送往一座精神病院。〔註 184〕

該篇散文用了許多文字描摹敘寫一個母親瘋癲之後種種不堪的情境，最嚴重時「狂亂的母親脫光衣服在巷術間衝來撞去」；從精神病院回家後，痴呆的母

〔註 180〕楊索，〈苦路〉，原載《中國時報》（87 年 11 月 8 日），收錄於簡媜主編《八十七年散文選》（台北：九歌，1999 年），頁 258。

〔註 181〕楊索，〈苦路〉《八十七年散文選》（台北：九歌，1999 年），頁 257。

〔註 182〕楊索，〈苦路〉《八十七年散文選》（台北：九歌，1999 年），頁 260。

〔註 183〕楊索，〈苦路〉《八十七年散文選》（台北：九歌，1999 年），頁 260。

〔註 184〕楊索，〈苦路〉《八十七年散文選》（台北：九歌，1999 年），頁 259。

親連最簡單的洗米也不會了，家族裡的人以「冷眼瞧她，看她如何持家」；在市場販售玉米，因為總是漫不經心，眼神飄忽，忘了收錢不會找錢，以致小販們以耳語嘲諷她「頭殼有問題」；就連和丈夫爭吵時，丈夫也以此攻擊怒罵她：「肖查某，讓你回來住，已經對你不錯了。」〔註185〕閱讀至此，一方面我們會同情憐憫著這樣一個泅泳掙扎於社會底層的母親，或許知識不足，不知節育；或許運氣不佳，所嫁非人；又或許自我意識不夠強烈，沒有逃離的勇氣，種種的可能，迫使她走向瘋癲的世界。但從另一個角度，我們也看到了現實生活中殘酷無情的一面，面對母親精神的疾病，不論是做生意的小販、家族裡的人，甚至是至親的丈夫，不但未能同情理解，反而施以「冷眼」、「嘲諷」以及「破口大罵」，就連成長中的作者也憶及當時的她「羞於見到母親在街上」〔註186〕，直到書寫此文時，她如此慨嘆著：

> 精神病折磨了母親和我們，因為時代與環境的限制，母親並未得到
> 完整的治療。〔註187〕

一個負面的悲慘的瘋癲母親形象，透露了那個時代的許多訊息，在母親生病的日子裡，文本中未有隻字片語提及原生家庭（即所謂的娘家）有任何的聞問關懷或具體的支持？由此是否間接印證了父權社會下，嫁出去的女兒等同於潑出去的水，另外貧賤夫妻不論在什麼樣的時代裡都有著一般的悲哀，但若加上眾多的子女及瘋癲的母親，無疑是雪上加霜，於此，我們便不難理解楊索所說的「精神病折磨了母親和我們」，最後，作家進一步點出母親之所以未能得到進一步的照顧與治療的原因還有社會環境的限制等，當時相關醫療的不夠發達以及社會福利未臻完善，加上整個社會對於女性未加重視等，在無任何奧援的情況下，「母親就這樣顛顛倒倒走過來了」。〔註188〕

　　風塵女子的母親還是母親，瘋瘋顛顛的母親也依然還是母親，當她被逼到瘋狂邊緣乃至萌生自殺的念頭時，什麼是母親在人世裡最終的牽掛與留戀？是她的孩子，孩子成了她唯一活下去的所有理由：

> ……彷彿看見那個赤足奔跑的女人，在雨中哭喊著要去跳淡水河，
> 小小年紀的我在後面追著、喊著：「阿母！阿母！勿倘這樣，弟弟妹

〔註185〕楊索，〈苦路〉《八十七年散文選》（台北：九歌，1999年），頁260。
〔註186〕楊索，〈苦路〉《八十七年散文選》（台北：九歌，1999年），頁259。
〔註187〕楊索，〈苦路〉《八十七年散文選》（台北：九歌，1999年），頁261。
〔註188〕楊索，〈苦路〉《八十七年散文選》（台北：九歌，1999年），頁260。

妹還小啊！」那張有著病黃的臉的母親終於停下來，她頹然坐在路
旁石階哭泣。母親斷斷續續地說：「我早就不想活了，也活不下去
了，如果不是這群小孩，我早就離開了。」〔註189〕

母親遊走在虛虛實實的世界，當她清醒時，現實的苦難仍然糾纏著她，「不想
活了，也活不下去了」這是由母親口中所傳達出內心的聲音，讀者可以從中
感受到一個母親的無助與萬念俱灰的意志，然而，「孩子」復活了母親的生存
意志，母親也滋養了孩子的生命。這個不完美的母親竭盡所能的承擔起人間
母親的責任，作家說道：「我所不能接受的母親，是依靠她對子女的愛掙扎著
一路走過來。」〔註190〕，表面上雖語帶氣憤，內裡卻是涵藏著萬般的心疼與
不忍。究竟，這一路憑靠著強韌的意志力掙扎著走過來的母親，最後走到了
什麼樣的生命境地，楊索於文末簡短的文字裡記下了母親的晚年：

……她笑得合不攏嘴，是上天垂憐嗎？那個在躁鬱不安中一步步走
過來的母親，擁有了平靜的晚年，以及開枝散葉卻以她為中心的一
個家族。〔註191〕

走過漫長且黑暗顛簸的人生險路，年老的母親臉上綻露出「笑得合不攏嘴」
的面貌以及「平靜的晚年」生活，如此艱險的道塗，一個社會底層的瘋顛之
母竟能「一步步走過來」，她不僅能「持家」還進一步地成為家族裡的中心人
物，這一切的不可思議，楊索說這「是上天垂憐嗎？」，恐怕是作家心中的疑
問也是答案，

　　簡媜評論該篇散文時言及：「楊索〈苦路〉是紀實片，呈現女性的苦擔與
險路」〔註192〕這樣一則母親的苦難史，真實地發生在台灣社會底層平凡的小
人物身上，這雖是一則楊索的成長史同時也是母親的苦難史，作家在書寫母
親的當下，恐怕也間接反映了母親所處的那個時代更多不知名母親的困境，
而且是不是每個母親都能在通過黑暗之後看見幸福的曙光？

　　不論是陳文玲筆下那位堅持「做自己」的母親，還是吳億偉所言的「迷
路」的母親，亦或是楊索這位瘋癲母親，不完美的母親終究還是母親，還是
存在著母親深愛孩子的本質及本能，陳文玲的母親縱使是人人口中唾罵的「壞

〔註189〕楊索，〈苦路〉《八十七年散文選》（台北：九歌，1999年），頁261。
〔註190〕楊索，〈苦路〉《八十七年散文選》（台北：九歌，1999年），頁261。
〔註191〕楊索，〈苦路〉《八十七年散文選》（台北：九歌，1999年），頁262。
〔註192〕簡媜主編，《八十七年散文選》（台北：九歌，1999年），頁246。

女人」，但她溺愛她的兒子，在大女兒自殺而死時放聲痛哭，南方朔以為「這些人性的顯露，或許即是她尚未消失的生命內境」〔註193〕；〈迷路〉一文中的母親雖然逃離了母親的崗位，卻在往後的日子裡以無數的信件，打了電話卻不出聲的方式思念著關心著她的孩子，而〈苦路〉裡的楊母，在精神徹底崩潰及至走往絕路之時，留戀不忍的仍舊是那群嗷嗷待哺的孩子，於此看來，母性是女人的天性在此似乎得到了印證，即便是帶著殘缺或扭曲之下的母愛，依舊閃爍著一個生命裡最柔軟軟的生命內境。

　　從五○至九○年代以降，可以看見女性在婚姻處境上已從傳統早期附屬的形象漸至男女平等，女性面對婚姻中的困境也逆來順受，到離家甚至離婚，婚姻對女性在制度面上的桎梏已明顯鬆綁，但在道德面向上，仍存在著些許道德批判的聲音；女性所從事的工作，從早期居家打掃縫紉刺繡，至田地裡種田割稻割高粱等的身影，及至奮鬥打拼成為獨當一面的老闆娘，可見母親所處時代氛圍的自由多元，母親已不再限囿於家屋，她可以自由地發揮自己的能力，雖然文本中母親的出發點都是從改善家中經濟開始，意外地發現自己的潛力，作家筆下母親形貌，實已與社會變遷相扣合，母親形貌在作家不同面向上的描繪，呈顯出豐饒多樣的母親／女性形象。

〔註193〕南方朔，序文：〈「壞媽媽」的斑駁書頁〉，《多桑與紅玫瑰》（台北：大塊文化，2000年），頁20。

第三章　親情散文母親形象表現手法

　　以母親為主體的書寫，不論是年度散文選集或現代散文選都有一定數量的收入，這些出自不同作家所描寫不同時空下的母親散文，既「充滿時代的聲音，而且真情感人」[註1]，值得注意的是，作品中有出自散文家之筆但也不乏詩人、小說家之作，作家們將各自所專擅的文學技藝融入作品中，進一步拓展了散文的藝術表現。鄭明娳以為文學作品中，斷不可缺少文學性，根據她的觀察，散文作品所展現的文學性除了散文本身所獨具的修辭，還有來自詩與小說的技藝：

> 散文的文學性一方面來自修辭，蓋透過修辭，不但產生語境，並且可以統一不同的語境。另方面是吸收其他文類的特色，例如利用小說的第三人稱觀點、小說的對話、客觀化的陳述語氣，……又如詩歌中的意象乃至形式廣為運用，散文的詩化、乃是意象的大量運造及形式的變通等等。[註2]

藉由鄭明娳這段文字的分析，檢視散文中的母親書寫，確實可見「意象」與「對話」在散文中予以靈活運用，作家們通過母親物件的書寫，將情感、想法寄寓其中，在普遍象徵之外又開拓出哪些特定的象徵？寄託了何種情懷與思想？另外，在父權社會中，女性的「發言權」與「書寫權」多為男性所掌握的前提下，我們鮮少能聽到母親個人真正的想法也無從了解女性真實的內心

〔註1〕林錫嘉在編選年度散文時，曾揭示自己對散文的看法：個人對「現代散文」的要求，常以「感動人」為首要……在今年的《八十年散文選》中，我們可以發現選出來的作品，不但充滿著時代的聲音，而且真情感人。」《八十年散文選》（台北：九歌，1991），頁326～327。
〔註2〕鄭明娳，〈散文修辭論〉《現代散文構成論》（台北：大安，1989），頁14～15。

世界，因此，透過散文中所保留母親說過的話以及與子女間的對話，讀者可以聽到更多元更完整的時代聲音。據此，本節擬就「意象」及「語言」兩個藝術面向，分析散文中所書寫母親的頭髮、雙手及衣服其背後所蘊涵的「象徵寓意」；另外，透過母親的話語，進一步析論語言表相下母親的個性、愛情觀以及教育、教養觀。

第一節　象徵寓意

　　「象徵」是文學藝術創作中的一種表現手法。黃慶萱於《修辭學》對「象徵」的定義有以下的說明：

> 任何一種抽象的觀念、情感與看不見的事物，不直接予以指明，而由於理性的關聯、社會的約定，從而透過某種具體形象作媒介，間接加以陳述的表達方式，名之為「象徵」。〔註3〕

　　由上述可知，象徵的作用在於將抽象的觀念、情感與事物乃至思想與事理，透過具體的事物為媒介，讓作者心中的意象成為讀者的感覺，從而產生感人的力量。所謂意象，鄭明娳指出「真正的根源在心象的演繹」〔註4〕，換言之，通過作家創作時選取象徵材料此一心理活動，讀者可以藉此感知作者的心靈狀態、寄寓其中的特殊情感以及意象背後所透露的各種訊息。以書寫母親之作，最常見的便在孺慕之情的抒發，親情的經驗人人皆有，如果只是平鋪直敘的抒情，必定難以產生憾動人心的力量，更別論彰顯親情的可貴；再者，隨著社會結構的變遷，女性主義思潮的激盪，「母親」這一角色在作家的筆下進行了更多元的辯證，更深刻的討論，通過象徵，可以在有限的文本空間容納作家所開展出的多重且繁複的思想意涵，據此，本節擬通過象徵手法的分析，深入探究作家在母親文本中所創造的意象及其背後所顯現的象徵的意涵。

〔註3〕黃慶萱，《修辭學》（台北：三民書局，2007），頁 477。
〔註4〕鄭明娳於《現代散文構成論》一書的第二章「散文意象論」針對意象的意義、類型與構造有詳盡的分析，她指出意象論的真正根源在心象的演繹。心象是本質，意象是表現。心象是作家的一種夢，是理性與非理性交雜、意識與潛意識相互融匯的心靈狀態，而意象就是將這種心靈狀態轉化為可以統計、可以計算、可以分析訊息的文學符號型態；因此進一步可以說，散文的心象美學就是以意象論為核心。《現代散文構成論》（台北：大安，1989），頁 73。

一、母親的頭髮

頭髮，是女性身體上的一種符號，在描寫女性的文學作品中，我們常可見著墨於頭髮上的刻劃，檢視母親散文作品，關於母親髮型、髮式、髮量或髮色，甚至是含有動作的剪髮、梳髮等，均成為作家藉以顯露母親年齡、喜好、個性、心情或對母親所投射種種情思的意象，從眾多作家所描摹出母頭髮的種種，我們甚至可以看見不同時空下女性不同的樣貌與處境，藉此一窺隱伏在頭髮之下的時代訊息。

母親的頭髮常為作家用以象徵母親的意象。由年輕到老，母親頭髮由黑亮轉為花白甚至銀白，是人類普遍共有的生理現象，如何以此意象活化眾人尋常的想像，成為作家運用此意象的一個考驗。因此，這類的書寫，常出現以雙主題方式呈現，如林文月的〈白髮與臍帶〉（1986），以母親的「白髮」兒女的「臍帶」象徵生命的傳承，親子永恆的連結。母親過世，作家一次為母親整理遺物時，發現了母親所遺留下來的白髮，藉此帶出母親終身未曾剪髮一事：

> 母親終身未曾剪髮。記得她從前豐饒的黑髮幾乎與身高等長，隨著歲月流逝，逐漸轉白，也逐漸脫落變稀。她總是把梳櫛之際脫落的髮絲纏盤成團，興致高的時候，偶爾也會用布縫製成實用而美觀的插針包。〔註5〕

「母親終身未曾剪髮」一語已十分吸引讀者探詢其中的原由，在此文作者並未對此事加以說明，真正的原因早於林文月的〈給母親梳頭髮〉（1979）一文已明白揭示：

> 我曾經問母親，為什麼一輩子都不剪一次頭髮呢？她只是回答說：「唉，就因為小時候你阿公不許剪，現在你們爸爸又不准。」自己的頭髮由不得自己作主，這難道是「三從四德」的遺跡嗎？我有些可憐她；但是另一方面卻又慶幸她沒有把這樣美麗的頭髮剪掉，否則我就看不到她早晨梳髮的模樣兒了。〔註6〕

母親的頭髮在父親的「不許」與丈夫「不准」之下，而長成了與身高等長，對此，林文月發出了這樣的疑問：「自己的頭髮由不得自己作主，這難道

〔註5〕林文月，〈白髮與臍帶〉《午後書房》（洪範，1986），收入鄭明娳、林燿德主編《有情四卷——親情》（台北：正中，1989），頁72。

〔註6〕林文月，〈給母親梳頭髮〉《遙遠》（台北：洪範，1981），頁28～29。

是「三從四德」的遺跡嗎？」的確，這正是父權文化於女性身上所刻鏤的痕跡，我們所熟知父權文化下的傳統女性在許多事情上都是「由不得自己作主」——婚姻、生育、經濟等，在在處於被支配的狀態，林文月此文所披露連頭髮這一極其細瑣之事，女性都不能隨心所欲，隱微地透顯出女性在傳統時代所受到的束縛與桎梏之情狀。

從上述兩段引文，頭髮作為母親的象徵，除了代表母親曾有過的青春美貌，也藉此引出了早期婦女的生活智慧——母親將掉落的頭髮「縫製成實用而美觀的插針包」；同時「看母親梳頭髮」一事，象徵著女兒對母親的女性身分一種依戀與欣賞；另外，「母親終身未剪頭髮」一事，也暗喻著父權社會中女性的不能自主的命運，最後，從林文月看待此事的態度中及疑問，更突顯出現代女性的自覺意識。

在〈白髮與臍帶〉中，林文月更以母女相似的髮型樣貌與脾性，象徵母女生命的傳承：

> 二十歲那年夏天，我把披散於肩頭的髮絲攏合到頸後，去參加親戚的宴會。幾乎所有的長輩都異口同聲驚歎，說我簡直是母親年少時的再現。我記得那時在羞赧的氛圍中瞥見母親滿足的眼色。大概通過臍帶，母親所給予我的，不僅是滋養與愛情，另有她身上各種有形無形的像貌與脾性吧。〔註7〕

母親的「頭髮」已不再只是「頭髮」，透過作家多重的象徵，母親的頭髮綰合了個人、文化及生命的奧祕，呈現出寬闊且豐饒的意義與意境。

散文家也常以母親的頭髮作為「慈愛」的表徵，小民〈母親的頭髮〉〔註8〕一文從篇名開始，即以此意象貫串全文。作家的記憶中母親原本「有一頭又密又黑的好頭髮」〔註9〕烏黑亮麗的頭髮代表母親的美麗，樂觀開朗的個性，「直到大弟飛行失事後」〔註10〕是全文的轉折，也是母親頭髮第一次出現的轉變，自此，母親的頭髮由烏黑轉為花白：

〔註7〕林文月，〈白髮與臍帶〉《午後書房》（洪範，1986），收入鄭明娳、林燿德主編《有情四卷——親情》（台北：正中，1989），頁73。
〔註8〕小民，〈母親的頭髮〉《淡紫色康乃馨》（論壇，1983），收入陳芳明、張瑞芬主編《五十年來台灣女性散文（上）》（台北：麥田，2006），頁182～185。
〔註9〕小民，〈母親的頭髮〉《五十年來台灣女性散文（上）》，頁182。
〔註10〕小民，〈母親的頭髮〉《五十年來台灣女性散文（上）》，頁182。

　　直到大弟飛行失事後，母親的鬢角才露出幾綹花白。真如母親自己
　　常說的，頭髮是隨心草，喪子之痛，給慈母多深的憂傷。〔註11〕

痛失愛子的憂傷，作家不在文字上多加的描述，而僅以母親鬢角所顯露的幾
綹白髮帶過，從中，讀者便可深刻感受到一個母親無以言喻的憂傷。作家接
續寫著，母親終日為六個姊弟操勞，這一次，過度操勞的母親在頭髮上又有
了一次變化：

　　母親的髮，在動手術前終於剃掉了，看著被病痛折磨得滿是皺紋的
　　母親，我的淚下如雨，母親也含著淚伸出顫戰的手，拍拍我的頭說：
　　「別難過，媽媽的頭髮還會長出來的！」〔註12〕

剃掉頭髮的母親形貌，預示著母親生命即將殞落，伴隨著母親而來的母愛也
將隨之消逝，然而，母親慈愛地以「媽媽的頭髮還會長出來的！」一語作為
安撫哭泣的女兒，除了安慰也引出了下一段母親所顯現出另一種形式的慈
愛：

　　就像母親說的，她的頭髮真又長出來了。在為母親換上最後一件壽
　　衣時，我看見母親的頭上又長出一寸多的新髮，花白柔軟，滿含著
　　對兒女們無限的依戀和慈愛。〔註13〕

母親過世時所長出的花白柔軟的新髮，象徵著母親對兒女的慈愛至死不渝。
對兒女的煩憂與牽掛，具現於母親的髮色，劉靜娟回憶：「初次離家，不知叫
媽媽白掉了幾根頭髮」〔註14〕，這份無聲無形的愛，不易被察覺且總為子女
所忽略，善感的作家捕捉了凝結在母親髮梢上的慈愛，以「頭髮」的顏色變
化，由黑到白，象徵母親對子女的擔憂與慈愛。

　　母親的髮型樣式也可以是女性情感、性格以及境遇的象徵。琦君所寫的
〈髻〉一文，收錄於《紅紗燈》（1969），此文一直以來為多種選集所收錄，甚
且是高中國文教材。文中寫出父親與母親、姨娘三人之間的情感糾葛變化，

〔註11〕小民，〈母親的頭髮〉《五十年來台灣女性散文（上）》（台北：麥田，2006），
　　　　頁183。

〔註12〕小民，〈母親的頭髮〉《五十年來台灣女性散文（上）》（台北：麥田，2006），
　　　　頁184。

〔註13〕小民，〈母親的頭髮〉《五十年來台灣女性散文（上）》（台北：麥田，2006），
　　　　頁185。

〔註14〕劉靜娟，〈媽媽就是媽媽〉，收入張曉風編《親親》（台北：爾雅，1980），頁
　　　　131。

正是以傳統女性常見的髮型樣式「髻」〔註15〕切入，以此貫串全文，透過母親與姨娘所偏好的「髮髻」，象徵兩個女人迥異的性格、無形的心結以及在婚姻生活中的不同境遇。母親頭上的髻，保守古板，不為丈夫青睞：

> 母親年輕的時候，一把青絲梳一條又粗又長的辮子，白天盤成了一個螺絲似的尖髻兒，高高地翹起在後腦，晚上就放下來掛在背後。〔註16〕

> 我們全家搬到杭州以後，母親不必忙廚房，而且許多時候，父親要她出來招呼客人，她那尖尖的螺絲髻兒實在不像樣，所以父親一定要她改梳一個式樣。母親就請她的朋友張伯母給她梳了個鮑魚頭。在當時，鮑魚頭是老太太梳的，母親才過三十歲，卻要打扮成老太太，姨娘看了只是抿嘴兒笑，父親就直皺眉頭。〔註17〕

兩段引文裡明顯可見母親從年輕到三十歲，從鄉下（浙江永嘉）到城市（上海杭州），髮型樣式一直是那「尖尖的螺絲髻」，一成不變的「螺絲髻」，除了象徵保守樸實的個性，同時也暗喻了守舊的母親已經有些不合時宜了，因此丈夫認為那髻「實在不像樣」，堅持要她「改梳一個式樣」。然而，不論是「螺絲髻」或改梳後的「鮑魚頭」，都讓琦君的父親「直皺眉頭」，顯見母親的裝扮不但無法再吸引丈夫的目光，反而還引來丈夫的嫌棄，姨娘的訕笑，在此，「髮髻」又象徵了母親在婚姻地位上遭受冷落難堪的處境。

民初時婦女所流行的髮髻，在形式上其實可以有多樣的變化，女性藉此，可以增添自己的美貌，琦君於文中詳細記下了父親自城裡帶回的姨娘所梳的各式各樣的髮式，有「橫愛思髻」、「鳳凰髻」、「羽扇髻」、「同心髻」、「燕尾髻」〔註18〕等，父親的新歡所表現出時髦、美麗與善於裝扮的一面，也對比出城／鄉的差異性——摩登新潮／古板傳統。各種樣式的髮髻襯托了姨娘的嫵媚，從父親看待姨娘的動作及眼神：「不時偏過頭來看她，眼神

〔註15〕髻，盤在腦後或頭頂的髮結。在古代，髻有各種不同的樣式，具有身分地位的表徵，例如秦始皇時，宮廷婦女的髮髻有神仙髻、望仙髻、迎春髻；代表皇后的是凌雲髻；漢代流行有垂雲髻、奉聖髻、瑤臺髻、欣愁髻、飛仙髻、九環髻、分髾髻、慵妝髻等；唐代貴族的寵兒梳有高雲髻、客家髻鬏等。參見百度百科 https://baike.baide.com/item/%E5%8F%91%E9%AB%BB。

〔註16〕琦君，〈髻〉《紅紗燈》（台北：三民，2018），頁35。此篇發表於1969年。

〔註17〕琦君，〈髻〉《紅紗燈》（台北：三民，2018），頁36。

〔註18〕琦君，〈髻〉《紅紗燈》（台北：三民，2018），頁36～37。

裡全是笑。」〔註19〕以及「引得父親笑瞇了眼」〔註20〕，彰顯了姨娘在婚姻處境上備受寵愛勝利的一面。由此，姨娘摩登新潮的髮髻，象徵了年輕、美麗和得寵，對比著母親古板的髮式，老土、落伍和失寵。就某種層面來看，〈髻〉文同時也透顯了男性視角下對女性的一種審美觀，從男性受寵的程度而言，注重外在美的新潮女性（姨娘）似乎勝過了傳統內在美的樸素女性（母親），婦德與婦容；內在美與外在美，何者重要，恐怕在現今到處林立的髮廊，可以見出其實兩者於女性皆有其重要性。

二、媽媽的手

母親的「手」，在散文中隨處可見，大抵這一雙手是作家們於日常中最輕易可見可感可觸摸，兼有視覺與觸覺，因此常成為作家書寫母親時所選用的象徵材料，藉以表現無形的情感、母親個人的特殊才能以及凸顯母親雙手的萬能，隨著時代的變遷，母親的雙手在不同作家的視角下，象徵的意涵更見寬闊與多元，呈顯出豐富的時代訊息。最普遍也最常見的象徵就是「辛勤與勞累」，琦君〈媽媽的手〉是一篇歌頌母親偉大的散文，作者通過母親因操勞而粗糙的手，表現出母親為家庭、家人的付出勞苦的一面：

> 從我有記憶開始，母親的一雙手就是粗糙多骨的。她整日的忙碌，從廚房忙到稻田，從父親的一日三餐照顧到長工的「接力」（鄉語點心之意）。一雙放大的小腳沒有停過。手上滿是裂痕，西風起了，裂痕張開紅紅的小嘴。那時哪來像現在主婦們用的「薩拉脫、新奇洗潔精」等等的中性去污劑，洗刷廚房用的是強烈的鹼水，母親在鹼水裡搓抹布，有時疼得縐下眉，卻從不停止工作。〔註21〕

引文中我們看到一位母親的忙碌，可以小至廚房（家人），大至稻田（家中的事業）；忙碌的對象從一家之長父親到家裡僱用的長工，由此兩個極端，突顯出母親永無止盡忙碌的一面，因此才有了這樣一雙粗糙多骨、滿是裂痕的手。

文章從回憶母親的過渡到自己也為人母的手，自己的雙手在家務的操持下，漸至由細白柔嫩而粗糙，終至同母親一般：

> 有一次，我在洗碗，兒子說：「媽媽，你的手背上的筋一根根的，就

〔註19〕琦君，〈髻〉《紅紗燈》（台北：三民，2018），頁37。
〔註20〕琦君，〈髻〉《紅紗燈》（台北：三民，2018），頁37。
〔註21〕琦君，〈媽媽的手〉《三更有夢書當枕》（台北：爾雅，1975），頁42。

像地圖上的河流。」他真會形容,我停下工作,摸摸手背,可不是
一根根隆起,顯得又瘦又老。這雙手曾是軟軟、細細、白白的,從
什麼時候開始,它變得這麼難看了呢?〔註22〕

琦君看著自己的手,疑惑著「從什麼時候,它變得這麼難看了呢?」,答案
顯而易見的正是從成為母親開始。從傳統到現代,女性在各方面實已與傳統
差別甚大,然而,不論時代如何遷移與進步,思想觀念如何開放,女性在成
為母親後,都有著同樣的一雙手——「媽媽的手」,且以為家人付出的雙手
而感到滿足,琦君為丈夫兒子做完飯後,看著父子倆吃得津津有味,感性的
說:「那一分滿足與快樂,從心底湧上來,一雙手再粗糙點,又算得了什麼
呢?」〔註23〕這裡所透露出的想法,可見琦君受到母親的影響恐怕比時代思
潮的影響更深。

　　〈媽媽的手〉一文我們看到的除了是作家母親及她自己的手之外,其實
在文本的背後,似乎也可見到一代又一代無數雙的「媽媽的手」,它除了寄寓
著辛苦與忙碌同時也顯示了這雙手萬能的一面,即使科技再進步,也無可取
代,如琦君於文末所質問:「可不是嗎?萬能的電腦,能像媽媽的手,炒出一
盤色、香、味俱佳的菜嗎?」〔註24〕時至今日,電腦在這一方面確實還未能
全面取代,母親的手藝,令子女迷戀的除了食物的色、香、味之外,最重要的
應該還是屬於母親的那一份「愛」。

　　母親的手,琦君以「萬能」暗喻之,簡媜也以「千手觀音」〔註25〕來形
容它,吳晟則在《農婦》一書中,具體展示了母親的雙手如何的萬能,〈一
本厚厚的大書〉描述母親出生農家,從小便需要「上山砍柴、下河挑沙、下
田耕作」〔註26〕以幫助家計,結婚後因丈夫車禍意外喪生,母親必須獨立
扛起家計,養育七個子女,在吳晟的印象裡,母親的雙手,終年握鏟、握鋤,
種菜養豬,耕田種稻,長年屬於泥土,這樣的一雙手貫串在《農婦》一書中,

〔註22〕琦君,〈媽媽的手〉《三更有夢書當枕》(台北:爾雅,1975),頁44。
〔註23〕琦君,〈媽媽的手〉《三更有夢書當枕》(台北:爾雅,1975),頁44。
〔註24〕琦君,〈媽媽的手〉《三更有夢書當枕》(台北:爾雅,1975),頁45。
〔註25〕簡媜在自己育嬰的實際體會下,於《紅嬰仔》一書的「密語之九」留下這樣
　　　　的一段對她眼中所見女性在事業與家庭間忙碌的真實樣貌:「我開始看到一
　　　　個現代女人面對事業與家庭永無止境的鬥爭時,必須提刀砍掉自己的手腳才
　　　　得以抉擇。我又發現女人乃千手千腳觀音,每日斷其一、二也不足為其。」
　　　　《紅嬰仔》(台北:聯合文學,1999),頁121。
〔註26〕吳晟,〈一本厚厚的大書〉《農婦》(台北:洪範,1983),頁1。

具體呈現出母親的辛勤與偉大，也象徵著台灣農村婦女刻苦耐勞的女性特質。

　　令作家們不斷在紙上重現的還有母親「無微不至的呵護」，這個部分既通過視覺也帶出了觸覺上的感受。楊牧〈十一月的白芒花〉一文以每個為人普遍共有的經驗帶出對母親的懷念，生病的經驗人人皆有，以母親體貼入微的照顧進行描寫，不但能喚醒讀者相似的記憶，也進而喚醒著讀者相似的情感。面對孩子生病發燒，母親最直接的舉動，便是以掌貼額，探觸體溫：

> 坐在燈前，有時我還能感受到她手掌的溫度，就像小時候發燒躺在榻榻米上昏睡，只要有點知覺，就希望母親來，靠近被褥坐下，伸手來我額頭探體溫。起初她的掌心是涼的，大概非常焦慮，等我慢慢退燒，她的掌心就變成溫暖的，撫在我醒轉的眉目之間，很舒服，很安全。
>
> 這些年來，每當我午夜想念，在燈前，若是感受到母親的手探觸了我的額頭，臉頰，或者肩和背和手臂，那手心總是溫暖的。〔註27〕

由具體可見可感母親的掌心，撫觸生病的作者，透過掌心由冰涼到溫熱，表現出母親的內心從焦慮到放心的心情起伏。作家發燒時母親以手貼額的動作，自作家的額頭傳自心裡至生命，形成一股特殊的溫暖與力量，「母親的掌溫」幻化成了溫馨且綿長的母愛。這是作者和母親所共處時光中的尋常生活瑣事，文章的下一段，記憶則回到了母子在花蓮逃難的一段景象，熱天裡逃難趕路，「母親為我擦汗，拿毛巾在我面前搖著搧風，給我水喝，給我餅乾和涼糖，然後她自己擦汗。」〔註28〕；當飛機於上空隨意掃射時：

> 母親把我用力往下推，滾進凹地底下，抱住我將我整個人壓在下面。我毫不猶豫地伏在那裡。我明白，我當然是很明白的，她想用她的身體作屏障，這樣掩護我……。〔註29〕
>
> 母親把我抱起來，幫我擦汗，把衣服彈乾淨，讓我坐好，然後她清理她自己，一邊小聲安慰我。她的面容和聲音寧靜超然。〔註30〕

〔註27〕楊牧，〈十一月的白芒花〉《亭午之鷹》（台北：洪範，2006），收錄於鍾怡雯、陳大為主編《天下散文選I》（台北：天下，2013），頁194～195。

〔註28〕楊牧，〈十一月的白芒花〉《天下散文選I》，頁195。

〔註29〕楊牧，〈十一月的白芒花〉《天下散文選I》，頁196。

〔註30〕楊牧，〈十一月的白芒花〉《天下散文選I》，頁196。

母親的手除了在平時為孩子探觸體溫，更在戰時如羽翼般地保護著孩子，整理上段文字，母親的手在兒子身上顯現的動作有「搧風」、「給水喝」、「給餅乾」、「把我用力往下推」、「抱住我」、「把我抱起來」、「擦汗」、「把衣服彈乾淨」等，這些看似微不足道的舉動，其實正是母親對子女無微不至的呵護最明顯的體現。

透過母親的手，可以感受到母愛的溫暖，也可以照見母親守護子女永恆的形貌。吳鈞堯的〈身後〉〔註31〕一文，立於作家身後，母親舉香祝禱為作家祈求平安的形象極其鮮明，幾乎貫串全文，也貫串作家的一生，成年後的作家平安順遂的人生，正是母親舉手求神最具體的回應。

李冠穎〈陪我走一段〉，題目所未明言這陪作家走一段的人，其實正是作家的母親，文中描述母親陪伴他所走過的一段過動兒的歲月。這篇出自最新世代作家筆下書寫母親的作品，以求學絪合著過動症狀為主軸，鋪排多種意象，具現母親在兒子始終不甚順遂的求學之路，無怨無悔的守護。

求學的第一個記憶就和媽媽有關了，上幼稚園的第一天，他躲到媽媽的後面，不肯去上學，媽媽轉身進店裡牽出了摩托車：

> 媽媽發動後，我坐在她後面抱緊她的腰，她在一條大馬路上緩緩行
> 駛著，路上沒有什麼車和人，遠方有一幅很大的彩虹看板。我抬頭
> 往前望，幾乎以為自己要陪媽媽飛往彩虹的另一端。〔註32〕

作家面臨未知的生活，以「躲」到媽媽後面，點出媽媽是他的避風港，而緩慢行駛著摩托車，象徵了媽媽在他求學之路所扮演的指引的角色。於文中，作家透露了因人際關係的問題，造成自己動不動就轉學、休學，直至大學時又再次萌生轉學、休學的念頭。寒假後，回學校前，母親的種種舉動，處處顯露出母親的陪伴與守護：

> 「準備好了嗎？」媽媽輕輕敲了敲門，將我再次拉回現實，是該出
> 發了。〔註33〕

〔註31〕吳鈞堯，〈身後〉，收入鍾怡雯主編《九歌100年散文選》（台北：九歌，2012），頁86～93。

〔註32〕李冠穎，〈陪我走一段〉，本文榮獲第四屆懷恩文學獎學生組散文首獎，原載《聯合報》2009年11月24日，收入張曼娟主編《九十八年散文選》（台北：九歌，2010），頁354。

〔註33〕李冠穎，〈陪我走一段〉，本文榮獲第四屆懷恩文學獎學生組散文首獎，原載《聯合報》2009年11月24日，收入張曼娟主編《九十八年散文選》（台北：九歌，2010），頁355。

母親的手輕敲的除了是作家的房門同時也是心門，這雙手再次將作家「拉回現實」，往求學之路上再出發。撐傘佇立雨中的母親，成了「守候」最具體的象徵畫面了：

> 我側著身往下望，看見一把紫色小傘在大雨中兀自佇立著。不會是媽吧？她應該已經回去了。我仔細看那人的穿著，媽媽竟然還站在原地眺望。巴士非常高，我站起身同她招手，想叫她快點回去，但她沒有看到我。媽媽只是一直站著，凝視著尚未發動的巴士，她在目送我的離去。〔註34〕

母親的姿態以撐著「一把紫色小傘在大雨兀自佇立著」，「大雨」或可解讀成作家生命的災難——過動、攻擊性人格及躁鬱症等，而映現在作家眼中母親手上的「一把紫色小傘」，強調「紫色」似有沿襲朱自清以「紫毛大衣」象徵「父愛的溫暖」之意涵。一把「小傘」，一方面意味著作者長大了，母親的形貌在作家眼中變得渺小而單薄，然而母親卻仍以決絕的姿態，兀自佇立雨中，企圖以手中的小傘為作者抵擋生命中未曾停歇的大雨，所以作者憶起只有母親「會大聲反駁別人，說她的孩子並不是壞孩子，他只是不懂得表達自己。」〔註35〕母親手中的傘，象徵著一把無形的保護傘；另一方面特別寫出傘之「小」，似乎也是作者所獲致的省悟，小時候可以輕易的躲在媽媽身後，逃避不願面對的事情，而現在已是近二十歲的大男孩了，母親的「小傘」還能為自己擋掉多少生活的雨滴？

> 在我小時候，媽媽可以載我。但現在我就將二十歲了，媽媽也老了，當永遠長不大的小男孩又逃避現實時，她再也沒辦法保護我，媽能陪我的路可能就剩下一小段了。〔註36〕

文中，每一次母親的出現，都與手有關，都帶來了牽引、照顧與保護。這一篇散文，開發了新的寫作素材，如過動兒的成長，也帶出了新的時代元素——摩托車、娃娃車、NET 等，為讀者帶來熟悉可感的閱讀背景，然而，不論時代如何改變，不變的仍舊是親情的可貴。

〔註34〕李冠穎，〈陪我走一段〉《九十八年散文選》（台北：九歌，2010），頁356。

〔註35〕李冠穎，〈陪我走一段〉《九十八年散文選》（台北：九歌，2010），頁357。

〔註36〕李冠穎，〈陪我走一段〉本文榮獲第四屆懷恩文學獎學生組散文首獎，原載《聯合報》2009年11月24日，收入張曼娟主編《九十八年散文選》（台北：九歌，2010），頁357。

　　上述幾篇以母親的手為意象所開展出的勤勞、慈愛、呵護與守候的象徵，都是以母親角色所衍生出「媽媽的手」為切入點，值得矚目的是，在書寫母親的散文作品中，也同時發現一些以母親個人為描寫主軸的作品，母親的手除了是一雙為家人忙碌的手，同時它也是一雙自我實現的手。莊裕安〈野獸派丈母娘〉正是這類作品的代表，文中的丈母娘既諳於廚藝又擅於繪畫，文章一開頭便帶出並存在丈母娘身上的這兩大特質：

　　　我的丈母娘是個不折不扣的野獸派，舉凡炒菜和作畫。〔註37〕

作飯炒菜是為滿足子女，那是母親的角色；而創作繪畫則是為了實現自己，那是自我的部分，兩者在丈母娘的手中都做了極緻的展現，在廚房裡「耍刀弄鏟」〔註38〕，為兒女們料理出一道道色香味俱全的食物；離開餐桌到客廳，丈母娘的身分從平凡的母親一變而為藝術創作家，最後這兩個興趣又相容於一身，形成了丈母娘最鮮明的象徵「熱」：

　　　她的畫不是惹人憐愛的寫實風，甚至她對照相寫實的作品有所憎

　　　惡，她的世界總有一股浮動，那股浮動，咭，像足了廚房瀰漫的油

　　　煙蒸氣。原來她烹飪，一如作畫，是那樣強調色澤和即興，只有「熱」

　　　這個字能概括她的風格。〔註39〕

這篇文章發表於九〇年代，顯見隨著時代的變遷，經濟生活的改善以及社會風氣的多元與開放，多數的女性已能在母職之外尚有餘裕（時間與經濟）發展自己的興趣，母親的手在象徵上遂有了更多元更豐富的意涵。

　　除了實現自我的興趣外，母親的手還是一雙用以打拚事業的手，范銘如以〈母姨天下〉一文留下了一群女性白手起家的奮鬥歷程，文中敘述母親和阿姨們自幼小因父親過世，於是「不斷被老母四處轉賣當童工」〔註40〕，受雇於鄰家當傭人，及至長大進入婚姻的段落，是文章的轉折也是這群女性命運的轉折：

　　　這一對苦情姊妹花顛沛失所的歲月在她們結婚之後總算稍微穩定

〔註37〕莊裕安，〈野獸派丈母娘〉，原載《台灣新生報》1993.5.10 母親節，收入周芬伶、鍾怡雯主編，《台灣現代文學教程：散文讀本》（二魚文化，2002），頁 285。

〔註38〕莊裕安，〈野獸派丈母娘〉《台灣現代文學教程：散文讀本》（二魚文化，2002），頁 285。

〔註39〕莊裕安，〈野獸派丈母娘〉《台灣現代文學教程：散文讀本》（二魚文化，2002），頁 289。

〔註40〕范銘如，〈母姨天下〉《九十四年散文選》（台北：九歌，2006），頁 58。

下來，然而她們男人的收入都不足以支撐一個家庭。兩個女人繼續
胼手胝足地賺錢，從補貼家用變成了家庭裡的支柱，相繼在她們最
早成家自立的大姊家附近置產。……四個女人都赤手空拳地奮鬥成
獨當一面的老闆，在她們店裡幫忙的員工也以女性居多。〔註41〕

　　婚姻為母親阿姨們結束了顛沛失所的歲月，但同時也帶出了另一個生活
的困境——「男人的收入都不足以支撐一個家庭。」於此，女性憑著一雙習
慣了勞動的手——「胼手胝足」、「赤手空拳」，終至奮鬥成「獨當一面的老闆」。
母親們的手一路從年幼的幫忙家計，到婚後補貼家用，而至成為一家的經濟
之柱；小至打掃縫紉、劈柴、生火、修理水電、拉拔一家大小，大至開店做生
意，閱讀至此，母親的手或女性的手所象徵的無所不做且無所不能之義在此
得到了最好的印證。

　　每一個女性成為母親後，都會有一雙無形的「媽媽的手」，這雙手在作家
的眼中、感受甚至時代的遷移下，各自開展出不同的象徵意涵，作家為「母
親的手」賦予勤勞、節儉、無微不至的呵護與永恆的守護等象徵，這是屬於
母親角色的一雙為家人付出的手；隨著女性自我意識的覺醒，作家將書寫的
視角回歸到母親個人的部分，寫出了並存於母親身上多才多藝的一面，做飯
菜以及繪畫創作都源自於母親／女性的一雙手；另外，「白手起家」、「赤手空
拳」已不再侷限於男性奮鬥的描述用語，范銘如以此來形容母親阿姨們創業
打拼的一面，「母親的手」在象徵意涵上於此有了更寬闊的開展。

三、一襲舊衣

　　女性的「衣服」一如頭髮，可以顯露出年齡、喜好、個性及品味，衣服也
可是彰顯女性的身分與職業的一個物件，同時透過穿著與打扮還能一窺女性
於婚姻中的處境，九〇年代以降，母親的衣服在作家的筆下延展出更豐富的
象徵意涵。

　　以母親所縫製的衣服象徵「母親溫暖的愛」已成為文學作品中一種普遍
的象徵意涵，自唐代孟郊的〈遊子吟〉中的名句「慈母手中線，遊子身上衣」
表現出母親為遠行的孩子所織就的衣服成了遊子抵禦有形的寒冷氣候及無形
的炎涼世態最溫暖的依靠；朱自清描繪父愛的名作〈背影〉中也藉由父親給
他做的「紫毛大衣」，象徵了「父愛的溫暖」；張秀亞的〈父與女〉同樣也用了

〔註41〕范銘如，〈母姨天下〉《九十四年散文選》（台北：九歌，2006），頁59。

與衣服相似的物件「圍巾」，代表「父愛」，這些作為凸顯母愛或父愛的衣物都繡合著溫暖的意涵。琦君〈毛衣〉一文也是此類型的作品。文中敘寫自己當年離家至上海讀書時，因為戰亂而與母親自此相隔兩岸，母親臨別時織給琦君的一件「毛衣」，成了她在陌生的異地裡身體上的保暖與心靈的慰藉：

> 我沒有了母親，只保留了這件紀念品。以後每年冬天，我總穿著它，母親的愛，好像仍舊圍繞著我。〔註42〕

> 我捧著毛衣，把臉埋在裡面，毛衣暖烘烘地似尚留有母親身體的餘溫……〔註43〕

有形的「毛衣」是無形的「母愛」，穿越時空也打破生死的阻隔，時刻地圍繞著作家。文章裡琦君還提到披著毛衣，在寂寞的秋夜批改學生的作業，「寂寞」二字點出了「毛衣」在禦寒保暖上又多了陪伴之義。另外，文章的開頭中，琦君形容毛衣「扣子已經掉了兩粒，扣眼也豁裂了好幾個」〔註44〕至文末，她「穿起一根絨線，慢慢兒縫著破了的扣子眼。忽然想起用紫紅絨線，沿著邊綴上一道細花。這樣不但別緻，而且可以使它煥然一新……」〔註45〕琦君以針線縫合了過往與母親美好的記憶，除了有珍視的意味之外，在此所用的「紫紅絨線」，與朱自清的「紫毛大衣」在「紫色」的意涵上有所延續。

母親的「衣服」，也在某個層面上象徵著「生命傳承」的意義。上述琦君的〈毛衣〉，為作家所珍藏二十多年每年冬天都會再次穿上的，正是母親將女兒織給她的毛線背心拆了，重新織成有袖子的毛衣，在琦君離家前，給她帶在身邊的一件衣服，琦君穿上毛衣時，代表著母親重新回到這世界，「毛衣」象徵著母親永遠活在琦君的心裡，同時，母親「節儉」的美德也透過這件毛衣在女兒身傳承了下來：

> 廿多年來，我一直珍惜地保藏著這件毛衣，每年都穿著它過冬。為了它，我不知多少次背了老骨董的名字。看看百貨商店裏掛著那麼多的新式毛衣，也曾幾次想買，而且還在店裡試穿過，對著鏡子前後左右地照，可是一想起還有這件藏青色毛衣，就覺得不該再買新的了。記起從前母親常說的話：「要節省啊！……不要把時間金錢

〔註42〕琦君，〈毛衣〉《煙愁》（台北：爾雅，1981），頁67。

〔註43〕琦君，〈毛衣〉《煙愁》（台北：爾雅，1981），頁65。

〔註44〕琦君，〈毛衣〉《煙愁》（台北：爾雅，1981），頁63。

〔註45〕琦君，〈毛衣〉《煙愁》（台北：爾雅，1981），頁70。

浪費在不必要的東西上……」〔註46〕

除了價值觀的承繼，穿著毛衣去教書的琦君，母親典型「慈愛」的性格特質也再現於琦君身上，學生在日記本上寫下：「我們的國文老師，年紀輕輕地，卻穿著一件藏青色大毛衣，真像是我們一位慈愛的小保姆。」〔註47〕母親的生命以另一種形式在女兒身上延續了下來。

簡媜的〈一襲舊衣〉與琦君的〈毛衣〉在象徵意涵上極其相近，但同時又帶出了新意。以母親的一襲舊衣貫串全文，從一件衣服由新至舊，描繪母親曾有過的青春以及一段悲苦的命運：

> 從珠簾縫隙散出一股濃香，女人的胭脂粉與花露水，哼著小曲似地，在空氣中兀自舞動。母親從衣櫥提出兩件同色衣服，攔在床上，〔註48〕

> 善縫紉的母親有一件毛料大衣，長度過膝，黑底紅花，好像半夜從地底冒出的的新鮮小番茄。現在，我穿著同色的小背心跟媽媽走路。她的大衣短至臀位，下半截變成我身上的背心。〔註49〕

母親從衣櫥裡提出了兩件同色衣服，一件是母親的毛料大衣，一件則是由毛料大衣的下半截所縫製的小背心，點出兩件衣服其實是一分為二的，媽媽／簡媜，大衣／小背心，有了生命傳承的意涵，女兒的生命不正是由母親分娩而來的。三十年後，母親再次從衣櫃裡提出這一件大衣：

> 母親又從衣櫥提出一件短大衣。大年初一，客廳裏飄著一股濃郁的沉香味。……年老的母親拿著那件大衣，穿不下了，好的毛料，妳在家穿也保暖的。黑色毛面閃著血淚斑斑的紅點，三十年了，穿在身上很沉，卻依舊暖。〔註50〕

在母親提取衣服的畫面，三十年前，空氣飄散著女人粉妝的濃香，母親穿上這件「黑底紅花」的大衣，象徵著母親幸福的少婦時光；三十年後，年老的母親再次拿著那件大衣，客廳裏飄浮著的卻是「一股濃郁的沉香味。」，這次母親穿不下了，那件配有喜氣的紅花的大衣，依舊是黑色毛面，只是一朵朵的

〔註46〕琦君，〈毛衣〉《煙愁》（台北：爾雅，1981），頁63。
〔註47〕琦君，〈毛衣〉《煙愁》（台北：爾雅，1981），頁69～70。
〔註48〕簡媜，〈一襲舊衣〉《女兒紅》（台北：洪範，1900），收錄林黛嫚主編，《散文新四書》（台北：三民，2008），頁179。
〔註49〕簡媜，〈一襲舊衣〉《散文新四書》（台北：三民，2008），頁180。
〔註50〕簡媜，〈一襲舊衣〉《散文新四書》（台北：三民，2008），頁183。

紅花凋謝成了「血淚斑斑的紅點」，這「血淚斑斑」若參照簡媜的〈漁父〉可知它是暗指著母親交織著血（丈夫的意外喪生）與淚（母親的眼淚）的一段歲月，因此，作家傳承自母親的這件舊衣，一方面因為痛苦的往事而感到「沉重」，一方面卻也因為母親一生謹守為人母的崗位，不因父親的驟逝而棄離，所以這件屬於母親的衣服，仍是母愛的象徵，即便再久再舊，仍然可以溫暖著已長大成人的女兒。

「衣服」的意象，可以串聯起母親與子女之間親情之愛，藉以象徵「母愛」與「母女的傳承」，這是屬於母親價值的部分，但一件衣服它同時也還涵括著母親個人的部分，記憶著母親的過往，賴鈺婷一篇以〈母親的嫁衣〉作為篇名的作品，一件「嫁衣」貫串起母親為人女人妻人母的生命歷程，文章一開始就用了將近一百字來形容珍藏在作家衣櫃裡母親華麗的嫁衣：

> 我的衣櫃中有一襲華麗的旗袍，黑色絲緞上盛放著奇彩瑰麗的花朵，花色寶綠菊黃，星星點點細碎銀閃著金蔥鑽粉，削肩立領，襯著黑滾邊隱釦右衽，也許是我的錯覺，每次打開衣櫥，我總隱約感覺這塊衣料徐徐散出幽微淡香。〔註51〕

從文中對衣服的款式、顏色，衣服上圖案的細細描繪，顯見這件嫁衣的華美同時也透露了母親對衣服的講究與品味，而這「一襲華麗的旗袍」，最重要的意義在於它象徵了女性追求婚姻自主的勝利：

> 歷經家庭革命後，穿上這襲旗袍，成為人妻人母的她，覺得快樂嗎？母親的婚姻，是她不顧純樸山村中外公外婆的反對，不顧民俗差七歲相剋大凶的恫嚇，以死明志爭取來的。「伊若是窮得拉犁仔甲，我也會幫忙伊推。」外公氣得心臟無力險些中風，不能明白女兒在眾多開名車的追求者中，為何偏偏揀上這個騎「VESPA」的。〔註52〕

文字裡所鋪排的物件分別呈現了不同的象徵意義，「穿上這襲旗袍」（嫁衣），代表女性自此由女兒的角色進入妻子甚至母親的象徵；「名車」與「VESPA」，既是「富貴」與「貧窮」的表徵，同時也帶出了兩代人（父親、女兒）對婚姻價值觀的不同，象徵傳統價值觀的父親，偏好家庭經濟較好的一方且謹

〔註51〕賴鈺婷，〈母親的嫁衣〉原載《幼獅文藝》2009 年 11 月，收錄於《老童年：美好，很久之後才明白》（台北：有鹿文化，2015），頁 140。

〔註52〕賴鈺婷，〈母親的嫁衣〉《老童年：美好，很久之後才明白》（台北：有鹿文化，2015），頁 143～144。

守名俗禁忌，父親是以女兒物質生活無慮為出發點；代表現代價值觀的母親，則是愛情重於經濟，女兒是以兩情相悅的角度來看待婚姻，且抱持著同甘共苦的信念，彰顯出女性既有追求愛情的勇氣同時也有承擔自己所選擇的決心。

　　母親成功地捍衛了自己的愛情，二十二歲穿上那襲「華麗的旗袍」出閣，在四個女兒長大後，特地拿出旗袍讓女兒試穿，五十歲罹患癌症的那些年，為了討她歡心，女兒特地再次試穿起旗袍：

> 為了讓她高興，我去房間櫥櫃中拿那件旗袍，興致勃勃在她病榻前說要試穿。母親珍藏了三十多年的青春標本，布料上的煙花，還像當空燃放起的那樣奪目燦爛；黑緞如夜，灑上細碎的亮點，三十多年後，依舊閃耀著星光滿天的感動。〔註53〕

在病重之時，看著女兒試穿著自己當年的「嫁衣」，母親笑了，顯見旗袍在母親的生命裡存在著十分重要的價值與意義。母親病逝後，這襲代表著母親悍衛愛情的傳奇的「嫁衣」，成了女兒永遠的珍藏：

> 將旗袍帶至臺北後，衣櫃裡自然多了一件珍藏的心事。在一整櫃都市流行的衣裙洋裝間，吊掛著一襲來自母親的青春遺產。〔註54〕
>
> 母親已然病逝多年，肉身火化為灰，一襲青春的嫁衣還像昨日才訂作的幸福想像。旗袍穿脫之間，悲歡的光影流轉在兩代人身上。穿上母親追尋愛情的堅持與勇氣，想像著，像她一樣以愛投注一生的可能。〔註55〕

將母親有形的「一襲嫁衣」收藏在衣櫃裡，同時也將母親無形生命特質──「追尋愛情的堅持與勇氣」珍藏在心裡，進而期許自己能「像她一樣以愛投注一生」，女兒所繼承的除了是象徵母親「青春遺產」的旗袍，同時她也承繼了母親的精神並以此在她生命中加以再現與延續。

　　「衣服」象徵著女性青春的時光，也標誌著女性身分角色的轉換，〈母親的嫁衣〉一文中，一襲「華麗的嫁衣」終究也成了母親的壓箱寶，象徵著結了

〔註53〕賴鈺婷，〈母親的嫁衣〉《老童年：美好，很久之後才明白》（台北：有鹿文化，2015），頁144。

〔註54〕賴鈺婷，〈母親的嫁衣〉《老童年：美好，很久之後才明白》（台北：有鹿文化，2015），頁145。

〔註55〕賴鈺婷，〈母親的嫁衣〉《老童年：美好，很久之後才明白》（台北：有鹿文化，2015），頁147。

婚的女性自此必須把青春夢想收藏起來。正如張曉風〈母親的羽衣〉，她以傳說中美麗的仙女所穿的「羽衣」象徵著結婚以前女性擁有的青春往事，而以「人間粗布」作為結婚後女性母親身分的表徵：

> 哪一個母親不是仙女變的？……而有一天，她的羽衣不見了，她換
> 上了人間的粗布——她已經決定做一個母親。〔註56〕

> 那一個母親不曾是穿著羽衣的仙女呢？只是她藏好了那件衣服，然
> 後用最黯淡的一件粗布把自己掩藏了，我們有時以為她一直就是那
> 樣的。〔註57〕

文中作者以自己母親的今昔為例，敘述母親在結婚以前，有著一把刻有母親名字的口琴，美麗的湘繡被以及外公無比的寵愛，而結婚後，她成了一個吃剩菜，負責檢點門窗的母親：

> 母親每講起那些事，總有無限的溫柔，她既不感傷，也不怨嘆，只
> 是那樣平靜地說著。她並不要把那個世界拉回來，我一直都知道這
> 一點，我很安心，我知道下一頓飯她仍然會坐在老地方，吃那盤我
> 們大家都不愛吃的剩菜，而到夜晚，她會照例一個門一個窗地去檢
> 點去上門。她一直都負責把自己牢鎖在這個家裡。〔註58〕

母親把少女時代所珍藏的物件以及心事都放進一口箱子，每年都要慎重地取出來一一曝曬，曬箱子成了一種儀式，彰顯母親對過往青春的緬懷與呵護。而張曉風在成為母親之後，生命的處境與心境也如同自己的甚至是全天下的母親一般，藏起曾經有過的喜好、興趣甚至是夢想，安分的做一個母親：

> 我不是一個和千萬母親一樣安分的母親嗎？我不是把屬於女孩的
> 羽衣收摺得極為祕密嗎？〔註59〕

特別強調自己將羽衣「收摺得極為祕密」，一則是擔心自己被拉回仙女的世界，不能安分的做一個人間母親，再者也是為了學習母親一樣，讓孩子因為知道母親會一直守在身邊而感到安心，「收藏羽衣」的舉動，除了有成為母親的決心之意，同時也象徵了母親犧牲奉獻偉大的背後所不為人知的「祕

〔註56〕張曉風，〈母親的羽衣〉原收入於《步下紅毯之後》（台北：九歌，1979），後
　　　　收錄於張曉風編《親親》（台北：爾雅，1980），頁 141～142。
〔註57〕張曉風，〈母親的羽衣〉《親親》（台北：爾雅，1980），頁 145。
〔註58〕張曉風，〈母親的羽衣〉《親親》（台北：爾雅，1980），頁 145。
〔註59〕張曉風，〈母親的羽衣〉《親親》（台北：爾雅，1980），頁 146。

密心事」。

　　屬於「母親身分」的衣服，它象徵著「母愛的溫暖」；屬於母親「女性身分」的衣服，它是母親恢復女兒身的一種表徵，象徵著母親曾經擁有的少女青春、夢想以及自我的追求，「衣服」在兩代人身上流轉，穿在女兒們身上母親的「舊衣」，再現了母親生命的特質，衣服於是蘊涵了「母女傳承」的深意。

第二節　語言表現

　　瑪倫・愛伍德（Maren Eiwood）在《人物刻劃基本論》提到：「談吐是刻劃人物的富有彈性的工具。人們在談吐中最能顯露其特性。人們談吐的區別在於應用的字詞、語氣以及聲調等等。」〔註60〕小說家往往利用語言來表現人物的性格、內心的想法，且不同的環境下語言風格也會呈現不同的樣貌，人物的語言於散文中同樣有其重要性，鄭明娳於《現代散文構成論》一書中指出：「在散文中人物描寫的地位和小說中的地位同樣重要；人物是藝術作品中的形象主體，也是所有審美及創作藝術性的核心，所以人物描寫往往最見散文家功力之處。」〔註61〕其中「言詞描寫」即是散文中描寫人物的一種創作手法，鄭明娳說明：

> 言詞描寫，是透過人物的言詞來間接暗示人物的心理狀態，……是
> 一種間接的描寫手法，乃透過正文中人物的獨白、對話或議論的方
> 式，經過語言的交流和溝通過程以開啟人物心理的訊息。〔註62〕

散文中呈現人物語言的手法大抵有「獨白」、「對話」及「議論」三種，通過語言符號的解碼，我們得以探究人物豐富的心理訊息：

> 心理描寫〔註63〕最膚淺的層次是表達人物的喜怒哀樂，較深一層是
> 表達其潛意識、情結等，更大的企圖則是掌握人物的思想、情感、

〔註60〕瑪倫・愛伍德（Maren Eiwood）著，丁樹南譯，《人物刻劃基本論》（台北：文星書局，1967），頁18。

〔註61〕鄭明娳，〈散文描寫論〉《現代散文構成論》（台北：大安，1989），頁146。

〔註62〕鄭明娳，〈散文描寫論〉《現代散文構成論》（台北：大安，1989），頁149。

〔註63〕此處所指「心理描寫」鄭明娳指出「心理描寫是針對人類心理活動的描寫，它其實是動態的描寫，不是靜態的觀察。」且「心理描寫的對象，不僅是人物表面上的所感所悟、所思所想，同時也包含一個人的幻覺及潛意識等等」鄭明娳又將之分為情態描寫及言詞描寫兩類。鄭明娳，〈散文描寫論〉《現代散文構成論》（台北：大安，1989），頁146。

人生觀等足以構成人物整個精神世界的東西。〔註64〕

情緒、意識、情結、思想、情感、人生觀這些內具於人物身上的質素，鄭明娳將之統稱為「整個精神世界的東西」，亦即我們常說的「個性」，通過談吐會顯露出個人的特性，因此存在母親書寫的作品中的「話語」，不論是作家親聞的，或是從旁觀察捕捉的父母或與鄰人間刻意或不經意的對話，都成了作家描寫母親時的重要材料，藉由這些語言文字，我們得以進一步較完整的了解母親的精神世界。

一、母親的性格

「個性」所顯現的是一個人心理特徵的總和，即作家所勾勒出的人物輪廓，透過琦君大量的母親書寫，她的母親在讀者心中所形成最直接深刻的印象，正是鄭明娳總結出的「集勤勞、節儉、容忍、慈悲、寬懷的種種美德」〔註65〕於一身的婦女，在〈母親〉一文中留下了這樣的母女對話：

> 我曾說：「媽媽，阿榮伯說您從前的手好細好白，是一雙有福氣的玉手。」母親嘆息似地說：「什麼叫有福氣呢？莊稼人就靠勤儉。靠一雙玉手又有什麼用？」我又說：「媽媽，嬸嬸說您的手沒有從前細了，裂口會把繡花絲線勾得毛毛的，繡出來的梅花喜鵲、麒麟送子，都沒有從前漂亮了。」母親不服氣地說：「那裏？上回給你爸爸寄到北平去的那雙繡龍鳳的拖鞋面，不是一樣的又光亮又新鮮嗎？你爸爸來信不是說很喜歡嗎？」〔註66〕

上述文字中，除了記下了母親說話的內容，也細膩地以「嘆息似地」、「不服氣地」等語氣描摹了母親當時說這些話的表情，一句「什麼叫有福氣呢？莊稼人就靠勤儉。靠一雙玉手又有什麼用？」除了帶出母親莊稼人的身分表徵以及勤儉的特質外，同時語氣裡還可以感受到母親的質疑、認命、無奈與委屈，她能幹的一雙手為丈夫及家人帶來幸福，卻沒能為她帶來渴望中丈夫的愛。從另一段母親說的話，則凸顯了母親慈悲的心腸：

〔註64〕鄭明娳，〈散文描寫論〉《現代散文構成論》（台北：大安，1989），頁153～154。

〔註65〕鄭明娳在〈談琦君散文〉一文中即分析，從琦君書寫母親的作品當中，「讀者可以配合許多片段，塑造出一個具備三從四德的舊式婦女。也可以從任何角度去肯定她許多勤勞、節儉、容忍、慈悲、寬懷的美德」，收入隱地編《琦君的世界》（台北：爾雅，1980），頁173。

〔註66〕琦君，〈母親〉《桂花雨》，收入張曉風編《親親》（台北：爾雅，1980），頁32。

> 母親像一潭靜止的水，表面上從看不出激動的時候，她的口中，從
> 不出惡毒之言，旁人向她打聽什麼，她就說：「我不知道呀。」或是
> 「我記性最壞，什麼都忘了」。有人說長論短，或出口傷人，她就連
> 連搖手說：「可別這麼說，將來進了陰間，閻王會將你舌頭拉出來，
> 架上牛耕田的啊！」〔註67〕

母親的個性，有琦君所形容的「像一潭靜止的水」，也有琦君從母親與他人的
相處時所表現出的裝作不知情或佯裝迷糊來平息是非，顯見母親不是「三姑
六婆」說長道短一類的婦女，同時在話語中讀者還可窺見佛教中所闡揚的善
惡信仰觀如何影響著母親待人處事以及母親篤信佛教的虔誠。

　　個性的形成來自遺傳也來自家庭、環境的影響。在琦君回憶母親為外公
蒸棗泥糕的一段往事，將母親的好脾氣歸功於外公的教養方式：

> 有一次，她為外公蒸棗泥糕，和多了水，蒸成了一團漿糊，她笑瞇
> 著眼說：「不要緊，再來過。」外公卻說：「我沒有牙，棗泥糊不是
> 更好嗎？」他老人家一邊吃，一邊誇不絕口。我想母親的好性情一
> 定是外公誇出來的。因此，我在懊喪時，只要一想到母親說的「不
> 要緊，再來過」，我就重整旗鼓，興高采烈起來了。〔註68〕

從母親為外公料理一事，可以想見琦君的外祖父平日與女兒相處情形，當母親
蒸糊了棗泥糕，她的反應並未見緊張反而是「笑瞇著眼」，而外公的一句「我
沒有牙，棗泥糊不是更好嗎？」更展現出人父的睿智與體貼，「一邊吃，一邊
誇不絕口」，再次以言語及動作強調了外祖父對待母親慈祥與寬厚的一面，外
祖父的「好性情」，也正是琦君母親以及琦君本人的性格特質，而母親一句「不
要緊，再來過。」呈現母親處事上的耐心與智慧，也成了琦君生活的一種指引。

　　吳晟母親耿直爽朗的個性及農村婦女典型的勤勞、儉樸、惜物的特質，
在《農婦》一書中表露無遺，至作家發表於 2011 年《中國時報》〈不合時宜
──母親的固執〉一文，仍可見到這一位讀者所熟悉的母親，貫串母親一生
固執堅毅的個性，可謂其鮮明的生命特質。〈不驚田水冷霜霜〉一文描述作家
在一個深冬的清晨，偕母親到田裡工作的情形，文中保留了母子的對話，展
現出母親的性格與教子的態度：

〔註67〕琦君，〈母親〉《桂花雨》，收入張曉風編《親親》（台北：爾雅，1980），頁 34。
〔註68〕琦君，〈母親〉《桂花雨》，收入張曉風編《親親》（台北：爾雅，1980），頁 29
　　　　～30。

母親站在秧田裏，對我催道：還站在那裏不動，趕快下來幫忙啊！
〔註69〕

母親不高興的說：這樣就喊冷。你沒看到四邊的田裏，誰家不是急急在撥水。還站在那裏喊冷，等太陽出來，秧苗不知要損失多少。〔註70〕

剛和母親撥好水，村人也都三三兩兩的來到田裏，有的是來犁田，有的是來插秧，我說：天氣這樣寒冷，田水這樣冷霜霜，大家真打拼，這麼早就要來工作啊！母親看了我一下，目光充滿了責備：大家都像你這樣怕冷，誰來種田？就要開春了，誰家不是趕著播田。秧苗一天一天長高，還能等呀！哪有做工作還要選日子的。〔註71〕

從三段文字中，可以看到一個鄉下母親的勞動、情緒與母子相處。母親的「催道」、「不高興的說」甚至「目光充滿了責備」，其實是十分顛覆傳統慈母親形象，然而，這樣帶著情緒的母親，應該也是比較符合讀者所習見與熟悉的，吳晟所呈現的正是存在於真實生活中的母親樣貌。形成母親個性急進的原因，從說話的內容中，便可以有所理解，稻米是吳晟家主要的經濟來源，時間對於耕種是極其重要的，「就要開春了，誰家不是趕著播田」、「等太陽出來，秧苗不知要損失多少。」，錯過了時節與時間，就可能造成損失，因此，長期農耕的母親，自然容易形成了這樣的性格。

另外，透過母子對話的情形，我們也看見了母親說話的口氣其實是屬於嚴厲的，然而並未因此激起母子間的正面衝突，由此也多少反映出早期農家常是全家一同工作，父母的辛勞在在都映現於子女眼中，因此子女多半能加以體恤，文末，吳晟點出終於明白母親腳掌的厚繭及凍傷的裂痕，正是源於在寒天裡耕種所致，對母親的責備非但沒有抱怨反而更引發作家對母親的不捨與憐憫。

母親勤儉惜物的農村性格，在現代社會中突顯出不合時宜「固執」的一面，吳晟以母親極端抗拒文明產品來表現出母親固執的個性：

母親的理由是：自早以來，食物處理後，用菜籃吊起來防老鼠就可

〔註69〕吳晟，〈不驚田水冷霜霜〉《農婦》（台北：洪範，1982），頁155。
〔註70〕吳晟，〈不驚田水冷霜霜〉《農婦》（台北：洪範，1982），頁156。
〔註71〕吳晟，〈不驚田水冷霜霜〉《農婦》（台北：洪範，1982），頁157。

以了，哪需要冰箱整天插電，「多了電費」。〔註72〕

從茅坑改變為抽水馬桶，母親很難接受糞肥沖沖掉，「真無彩」（真可惜），連尿也不能留下來澆菜。還要每放一次尿，就沖一次水，多浪費。〔註73〕

要買電視，母親說做戲呆、看戲戇，閒人才有時間看，我們做田人哪有那種美國時間；每天中午，店仔頭電視機前，擠了一堆厝邊隔壁，看得嘴仔開開，不知要下田；晚上一大堆囝仔，守在那裡，不知去讀書。〔註74〕

上述列舉文中所提到的母親所抗拒的文明產品，母親所持反對的理由，無非都是可惜與浪費，勞動的性格，養成她不肯輕易地浪費時間，在她的觀念裡農家沒有所謂的娛樂與休閒，母親的固執，還表現在不肯廢除大灶、改換瓦斯爐；堅決不使用農藥等等，這些看似守舊落伍的思想，在母親晚年充滿無限感慨的話語裡：「會壞！會壞！時代只有越來越壞！不會越好。」〔註75〕眼見文明所帶來的問題，吳晟於文末寫道：「母親的固執、不合時宜，果真沒有道理嗎？」發人省思。

在描寫母親所使用的語言，以閩南語的語法及詞彙入文是吳晟作品中的一個重要特色，如〈不驚田水冷霜霜〉中的「冷霜霜」（極冷）、「真打拼」（真努力）、「多了電費」（多花了電費）、「真無彩」（真可惜）等等，除了更傳神地原音重現母親說話時的口吻，令讀者感到如見其人，如聞其聲，也更寫實貼切地呈現農村的生活樣貌。

同樣是農村母親，鍾文音〈我的天可汗〉一文，篇名所指即是母親的性格。這位作家口中的「天可汗」，根據作家的描述，她是「一家之王，絕對的威權，分配空間與食物的主人。」〔註76〕；脾氣暴烈——「我的天可汗的脾

〔註72〕吳晟，〈不合時宜——母親的固執〉，收入鍾怡雯編《九歌100年散文選》（台北：九歌，2012），頁118。
〔註73〕吳晟，〈不合時宜——母親的固執〉，收入鍾怡雯編《九歌100年散文選》（台北：九歌，2012），頁119。
〔註74〕吳晟，〈不合時宜——母親的固執〉，收入鍾怡雯編《九歌100年散文選》（台北：九歌，2012），頁119。
〔註75〕吳晟，〈不合時宜——母親的固執〉，收入鍾怡雯編《九歌100年散文選》（台北：九歌，2012），頁123。
〔註76〕鍾文音，〈我的天可汗〉，收錄於《昨日重現》（台北：大田，2001），頁49。

氣再暴烈，出了城卻一無是處」〔註77〕且令人心生畏懼——「有時我想起母親，我的天可汗，總要怔忡一陣。」〔註78〕然而，在文本中，至多也就只有作家文字的描述，「對話」並不是本文表現的寫作手法，因此母親如何的「權威」、「暴烈」甚至是強悍，讀者並無法聽到也無從感受起。相較於鍾文音此篇，廖玉蕙書寫母親的散文作品中，穿插大量的話，文本中充斥著母親的聲音，個性好強、嚴厲的母親，在作家繪聲繪色的描寫下，形象生動逼真躍然紙上：

> 我是真有誠意的。但是，你們攏不知，你老母有多兇，伊少年的時
> 候，剪破我的西裝哪！沒法度忍耐啦……〔註79〕

這是出自作家的父親口中所抱怨的母親，側寫出母親兇悍的一面，然而，這有幾分真實？究竟是父親的容忍度較低，亦或母親的性格果真剽悍，透過母親的話語，讀者自能審度：

> 當母親轉達姨媽的請求時，我自然以「這無異詐騙集團行徑」一口
> 回絕。沒料到母親居然大發雷霆，責備我忘恩負義，「拿筆對你來
> 講，是極簡單的事情；這款人情你不肯做，是要叫我怎樣做
> 人！」……母親不管，她認定我拿翹，接下來的好些個日子不言不
> 語，跟我展開冷戰。「寫幾張信，又不是叫伊去殺人，有什麼不道
> 德！哼！」我聽她背著我跟爸爸埋怨兒大不由娘，「呷人一世人的
> 藥，只是叫伊幫忙寫幾張信有什麼為難！哼！……」〔註80〕

這是一段描述母親要求作家為姨媽的女兒代寫情書一事，遭女兒以不道德的理由婉拒，母親因承受自姨媽家諸多恩惠，且姨丈還曾是廖玉蕙的救命恩人，信守著受恩莫忘的做人原則的母親，在回訓女兒的言語態度中，我們終能目睹父親口中那位「有多兇」的妻子。文中首以「居然」二字帶出母親「大發雷霆」情狀，可見在作家心中這是一件微不足道的小事，而母親竟能因此拔高音調，高張怒火，同時也預示著母親繼之而來的言語、動作——先責備，再冷戰，同時轉而向丈夫埋怨，不論是責備或是埋怨，母親的言辭都顯得十分

〔註77〕鍾文音，〈我的天可汗〉，收錄於《昨日重現》（台北：大田，2001），頁49。
〔註78〕鍾文音，〈我的天可汗〉，收錄於《昨日重現》（台北：大田，2001），頁50。
〔註79〕廖玉蕙，〈我們明年一起去看花〉，收錄於《廖玉蕙精選集》（台北：九歌，2002），頁102。
〔註80〕廖玉蕙，〈取藥的小窗口〉，收錄於宇文正編《99年散文選》（台北：九歌，2011），頁59。

直白且犀利，充滿庶民的氣味，其中最能突顯廖玉蕙所形容母親「飛揚跋扈」的性格，正是接在語句後的「哼！」一字，簡潔有力，帶出濃濃的不滿與不屑同時還有幾分母權的霸氣。另外，在「這款人情你不肯做，是要叫我怎樣做人！」一語也透露了母親好強愛面子的一面，正如廖玉蕙所回憶，好強的母親，「為了讓我符合貴族學校的規格，不管是我的穿著或逢年過節送老師的禮物，都務求跟進，禮數一樣不少，這對基層公務人員的九口之家是何等艱難的事！」〔註81〕這何等艱難一語，突顯出母親的能幹，同時也暗示著強悍且嚴厲的性格部分是緣於艱困環境下的磨礪。

　　無獨有偶的，宇文正〈水兵領洋裝〉中，正是以母親一個「極輕微的哼聲」〔註82〕貫串全文，文章以作家母親為她穿錯衣服而令她被罰站至升旗台上為開端，帶出母親聽聞此事的反應：

> 母親沒說什麼，衣服是她給我穿上的。但我聽見她不屑地從鼻子裡
> 哼了一聲，那極輕微的哼聲，配合她微蹙著眉頭的神情，好像在說：
> 什麼大不了的事呢！那是我國小三年級的事情。多年後，那哼聲好
> 像還存在我的耳刮子裡，它成為我面對生活、性格裡叛逆底層的一
> 根避雷針，給我勇氣。〔註83〕

母親的一句：「哼！什麼大不了呢！」語氣裡透顯出一股豪氣、灑脫與無畏，同時對世俗規矩的一種輕篾，可以想見母親不受羈絆的灑脫性格。這句話成了作家抵禦現實生活的一股「勇氣」，第一次訂婚後的逃婚，面對眾叛親離的處境，作家自語著：「在那處境下，我多麼渴望聽她哼一聲：什麼大不了呢！」〔註84〕同時也成了她性格裡的底蘊：

> 我從鼻子裡不屑地輕輕哼了一聲，與母親神似的哼法。那一刻，我
> 完全明白，自己一直是像母親的，儘管外表她胖我瘦，性情她剛烈
> 我軟弱，骨子裡我們是一模一樣的。什麼東西可以恐懼一輩子？什
> 麼大不了呢！〔註85〕

〔註81〕廖玉蕙，〈我的女強人媽媽〉《後來》（台北：九歌，2011），頁152。
〔註82〕宇文正，〈水兵領洋裝〉原載《中國時報》（2000年）副刊，收錄於《顛倒夢想》（台北：九歌，2003）其後為多部選本所選錄，引文引自《八十九年散文選》（台北：九歌，2001），頁234。
〔註83〕宇文正，〈水兵領洋裝〉《八十九年散文選》（台北：九歌，2001），頁234。
〔註84〕宇文正，〈水兵領洋裝〉《八十九年散文選》（台北：九歌，2001），頁234。
〔註85〕宇文正，〈水兵領洋裝〉《八十九年散文選》（台北：九歌，2001），頁237。

在第二次婚嫁之際，朋友戲謔著警告她不准再逃婚，宇文正回以「關你什麼事！你是我娘？」〔註86〕母親說話的神態畢現於作家身上，文末，宇文正領悟到自己與母親的性情「骨子裡我們是一模一樣的」，除了流露出母女情深也同時在性格面向上認同母親，彰顯出母親所帶給作家的啟示與影響。

同樣的一個「哼！」聲，不同的作家自有不同的感受，然而，不論作家如何解讀母親的話，在提筆為文的一刻，無非都在重現往事，重溫母親的形聲，在描繪母親個性的同時也進一步析理了自己生命的性格所來。

二、母親的愛情

散文中所開展出以母親為描寫主體的作品，大多圍繞在母親與子女間的親情、母愛的溫暖、母親的操勞憂煩等等，而母親的情愛世界，是作家們較少碰觸的面向，究其原因，除了愛情在傳統社會文化中並未受到肯定與重視，儒家文化中「男女授受不親」的觀念已將男性與女性之間劃上一條無形的道德界線，加上傳統的婚姻乃建立在「父母之命，媒妁之言」上，不單是女性，即便是男性也是直接越過了愛情而進入婚姻，再者，婚姻裡「不孝有三，無後為大」、「重男輕女」等生育觀，突顯出了婚姻的目的性與功用性，女性身處在這樣的觀念氛圍下，在婚姻關係中是否仍有情愛的存在？母親對愛情有何想像？渴望中的面貌是什麼？這些問題，成了母親心底的一則隱微的祕密心事，這些屬於母親的隱私，正是女性故事中動人的一章。

在琦君的散文作品中，收錄於《三更有夢書當枕》（1975）的〈母親新婚時〉寫的就是母親的愛情，文中以母女對話，展開母親的愛情世界：

「媽，從紅紗巾中，您是怎樣第一眼看父親的呢？」

「我那好意思擡頭望他一眼呢！」想起當年的洞房花燭夜，母親滿

是煙塵的雙頰，也泛起了紅暈。〔註87〕

琦君的母親與父親是表姊弟，即使是從小到大的玩伴，到了成婚之時，母親所表現出的是連看都不敢看一眼，除了帶出傳統女性對情愛的含蓄與矜持，從母女兩人的對話裡，流露出一種屬於女性情誼間親密的對話情形，與男女間的對話其實是有所不同的。雖然早期的婚姻是奉父母之命，然而琦君的父親在母親心中卻一直存在著深深的感情：

〔註86〕宇文正，〈水兵領洋裝〉《八十九年散文選》（台北：九歌，2001），頁237。
〔註87〕琦君，〈母親新婚時〉《三更有夢書當枕》（台北：爾雅，1975），頁37。

> 「那麼爸爸在您的心目中，是怎樣個人呢？」
>
> 「我們只是親上加親，並不像現在新式的戀愛結婚，不過他的樣子，
> 性情，就跟其他的堂兄弟、表兄弟們不一樣，他說話文雅，從不粗
> 聲大氣。一天到晚只顧埋頭讀書，我也只顧好好地侍候他。他後來
> 求到了功名，公公婆婆都說我八字好。」〔註88〕

短短數行裡隱涵了傳統婚姻中的多重訊息，首先，據母親所描述父親與其他
男孩的不同，帶出母親心目中理想的男性形象——溫文儒雅。再者，婚後父
親埋頭讀書，母親「只顧好好地侍候他」，突顯出男女在婚姻上的位階，侍候
丈夫成了婚姻中女性的責任。最後，因父親順利求取功名，「公公婆婆都說我
八字好」一語也說明了妻以夫為貴的社會價值觀，琦君的母親在此事上贏得
了公婆的肯定，這對傳統女性而言，實有其重要性。對於丈夫的功成名就，
琦君反問母親她自己的想法：

> 母親淺笑了一下：
>
> 「年紀一天天大起來，越不在乎丈夫的功名，在乎的是他的舉止，神
> 情，對我的一言一笑。你要知道，年少夫妻老來伴。老來肯廝守最重
> 要。我們那個時代，沒有自由戀愛，愛情發生在結婚以後，妻子看丈
> 夫，越看越深情，丈夫看妻子，是不是這樣，就不一定了。」〔註89〕

從母親親口訴說的話語中，既可窺見女性內心的情感世界，也可了解了民初
時期婚戀的大致情形。在母親心中「感情」是勝於功名的，這其實十分符合
母親寧靜淡泊的性格。至於媒妁之言的婚制下究竟能否衍生出愛情？琦君的
母親給了讀者這樣的答案——「我們那個時代，沒有自由戀愛，愛情發生在
結婚以後」，民初「婚姻」先於「愛情」這是受限於婚姻制度，至於未曾真正
交往過的兩人進入婚姻後能否釀出愛情，關鍵恐怕還是取決於「人」而非制
度，文末母親便說了「妻子看丈夫，越看越深情，丈夫看妻子，是不是這樣，
就不一定了」，話語中飽含深情同時也帶有幾分無奈與酸楚，畢竟要兩情相悅
且廝守一生，不論在傳統時代或現代，都不是一件容易的事，然而重要的是，
我們聽到了民初時代的女性對愛情的想像與渴盼的聲音，時至今日，它不也
仍是現代女性理想中的愛情。

　　母親對父親的感情，收錄在《桂花雨》一書中〈母親〉一文，其中有一段

〔註88〕琦君，〈母親新婚時〉《三更有夢書當枕》（台北：爾雅，1975），頁39。
〔註89〕琦君，〈母親新婚時〉《三更有夢書當枕》（台北：爾雅，1975），頁40。

從琦君自母親的首飾箱裏捧出的一隻金錶，指針一年到頭總停在一樣的時刻說起，透過母親對過往的回憶，更見其對丈夫的深情：

> 母親不讓我轉發條，怕轉壞了。每年正月初一，去廟裏燒香，母親才轉了發條戴上，平常就放在盒子裏睡覺，我說發條不轉會長鏽的，母親說：「這是你爸爸買給我最好的德國錶，不會長鏽的。」我又說：「錶不用，有什麼意思。」母親說：「用舊了可惜，我心裏有個錶。」〔註90〕

這段話，含蓄幽微地透露母親對父親的深情，琦君的父母親是親上加親的表姊弟的關係，「錶」諧音雙關「表」，說的是德國的錶同時又有暗指表弟父親之意，「最好的德國錶」象徵了父親在母親心中的位置，仔細珍藏著父親所送的「錶」不也意味著對這份情感的珍重之意。

小民〈母親的繡花鞋〉裡也記下了母親與父親的一段情事。父親於婚後另結新歡而納了妾，小民的母親為家庭操煩勞累，而父親只管享受，姨娘只顧打扮，

就連母親所珍藏的一雙外婆製的繡花鞋，父親都要母親讓給姨娘，在婚姻中飽嘗貧窮、冷落與被苛待的母親，對於這段婚姻，只留下了這樣一句簡單的話：

> 母親給我疑問的回答只是一句簡單的話：「我可憐他們。」〔註91〕

是傳統女性不自覺地認同了父權文化中男性納妾的權利，亦或女性寬容的本性，使得小民母親有了這樣的情操？這些都成了閱讀者心中的疑問，與母親最親近的女兒小民說了：「飽經憂患的母親，內心竟那麼喜樂，那並不是她眼見兒女都長大成人的喜樂。上主造人時，賦予人類靈魂中測不透的同情和憐憫，透過母親高貴的品格，顯露了出來。」〔註92〕高貴的天性是小民用以解釋母親於婚姻中所忍受的苦難最佳的註解，從另一個面向來看，作家深知個人其實是無法抵抗時代的主流，母親在婚姻中的處境也是子女所無能為力的，能做的除了長大後加倍的孝順外，以文字頌讚母親，母親在這件事上所受的苦難於是有了另一種形式的報償、意義與價值。

〔註90〕琦君，〈母親〉《桂花雨》（台北：爾雅，1976），收錄於張曉風編《親親》（台北：爾雅，1980），頁 32。

〔註91〕小民，〈母親的繡花鞋〉《媽媽鐘》（台北：健行文化，1993），頁 190。

〔註92〕小民，〈母親的繡花鞋〉《媽媽鐘》（台北：健行文化，1993），頁 190。

　　不論是琦君〈母親新婚時〉、〈母親〉亦或小民〈母親的繡花鞋〉，愛情都是在婚後才開展的，即便傳統的婚姻限制了女性自由戀愛的權利，然而，制度終究也只能約束實際的行為，卻約束不了內心的情感流向，因此，存在母親心裡失落的／錯過的情事，成了女性世界裡一則迷樣卻也迷人的情事。廖玉蕙〈不能說的祕密〉敘說的正是母親年輕時一段錯過的情愛。文中敘述母親在與父親結婚之前，母親與陳伯伯原是青梅竹馬，及至成人陳伯伯曾請人至母親家提親，卻遭到作家外公的婉拒，也因此，作家的母親另嫁他人，廖玉蕙在母親晚年時提及此事，母女展開了這樣的一段對話：

> 「媽！汝少女時一定很漂亮，否則，怎麼爸爸跟陳伯伯都搶著娶汝！」……「現在汝老實跟我說，我不會笑你，到底當時你比較甲意誰？爸爸？還是陳伯伯？……我不會告訴別人啦，汝放心。」
>
> 媽媽微微笑起來，把臉朝另一邊偏過，用著幾近呢喃的聲音道：
>
> 「那陣，根本攏還是個囡仔，甚麼都不懂，哪知道那些。我阿爹說嫁誰就嫁誰！我也不敢反對。」〔註93〕

在解讀母親的這段話之前，首先要先理解兩個時間點，一是母親結婚時大約是民國二十多年，母親當時十五歲；一是作家與母親對話的時間，已到了民國九十年以後了，作家所提問搶著娶母親的兩個男子之間，母親究竟心裡甲意（喜歡）的是誰？以作家而言，雖然身處的時代已然開放許多，然傳統母女之間對於情感的事情仍舊顯得保守含蓄，在作家支吾的言語中，顯露無遺；就母親而言，十四歲就要面對婚姻，以現今而言的確還是懵懂階段的孩子，所以母親以「根本攏還是囡仔，甚麼都不懂，哪知道這些」形容自己當時的心情，且從「我阿爹說嫁誰就嫁誰！我也不敢反對。」這樣一句話，也顯示了民國二十年左右的台灣社會，婚姻仍是由父母作主，女性在此事上大多仍是不敢違逆父母的。

　　母親終究未說出屬於她心底的這椿情事，然而，於母親病後昏迷之時，竟囈語般的帶出了七十多年前未遂的婚事：

> 她不停地跟陪病的親友說：
>
> 「大家都在傳說恁陳伯伯拿一百萬元到阮厝內跟我阿爹提親，其實是無影的代誌！伊哪有那麼多錢！」

〔註93〕廖玉蕙，〈不能說的祕密〉《後來》（台北：九歌，2011），頁134。

「我差一點嫁給恁陳伯伯，阮阿爹為著這件事，將我軟禁極久。」
〔註94〕

一句「我差一點嫁給恁陳伯伯，阮阿爹為著這件事，將我軟禁極久。」透過病中的母親所提曾因爭取心中所屬的婚事而遭到軟禁，突顯出母親對陳伯伯的感情，這椿深藏在母親心底的情事，於年老之時，昏迷之際，仍縈繞於心，可見此事於母親生命中自有其旁人所不能體會的意義，廖玉蕙對此感慨地說：「陷入狂亂境地的母親，不談子女，避說丈夫，心心念念的，竟是七十多年前那椿未遂的婚事。」〔註95〕母親聽從自己父親的話嫁給父親所中意的人，婚後和丈夫爭爭吵吵半世紀，陳伯伯和陳伯母也相處不睦，作家於文中旁及的此些家務事，是否意有所指的點出母親心中錯失所愛的遺憾。

關於女性的感情世界，代表現代女性的作家開始直探母親的感情世界，代表傳統女性的母親，仍舊含蓄地隱微地吐露其辭，甚至得要曲折的通過囈語方能聽見自母親口中所傾吐出的屬於女性的幽微心事，母親的兒女私情在父權社會中顯得如此微不足道，然而，這看似無足輕重的心事，卻讓女性一生魂牽夢縈，顯見，感情的事正是構成女性生命世界裡最豐沛且動人的生命故事。

三、母子／女對話：母親的教養觀

傳統以來，女性進入婚姻後，生命的重心逐漸轉移至丈夫、子女的身上，與丈夫之間所構築的有親情也有愛情，但那是後天所形成的；與子女之間所鏈結的則是具有血緣關係緊密相連的親子之愛，那是天生命定的，無法選擇也無可拒絕，平路以周遭所見言之：「可憐天下父母心，在我們社會上，無論兒女成年與否，親情一向有絕對正當性」〔註96〕，「我們的父母習慣視子女為自己意志的延伸，試圖為子女決定什麼叫做幸福的人生」〔註97〕，大致而言，一個人在成長的過程裡最親近的人便是母親，母親的話自然也最直接且頻繁的傳遞至子女的耳裡、心上，究竟母親們對子女訴說了什麼？延伸了什麼樣的意志？如何地影響著子女？為何在散文文本裡作家刻意地保留了母親這樣嘮叨瑣碎的話語？

〔註94〕廖玉蕙，〈不能說的祕密〉《後來》（台北：九歌，2011），頁138。
〔註95〕廖玉蕙，〈不能說的祕密〉《後來》（台北：九歌，2011），頁138。
〔註96〕平路，〈可憐天下父母心？〉《女人權力》（台北：聯合文學，1998），頁23。
〔註97〕平路，〈可憐天下父母心？〉《女人權力》（台北：聯合文學，1998），頁24。

母親對子女的愛，常見於衣食的叮嚀、品性、甚至生活習慣的要求，吳晟在〈嘮叨〉一文中敘及自己因母親的過於嘮叨而顯其不耐煩，惹來母親一番駁斥：

> 母親總是又生氣又感慨的說：講話也要費氣力，我每天的工作多如牛毛，還不夠累嗎？哪有精神多講話，只是以前有你們父親管教你們，我只要認真工作，其他事不必我操心，而今你們父親不在，我不管你們，誰管你們？〔註98〕

這一段話帶出了一個訊息，即「養不教，父之過」，教養孩子在古代甚至在吳晟母親的觀念裡是父親的責任，李楯在《性與法》便有這樣的說明：「被古代中國法律所確認的這種對子女的絕對管教權，既為父掌握，也為母掌握」〔註99〕所以文中點出因為「你們父親不在了」（丈夫因意外離開人世），所以由母親承擔起教育及養育孩子的責任。母親教養孩子的方式是反覆叮嚀，那麼叮嚀的內容為何：

> 父親在世時，母親確實很少說話，每天默默的忙碌，全心照顧我們的生活。父親去世時，我和幾個弟妹都還在求學，學業又不很順利，母親常說父親最重視子女的教育，一生做人正直，唯恐我們沒把書讀好，沒有培養成正當的人格，對不起父親的期望，因而常將為學為人的道理，一有機會，便一而再、再而三的叮嚀，反反覆覆的舉例，便顯得嘮嘮叨叨了。〔註100〕

為學認真，為人正直，是父親對子女的期望，而由母親反覆叮嚀，代為實現，那麼屬於母親內心對子女的期許呢？阿盛〈娘說的話〉以母親為敘述主體，或可視為一種母親對子女的期待，同樣在為人處事上，母親的教誨令作家深感未能適用於爾虞我詐的現今社會，而質問母親：

> 我是帶著種田人的教養來到台北的，按著母親的教導在這都會裡行事做人，確實實行謙和努力忍讓的示誨；可是，終究為此付出不小的代價，方得悟出母親的話有點不合時宜。於是我問母親，吃了幾十年的虧，為什麼還要教導子女吃同樣的虧？母親神色悲傷，久久才說話，她說，想一想吧，以前的地主現在在那兒？不彎腰怎麼種田？讀了幾

〔註98〕吳晟，〈嘮叨〉《農婦》（台北：洪範，1982），頁82。
〔註99〕李楯，《性與法》（河南：河南人民出版社，1993），頁64。
〔註100〕吳晟，〈嘮叨〉《農婦》（台北：洪範，1982），頁82。

年書，別自以為懂道理，稻子熟了才會低頭呢！想一想吧，當年如果
不低頭吞忍，如今可能你連小學都讀不畢業呢！〔註101〕

關於為人處事，阿盛此文以「種田人」的教養對比都市的「台北」人，顯見鄉
下人「謙和努力忍讓」的為人原則，實難立足於好競逐名利的台北都會，母
親以自身在土地裡所領悟的道理予以啟示，此段末句進而訓斥著：「讀了幾年
書，別自以為懂道理，稻子熟了才會低頭呢！」以譏諷的語氣提點作家謙虛
之道，這是傳統教子的語言與語氣。此文末段，因作家在往後的日子裡再一
次提及自己不知如何在都市求生存，這一次，母親的反應更為激烈了：

母親動怒了，她的吼叫使我大吃一驚——認識字卻不認識人！沒有人
叫你吃虧吃得骨頭都被拆掉！吃虧？吃虧只不過像稻子吃田水！稻
子不吃田水，結什麼穗？讓你讀書，你還說不知怎麼做人！〔註102〕

此次以「吼叫」、「大吃一驚」及五個驚嘆號，十分傳神地描摹出母親動怒的
場面及說話時口氣，讀者彷彿身臨其境地看到一個母親教子之急及痛心之切，
同時，母親藉由自身經歷的苦難及種田的經驗的事例來論述道理，使聽者（作
家、讀者）能更深刻地理解母親說話的意涵，「沒有人叫你吃虧吃得骨頭都被
拆掉了！」如此直白簡單的一句話，承載了母親所欲傳達做人的「骨氣」的
重要。

除了正直、謙和且有骨氣的為人處事，從上述也可見「讀書」是兩位母
親所重視的，兩位作家吳晟與阿盛分別出生於一九四四年及一九五〇年代，
皆出身於農家，求學時間約在五〇年代以後，當時台灣鄉村社會仍普遍處於
物質貧乏時期，在貧困艱苦的環境中母親仍然看重讀書，除了是完成丈夫的
期望，務農的母親們，深知農人的辛酸，是否也體悟到讀書是脫離貧窮、脫
離種田人、改變命運的一種契機。同樣出生於四〇年代的林懷民，在〈母親
的花圃〉一文中，翻轉了讀者所習見的讀書至上，帶出母親異於主流價值的
獨特想法：

一九六九年出國留學的時候，母親送我到松山機場。臨別時她說：「你
儘管去，不喜歡美國就回來！不一定要拿什麼博士學位！」〔註103〕

〔註101〕阿盛，〈娘說的話〉《綠袖紅塵》（台北：前衛，1985）收入於立緒文化編選
《我的父親母親（母）》（台北：立緒，2004），頁227。
〔註102〕阿盛，〈娘說的話〉《我的父親母親（母）》（台北：立緒，2004），頁227。
〔註103〕林懷民，〈母親的花圃〉收錄於廖玉蕙編《散文新四書 冬之妍》（台北：三
民，2008），頁90。

送孩子出國念書在那樣的年代已非容易的事，出國前的這番叮嚀更突顯出母親對孩子獨特的教育觀。「功成名就」在此看來顯得如此微不足道，母親輕忽的是孩子的功名，肯定的是孩子自我的價值。

　　就「讀書」而言，以上的例子是從母親對兒子的期待觀之，那麼，母親對女兒在「讀書」這件事上，立場又是如何？琦君（1917～2006）在其〈毛衣〉一文中留下了傳統中國母親的叮嚀也帶出了母親對女兒的期待：

> 記起從前母親常說的話：「要節省啊！要記得妳讀這幾年書不容易，心思放在學問上，不要把時間金錢浪費在不必要的東西上，媽是把妳當個男孩子看的喲。」這幾句話一直記在我心裡，母親已經不在了，我更不忍心不聽她的教誨。〔註104〕

為了是否要添購一件新的毛衣而憶起母親的教誨與期許——心思要放在學問上，「媽是把妳當個男孩子看的喲」，以現代眼光來解讀這一句話，似乎不覺有何特別之意，然而，這句出自民國初年傳統母親之口，實則意義非凡，傳統父權文化中以「女子無才便是德」限制了女性在知識上的追求，反觀男性則被賦予求取功名以光宗耀祖，從琦君父母的身上便可看見男女地位的差別，父親讀書求功名，母親則在旁侍侯、做女紅、料理家務等，以琦君所生長的時代且又身為女性這兩個因素之下，她竟能和男孩子一般讀書，母親應是最大的推手，一句「媽是把妳當個男孩子看的喲。」，可以想見母親對琦君苦心的栽培與望女成鳳的心願。

　　〈探母有感〉一文中，於梨華的母親以自身悲苦的一生所自覺到女性經濟獨立的重要，在五〇年代向親戚借貸下送女兒出國深造，於梨華自言：「送我去『深造』，更何嘗不是母親經年累月的慘痛經驗的結論：女子經濟不能獨立，是很難逃避為了要生存下去必須吞飲的種種屈辱的！」〔註105〕同樣將這想法置於今日審視之，於梨華的母親是十分具有女性意識的。離現代較近的廖玉蕙，母親為女兒讀書這件事更是設想周全，從轉學、補習、嚴禁課外書等等舉動，都可見母親對女兒學業成就的慎重，同時也可看到現今社會在教育方面的多元與開放，廖玉蕙言：「母親真是個不平凡的人！她不是知識分子，

〔註104〕琦君，〈毛衣〉《煙愁》（台北：爾雅，1981），頁63～64。

〔註105〕於梨華，〈探母有感〉，收錄於林錫嘉編《八十六年散文選》（台北：九歌，1998），頁99。上文中所引用的一段話，雖然不是出自於梨華母親親口所言，然而，對於成全女兒出國深造的理由，實具有其特殊意義，因此特別放於此節，用以參照。

卻對教育充滿期許。」〔註106〕出生一九五○年代的廖玉蕙,除了母親的不凡的見地,時代因素也是促成母親對女兒教育期許的一項外在因素。

「讀書」對女性而言,母親們各自有不同的想法與理由——可以改變女性的命運,促使男性位階更為平等,為女性帶來經濟獨立人格獨立,也或許只是母親洞察了教育的無限可能,而母親栽培女兒讀書這件事,還存在著一種理由是為沒有生兒子的母親爭一口氣:

> 當我還是個無條件站在媽媽那邊的孩子時,我曾暗暗下了孩子氣的決
> 定:有一天長大了,要對欺侮我媽的人還以顏色。當她用「媽媽沒有
> 兒子,妳要替媽爭一口氣」做結論,我也完全跟了她的邏輯。〔註107〕

這是張惠菁在〈往事的勝訴〉一文裡所敘述關於母親的往事,因為母親沒能為夫家生下男孩以延續香火,導致母親和父親那邊的親戚長久失和,於是為母親爭一口氣成了三個女兒待實現的願望:

> 忽然她發現,當年教訓我們的話,要三個女兒替她爭一口氣,我們
> 似乎真的為她實現了。……媽開始從我們身上刮取片段,比如說:
> 某大學畢業、某地留學之類的,用來在朋友群中說嘴。我開始寫作,
> 又成了另一件值得她炫耀的事。我的小說她讀了很久都還在第一
> 頁,但已經買來送遍了親友,弄得人盡皆知。這使我覺得很尷尬,
> 向我媽抗議,她卻理直氣壯地說:「鼓勵人讀書是很好的事。」我心
> 想,又不是行天宮的善書。〔註108〕

從母親對朋友「說嘴」的、「炫耀」的、刮取的片段都聚焦在女兒的成就上——台大歷史系畢業、公費留學英國愛丁堡大學,從事小說創作等,這些無非都是藉由「讀書」所帶來的成就,而這樣的成就在「萬般皆下品,唯有讀書高」的傳統觀念裡,著實為母親爭了一口氣,從某種層面而言,這實與傳統裡的另一個價值觀——光耀門楣意涵相近,只不過,光耀門楣的不是兒子而是女兒。

除了讀書,母親對子女能說的話,蔡逸君的〈聽母親說話〉,堪稱總其大成,在此文中我們可以看到母親說話的方式,可以自言自語,儘管無人回應;可以漫無目的,不分大小,只要起個頭便能不停地敘說,可以從客廳至飯桌、

〔註106〕廖玉蕙,〈我的女強人媽媽〉《後來》(台北:九歌,2011),頁155。

〔註107〕張惠菁,〈往事的勝訴〉收錄於鍾怡雯、陳大為主編《天下散文選II》(台北:天下,2013),頁316。

〔註108〕張惠菁,〈往事的勝訴〉收錄於鍾怡雯、陳大為主編《天下散文選II》(台北:天下,2013),頁318~319。

廚房復至客廳，說話的內容可以從食物的鹹淡聊到生活的日常、時事、新聞播報的詐騙集團到樂透彩的明牌等，如作家所形容：「母親總是抓住我不定時回家的機會，細數她周旁發生的所有事情」、「從這件事到那件事，一花能說一世界」〔註109〕，從母親對子女說話的方式與內容，在兩代的對話間亦可從中窺見時代變遷的軌跡，思想價值觀的不同，頗值得玩味，如吃飯一事，是母親最常見的叮嚀：

> 母親不知道我的愧疚，她只是奇怪為何我一直沒胖起來——是不是不對胃口？是不是要帶點其他東西？是不是煮不好？是不是外頭的吃食較好？——母親再三地問，我呢，只有一個回答：本來就是瘦身子嘛，不必擔心，東西都好吃，也都吃光了。
>
> 母親是不能不開口的，按照老例，送她登車回鄉時，她又開口了：「飯不可以不吃，當皇帝也要吃飯的，你要養妻養子過日子，記得先吃飽飯再說。」〔註110〕

母親站在種田人的角度來看待吃飯這件事，吃飯是為了獲得體力，是為了「養妻養子過日子」，阿盛自言「愧疚」，暗示著自己到都會工作生活後，外食已成了他飲食的主要型態，對於母親帶來的食物，少有將它全吃完的，因而感到愧疚。劉靜娟也同樣寫到自己有一個希望女兒能吃胖一點的母親：

> 初次離家，不知叫媽媽白掉了幾根頭髮。回去時，媽媽的最大任務，是研究我有沒有在新環境裏長胖了？害得我每回家一次，就要來個緊急措施：把頭髮剪得短短的；回去前幾天還得無時無刻神經兮兮地問人家：「我今天胖了沒有？」第一次回去時，媽媽端詳了我半天，說：『好像』胖了一點。」第二次回去時，她說：「真笨，怎麼長不胖？」天可憐見，長不胖竟然也是笨！〔註111〕

希望女兒長胖，作家形容是母親最讓她神經緊張的一點，她甚且在心裡嘀咕著現代的女性不是都時興苗條嗎？現代女性的審美觀是瘦才是美，而在母親的眼中，除了以胖瘦據以度量子女在外生活情形之外，或許傳統所認為胖就是福的一種觀點也或多或少地影響著母親。在散文作品裡，類似的叮嚀一直

〔註109〕蔡逸君，〈聽母親說話〉收錄於鍾怡雯主編《九十四年散文選》（台北：九歌，2006），頁370～371。

〔註110〕阿盛，〈娘說的話〉《我的父親母親（母）》（台北：立緒，2004），頁224。

〔註111〕劉靜娟，〈媽媽就是媽媽〉收錄於張曉風編《親親》（台北：爾雅，1980），頁131。

存在於不同時代不同時空的作家筆下，蘇偉貞：「母親說：『你走吧，晚上別忘了把菜熱一下⋯⋯要多吃點，怎麼一直那麼瘦？別人見了以為你媽媽不給你吃呢。』」〔註112〕王盛弘離家北上，臨走前：「我肩著行李邁進稻埕、走出大門，六嬸才說，食乎飽，穿乎燒，想欲轉來就轉來。」〔註113〕除了「食乎飽」，「想欲轉來就轉來」亦即「有空就回家」，也成了大多數的母親不絕於耳的一種叮嚀，一句話裡隱涵著盼望、守候、懸念甚至是母親的寂寞。琦君的母親病危之時，期盼的正是能再看到女兒一面：

> 我不能不怨姨媽和叔叔，為什麼不把母親病危的消息告訴我。他們說那是母親的意思，她不讓我在畢業考試的時候分心，況且那時交通阻隔，單身女孩子繞路回家太危險。她不願意她唯一的女兒為她冒這樣大的險。可是她心裡是多麼想我回家見最後的一面，她望著女兒的畢業照片，含著眼淚說：「若不是打仗，她考完就好回來了。」〔註114〕

一段話裡鋪排了母親的支持（不讓我在畢業考試的時候分心）、擔憂（單身女孩子繞路回家太危險了）以及最終的渴盼（若不是打仗，她考完就好回來了），時代現實的因素，將母女阻隔於兩岸，最後乃至天人永隔。蘇偉貞〈有空就回家〉敘述至臺北入軍校唸書，母親在每個星期天遠從台南到台北來看女兒，一文即以天下母親常說的一句話作為篇名，並且以之貫串全文：

> 母親一直問我需要什麼，我漫聲虛應，街上男女老幼都有，我想到許久沒回臺南了，母親叫我：「跟你講話都聽到沒有？」我「啊」了一聲，母親說：「我不等你下次放假了，你有空就回家。」⋯⋯
>
> 我問母親：「那你什麼時候再來？」母親說：「哎？回去也得休息一下吧？經常跑來跑去也頂累人的？你有空就回臺南。」⋯⋯
>
> 一年年在過去，有更多的母親誕生，人類的歷史暫時還不會改寫，在人群中，我送母親回家，母親仍然要一遍遍地說：「有空就回家」。
>
> 〔註115〕

〔註112〕蘇偉貞，〈有空就回家〉收錄於《親情無價》（台北：幼獅，1998），頁 55。

〔註113〕王盛弘，〈種花〉原載第八屆《林榮三文學獎得獎作品集》（林榮三文化公益基金會，2013），收入王盛弘《大風吹：台灣童年》（台北：聯經，2013），頁 126。

〔註114〕琦君，〈毛衣〉，《煙愁》（台北：爾雅，1981），頁 67。

〔註115〕蘇偉貞，〈有空就回家〉《親情無價》（台北：幼獅，1998），頁 53～59。

這三段文字描述的時間點都不同，第一段是作家初至臺北時，第二段是八年後作家畢業留在臺北工作，第三段的時間已到作家結婚生子時，連綴起無數次接送母親的回憶，母親自始至終的一句「有空就回家」從個人經驗，推演成天下母親普遍永恆的一種期盼。類似的情感也見於發表於二〇〇五年的〈聽母親說話〉一文：

　　母親看著外面的天空，停雨了，她說趕快回去吧，路上開車要小心，

　　她問我下次什麼時候回家，我說還不知道，有空就會回來。〔註116〕

文中是年老的母親與已長大成人的孩子的一段對話，呈現出兩種生命的對照與無奈，接近人生終點的母親，對於種種的追求已趨於平淡，而成年的孩子卻是正站在奮鬥的人生階段，一靜一動的生命對話裡，母親最終所求的仍是孩子「有空就回家」，而在作家不肯定的言語裡，透露了心有餘而力不足的無奈，句末的「有空就會回來」，恐怕是母親心裡最安定的一種許諾。

　　女性由婚姻而成為母親，母親是一個身分，伴隨著母親身分而來的，有養育也有教育的責任，孩子的身體、課業、人生乃至成家立業，都成了母親無止盡的牽掛與叮嚀——吃飯、穿暖、認真讀書、努力工作，成為有用的人，是母親對孩子的期盼與期待，而這些期盼與期待由叮嚀至耳提面命到叨叨絮絮，不論母親以種方式表達，散文中的子女們終能體會母親的關心，因此所形成的母子／女的對話鮮少有正面激烈的衝突，隨著時代的變遷，社會的改變，母女／子間的對話亦雜揉了諸多的時代元素，帶出了豐富的時代訊息，母親與子女的對話將會一代代的開展下去，它是個人的對話，同時也是生命及時代的一種對話。

〔註116〕蔡逸君，〈聽母親說話〉收錄於鍾怡雯主編《九十四年散文選》（台北：九歌，2006），頁375。

第四章　親情散文母親形象主題意蘊

　　馮永敏曾就散文中的主題思想作了說明：「無論說理敘事，或寫景狀物，以至日常應用之文，總要表現作者的觀點態度和寫作意圖，這稱之為『立意』，現在一般也把它稱作『主題』、『主旨』、『中心思想』。」〔註1〕母親這樣一個古老的文學主題，作家如何在前人所累積大量的歌頌母親、抒發孺慕之情的作品中，另行開拓出不同的創作觀點及寫作面向，成了欲以母親作為創作題材首要面臨的問題。

　　簡媜曾在一場文學獎的評審會議中，針對大量的親情散文參賽作品提出了她個人的看法：「複選入圍的三十四篇作品當中，在題材的分佈方面，親情類的作品特別多。當然，親情類的作品總是文學獎與散文作品裡頭的大宗，我關注的是，我們的年輕朋友怎麼來看待親情。」〔註2〕，如果以這樣的看法來思考選集中所保留的母親書寫作品，這些歷經不同時代不同作家的作品，他／她們又是如何看待親情，看待母親甚至如何看待反哺報恩這一傳統的思想價值？論文以「抒發子女對母親的感懷」、「重建母親中心價值」、「母親生命書寫」以及「探討孝道的意涵」四部分進行析論。

第一節　抒發子女對母親的感懷

　　眾多書寫母親的散文作品當中，普遍存在著一個永恆的主題，那就是：抒

〔註1〕馮永敏，《散文鑑賞藝術探微》（台北：文史哲，1998），頁141。
〔註2〕第二屆南華文學獎決審會議記錄（97年4月10日）http://nhulit2.nhu.edu.tw/award/super_pages.php?ID=award4&Sn=32。

發對母親的感懷，對母愛的歌頌。傳統年代裡，大多數的母親在家庭裡確實扮演著無私奉獻無怨無悔的角色，沉浸在這樣的母愛當中，自然容易勾起作家感懷之情。在太平盛世的年代裡，母愛尚且為人所讚頌，若將之置放在戰亂流離的年代裡來看待，當不難想見「慈母的愛」何以成為作家不斷謳歌的主題，五〇年代正是處在一個戰亂的世代裡，這群飽嚐流離失所舉目無親的作家們，幾乎都會觸及「懷念母親」這樣的寫作題材，透過文字重溫母愛除了可以在紛亂時世裡獲取片刻的溫暖，同時也成為一股生存的力量，支撐著在異地的遊子們重新開始的力量，琦君從三十三歲起，便與母親分離，由於兩岸的睽隔，她把懷念母親的心情，寫成一篇篇文章，在《琴心》的後記中她說著：「我只是樸實地用膚淺的文字，傳遞出我點滴心聲，這一字一句有我的歡笑，我的眼淚，有我對過去不盡的懷念，對未來無窮的希望。」在《紅紗燈》的序文中也提到：「我並不是一味沉浸在回憶中，不能忘情舊事；而是拂不去的舊事，給予我更多的信心與毅力。」〔註3〕〈毛衣〉一文便充滿著無限的懷思，內容敘述琦君曾織給母親一件毛線背心，就在琦君準備離家前去上海讀書之時，母親把毛線背心拆了，趕了兩個通宵，重新織成有袖子的毛衣，讓遠行的琦君帶在身邊，琦君感激著母親對她「無微不至的體貼」〔註4〕，也因著母親對她的過份疼愛而感傷而至「嗚嗚咽咽地哭起來」〔註5〕，沒想到那次與母親的別離竟留下了天人永隔的遺憾，一件母親所遺留下來的「毛衣」，除了提供作家抵禦天氣的寒冷，同時也在炎涼的世態裡給予著溫暖，於是琦君透過穿著母親所織的「毛衣」，思念母親，懷念著「那時有母親，什麼都不必害怕」的日子：

> 毛衣暖烘烘地似尚留有母親身體的餘溫，……〔註6〕

> 我沒有了母親，只保留了這件紀念品。以後每年冬天，我總穿著它，
> 母親的愛，好像仍舊圍繞著我，……〔註7〕

在琦君的另一篇散文〈母親〉〔註8〕中她回憶起篤信佛教的母親，在她幼年時臨睡前，總會唸上一段段月光經、孩兒經等，「每一首經的音調，都給人一種

〔註3〕琦君，《紅紗燈·序》（台北：三民，2018 三版），頁 1。
〔註4〕琦君，〈毛衣〉《煙愁》（台北：爾雅，1981），頁 66。
〔註5〕琦君，〈毛衣〉《煙愁》（台北：爾雅，1981），頁 66。
〔註6〕琦君，〈毛衣〉《煙愁》（台北：爾雅，1981），頁 65。
〔註7〕琦君，〈毛衣〉《煙愁》（台北：爾雅，1981），頁 67。
〔註8〕琦君，〈母親〉《桂花雨》（台北：爾雅，1976），收錄於張曉風主編《親親》（台北：爾雅，1980），頁 29～39。

沉靜穩定的力量」，這股來自經文「沉靜穩定的力量」與母親的愛合而為一，進而成為作者生活的力量：

> 孩兒經是我從襁褓之時聽起，漸漸長大以後，聽一回有一回的深切感受。父親去世以後，我拜別母親，去上海讀書。孤孤單單住在學校宿舍裡，無論是月白風清，或雨暗燈昏的夜晚，我總是擁著被子，一遍又一遍的唸著孩兒經。感念親情似海，不知何以為報。常常是眼淚溼透了半個枕頭。〔註9〕

同為五〇年代的作家小民在她很多散文中，也時時流露著對母親的思念與感激。母親去世時所留下的遺物中，最能引起作家思念的，是母親的「針線盒」，針線盒裡裝有有形的五彩絲線、零碎綢緞、斷角缺珠的首飾、黃銅頂針、髮簪、孫子的胎毛及乳牙等，更容納著無形卻無價的母親的愛：

> 針線盒裡一針一線，都代表母親熾熱的愛心，破破爛爛的老骨董，容納無以估計的親情。

> 猶記得母親戴著黃銅頂針，為我和我的孩子們縫縫補補，那安詳的氣氛，使平淡的日子過得溫暖又和諧。……保存母親每一樣小物品，彷彿保存了她給予我們不盡的母愛。〔註10〕

母親手中的針線除了為兒女們納鞋底、縫衣物，也為她的小外孫們編織毛衣，如此濃密的親情，加之前章所述及小民的母親所經歷的一段母兼父職的艱辛歲月，也就不難理解作家何以如此地讚頌著母親的愛：

> 母親的心是兒女的天堂，她的一生如同一粒麥穗，埋葬自己，犧牲自己，只祈望自己的孩子生長苗壯，母親的愛天長地久，多少孝行才能報答母親的深恩呢？〔註11〕

不只是母女連心，在五〇年代的作家裡，男性作家與母親之間也存在著十分親密的情感，同樣也因戰亂的緣故而被迫與母親分離的王鼎鈞，〈一方陽光〉中藉著回憶童年在故鄉蘭陵的宅院，作者與貓陪著母親在一方陽光中做針線，重溫與母親那段溫馨寧靜醇美的親密時光。在冬日的暖陽裡，母親因疼愛著孩子，即使自己長年患有腳痛的疾病需要日照以緩解疼痛，母親還是

〔註9〕琦君，〈母親〉《桂花雨》（台北：爾雅，1976），頁38。

〔註10〕小民，〈母親的針線盒〉收錄於蕭蕭主編《千針萬線紅書包》（台北：幼獅，1999），頁23。

〔註11〕小民，〈母親的針線盒〉《千針萬線紅書包》（台北：幼獅，1999），頁25。

讓出一半的陽光給她的孩子：

> 不刺繡的時候，母親也會暗中咬牙，因為凍傷的地方會突然一陣刺
> 骨難禁。……在那一方陽光裡，母親是側坐的，她為了讓一半陽光
> 給我，才把自己的半個身子放在陰影裡。〔註12〕

這一方陽光在王鼎鈞的心中便不只是陽光而已，它成了一道慈暉溫暖作
家的心，同時也形成了一種如陽光般剛健的能量，伴隨著作家輾轉於戰亂的
流離歲月。琦君的「毛衣」、小民的「針線盒」（母親為子女織衣、納鞋底的器
具）與王鼎鈞的「陽光」，在某種層面上都帶有「溫暖」的意涵，作家們以此
帶出母愛無私溫暖的本質，那是兒女們賴以成長的一股力量。

除了戰亂，貧困的年代裡也特別能顯見母愛的偉大無私，而成了作家難
以或忘的恩情，收錄於國中教科書洪醒夫的〈紙船印象〉其描寫的時空背景
正是四〇年代貧困的臺灣農村時代，一般而言，抒發對母親的感懷，大多從
食與衣與教養的角度切入，此篇特別之處在於作家從童年眾多美好回憶中，
獨選出母親為他摺紙船所帶給他一段快樂的時光此一印象作為主題，訴說著
生命裡快樂的源頭乃是來自母親的愛：

> 這些紙船都是有感情的，因為它們大都出自母親的巧思和那雙粗糙
> 不堪、結著厚繭的手。母親摺船給孩子，讓孩子在雨天裏也有笑聲，
> 這種美麗的感情要到年事稍長後才能體會出來，……。只盼望自己
> 能以母親的心情，為子女摺出一艘艘未必漂亮但卻堅強的、禁得住
> 風雨的，如此，便不致愧對紙船了。〔註13〕

從文中所描述「粗糙不堪、結著厚繭」的手，可以想見作家母親的操勞
忙碌，同時文中兼又提及這一下就是十天半個月的雨，是如何地使母親憂心
著田裡的作物，即便如此，母親還能心平氣和地為孩子摺紙船，帶給孩子歡
樂，若不是發自內心愛著孩子，何能如此，於是一件平常小事更突顯出母親
對孩子無微不至的疼愛。文中除了抒發對母親的感懷，於末段更期許自己能
將自己所得之於母親疼愛子女的感情，更進一步地傳承給他的下一代，使這
美好的情愛能代代相傳生生不息，本文的意義自此由個人而拓展至代代相傳，
深化且豐富了「母愛」的含義。

〔註12〕王鼎鈞，〈一方陽光〉《碎琉璃》（台北：爾雅，1978），收錄於鄭明娳、林燿
德主編《有情四卷——親情》（台北：正中，1989），頁65。

〔註13〕洪醒夫，〈紙船的印象〉《懷念那聲鑼》（台北：號角，1983），頁272。

　　母親無微不至的呵護，從日常飲食起居的照顧乃至為孩子增添生活的歡樂，這些都成了作家歌頌母愛的題材，除此之外，母親在成長路上的提攜、陪伴與支持所帶來的使人心靈剛健、成長茁壯的力量，也是作家們所深刻銘記的一份愛，高大鵬在〈永遠的媽媽山〉裡提到了因父親管教嚴格，加上母親與他之間也存在著嚴肅的禮教（有禮的問安、交談、道別，甚至臨終的一刻依然有禮如斯），在母親過世多年後，他回憶起這一段「拘謹而少了些親暱」的母子親情感到十分的遺憾，因此作家藉著書寫抒發「終其一生未曾對母親傾吐過滿心的熱愛」，令他感念於心的是「回想起有媽媽同在的二十個年頭，這段人生的『苦路』，沒有一步不是媽媽親手提攜過來的！」即便母親已不在身邊，作家卻依然能感受到母愛無所不在的守護：

> 我們這一代有新思想的人多不願講「祖德餘蔭」這一類的老話。
> 但自顧平生屢涉風波，而每一次都化險為夷、轉危為安，冥冥中
> 似有一隻看見的手無所不在地守護托持著，對此我總不能不設想
> 這是老天因著對母親的垂憐悲憫，而轉報在我們兒女身上的一種
> 福氣！〔註14〕

老天之所以對母親加以垂憐悲憫，想必是因為母親為人的良善，而這一份福氣又轉報在兒女身上，形成母親對兒女綿延不絕的守護，同時母親的身教也帶來深遠的影響，高大鵬因此而「為世上的孤兒和雛妓做一點點奉獻」，他將此形容是「媽媽山的愛心所結出來的意想不到的果子……」〔註15〕，於此，也點出了自己所受母教的影響，抒發對母親的感激之情。母親的守護無所不在令人感到安心，但卻也最容易因為習以為常而被忽視甚至忽略，這情感往往要等到因分離（母親的辭世、戰亂的流離、離家求學等），或者生命遭遇困塞，或不經易的一瞥方才顯現其珍貴的意義，九〇年代新生代作家李冠穎在〈陪我走一段〉裡敘及自己是個過動兒，求學的過程並不順遂，受困於先天的障礙，人際的困擾而經常轉學、休學，寫作此文時正是他再次掙扎於休學的邊緣，母親送他到車站，坐在車內的他瞥見站在雨中目送他離去的母親的身影，一個不經意的凝視，令他「心中有種說不出的難過」，這一刻，他深刻

〔註14〕高大鵬，〈永遠的媽媽山〉原載《聯合報》副刊（83 年 5 月 12 日），收錄於
　　　　林錫嘉編《八十三年散文選》（台北：九歌，1994），其後高大鵬更以此篇篇
　　　　名作為書名出版散文集《永遠的媽媽山》（台北：九歌，1995），頁 227。
〔註15〕高大鵬，〈永遠的媽媽山〉《永遠的媽媽山》（台北：九歌，1995），頁 227。

體悟到一直以為最孤單、最不被了解的自己，原來一直有個人在身邊默默的守護著，那人卻是早已習慣了的母親：

> 我的媽媽在她人生總是扮演著不說話的配角，安安靜靜地陪著我，
> 支持她孩子的決定，印象中她不曾罵我或是打我，當醫生宣布我是
> 個過動兒，是攻擊性人格，是躁鬱症患者，是……她所做的只有體
> 諒。
>
> 在這十六年來，她無論日夜都陪在我身邊，媽媽用加倍的愛與諒解
> 呵護我，只有她會大聲反駁別人，說她的孩子並不是壞孩子，他只
> 是不懂得表達自己。媽媽選擇相信我，相信那是她孩子自己選擇的
> 人生。她給了我別人不曾給我的愛，但隨著年歲日長，我卻漸漸忘
> 了去珍惜，這份難得的緣。〔註16〕

面對著過動的自己，母親給予作家的是加倍的耐心、「加倍的愛與諒解呵護」，他說這愛是「別人不曾給我的愛」點出母親的愛在作家心中的獨特地位。張曼娟在《九十八年散文選》的序文中言及：「難得見到長大的過動兒，回顧成長的艱難，鋪排著母親對兒子的癡心，雨中目送的永恆畫面。」〔註17〕綰合自己的過動與母親的守護於一的書寫確實屬於難得一見的書寫（至少在這之前還未有過類似的作品），因過動的疾病為現代社會中較常被提起的，說明了散文與時代關係的密切。而王盛弘的〈種花〉一文以同志議題帶入母親書寫，文中〔註18〕敘及自己同志的身分，對此，面對鄉下不識字的母親作家不說明白，卻帶了一個同性愛人回老家彰化過年，王盛弘細膩的鋪陳，寫出母親如何用她的方式來接納自己，這樣題材為傳統的母親散文書寫開拓了更多元的寫作議題，同時也令讀者見識到一個母親的愛可以如何地廣闊無邊：

> 那，你會跟你的母親說你是嗎？伊問。我沉吟片刻，搖搖頭。難保
> 不會我出櫃了，卻讓六嬸關進櫃子裡。和更年輕一代往往無所畏懼
> 不一樣，我自己花了多少時間才接納自己，不敢奢求旁人無條件的

〔註16〕李冠穎，〈陪我走一段〉原載《聯合報》副刊（2009 年 11 月 24 日），收入
　　　　張曼娟主編，《九十八散文選》（台北，九歌，2010），頁 357。本文獲第四
　　　　屆（2009）懷恩文學獎學生組散文首獎，其後又收入《謝謝你的愛：懷恩文
　　　　學獎得獎作品選》（台北：聯經，2014）。
〔註17〕張曼娟主編，序文〈致普通讀者〉《九十八散文選》（台北，九歌，2010），頁 13。
〔註18〕王盛弘，〈種花〉原載第八屆《林榮三文學獎得獎作品集》（林榮三文化公益
　　　　基金會，2013），收入王盛弘《大風吹：台灣童年》（台北：聯經，2013）。

愛，即使她是我的母親。〔註19〕

> 六嬸上上下下看了看手中的水壺，抬起臉來看著我，對我說，汝愛對伊較好些。這句話，六嬸在心上琢磨多久才說得出口？我卻背對著她，任她自己一個人去面對。〔註20〕

難以對母親「出櫃」深怕傷了母親的心，而終於看明白了一切的母親，只一句「汝愛對伊較好些」深刻傳達了母親的煎熬、心疼、理解與接納，母親終是給了作家「無條件的愛」，文末，作者帶出情傷一段，母親的悄然佇立形成一種悄聲的呵護，深摯動人：

> 身後響起輕輕腳步聲，緊接著人影子靠近，似有遲疑。也不知道因為情傷或更多地，六嬸的理解，我的眼眶蓄著兩泡淚水，愈發將一張臉埋在雙膝之間。人影子稍作停佇，隨即掉轉頭悄聲離開。是六嬸嗎？面對這些掙扎著要冒出地面的新芽，六嬸會怎麼做。〔註21〕

同志的議題挑戰著傳統保守的家庭與倫理，同時也考驗著無數的母親們，正如廖玉蕙所言：「不啻為保守的家庭掀起另一場翻天覆地大造反」〔註22〕，王盛弘寫下了母親對他的包容，也藉此文表達了對母親的感激。

符合現代情境與精神的親情散文，將逐一地拓展並豐富母親書寫的題材，而此類以抒發對母親之感懷，應仍會以不同面貌不同角度為作家所持續書寫著。

第二節　重建母親的價值

女性主義思潮的引進，明顯地影響著小說的創作，而散文中的母親書寫，雖不似小說作品的前衛與激進，但已可窺見作家將女性主義的許多觀點置入母親書寫的作品中，根據學者對台灣文學現象的觀察，女性主義在台灣的發展有幾個重要的時間點，陳芳明提到：「台灣文學在 1980 年代見證女性主義思潮的抬頭，在此之前，主流價值基本上是以男性思維為中心。」〔註23〕，

〔註19〕王盛弘，〈種花〉《大風吹：台灣童年》（台北：聯經，2013），頁133。
〔註20〕王盛弘，〈種花〉《大風吹：台灣童年》（台北：聯經，2013），頁135。
〔註21〕王盛弘，〈種花〉《大風吹：台灣童年》（台北：聯經，2013），頁136。
〔註22〕廖玉蕙評審意見，〈淡筆情長〉《林榮三文學獎得獎作品集（第八屆）》（林榮三文化公益基金會，2013），頁48。
〔註23〕陳芳明，〈我是如何到達台灣女性主義〉《文訊雜誌》（台北：文訊，2011年3月），頁12。

而在 1983 年三本重要作品的誕生——李昂的《殺夫》、廖輝英的《不歸路》以及白先勇的《孽子》，性別議題終於匯入台灣的主流論述，正好說明一個多元價值的時代已然到來。〔註24〕1986 年分別有《中外文學》、《當代》、《聯合文學》三份誌策畫女性主義專題，正式宣告台灣女性主義文學研究的開端。〔註25〕檢視散文中的幾篇作品，也剛好是在這個時期開始接續出現，究竟透過母親做為女性凝視／關注的起點，在散文中展開了什麼樣的女性議題？作家們如何看待上一代女性的命運又提出了何種新的想法？以散文是出版數量最大及閱讀人口最多的這角度而言，這樣解構傳統慈母的形象必然或多或少影響了讀者對母親習以為常的認知，也考驗著讀者的接受度，因此，這個在母親書寫中自覺地依性別意識檢視母親的處境的書寫方向，是相當值得探究的部分。

在傳統男尊女卑的定位下，女性往往處於從屬或邊緣的地位，成為男性的附庸，為男性的需求去調整自己，除了最為人所熟知的琦君的母親，一生以夫為重苦盼著丈夫的情愛之外，於梨華〈探母有感〉一文中的母親則一生隱忍著丈夫脾氣的暴躁，情感的不忠，事業的起落等，然而從悲慘的人生母親獲取了慘痛卻寶貴的經驗：

> 女子經濟不能獨立，是很難逃避為了要生存下去必須吞飲的種種屈辱的！〔註26〕

正是深刻體悟到經濟獨立對女人的重要，因此，在作家台大畢業後出國，母親除了為她籌措旅費，更以私房錢為她置裝，送一個女子出國「深造」，從這一點來看，這位傳統的母親是很有自覺地不希望女兒重蹈覆轍她必須依附男人生存的人生，而且她更明白，經濟要獨立的前提下，必須受教育，因為她自己是個「怕連中學都沒進過的」鄉下姑娘，而自己的丈夫卻是留學法國的，於梨華在文中即說了：「教育程度懸殊的婚姻，是注定不會美滿的。」〔註27〕這樣的母親表面上看似處於父權社會邊陲的位置，然而，在文章的結尾，作

〔註24〕陳芳明，〈我是如何到達台灣女性主義〉（台北：文訊，2011 年 3 月），頁 12～15。

〔註25〕陳國偉，〈九〇年代台灣文學現象觀察——女性主義文學研究〉《文訊雜誌》（台北：文訊，2000 年 12 月），頁 47。

〔註26〕於梨華，〈探母有感〉，原載《聯合報副刊》（86 年 6 月 18 日至 20 日），收錄於林錫嘉編《八十六年散文選》（台北：九歌，1998），頁 99。

〔註27〕於梨華，〈探母有感〉，原載《聯合報副刊》（86 年 6 月 18 日至 20 日），收錄於林錫嘉編《八十六年散文選》（台北：九歌，1998），頁 102～103。

家給予母親的評價，將母親自邊陲帶至中心：

> 怎麼臨別沒有告訴她：一個只受過小學教育的鄉下姑娘，以她超人
> 的容忍及毅力，走過了幾十年苦惱多於快樂的婚姻，受到兒子夭折
> 的死別，經過八年戰亂的苦難，遭到過財物失盡、三餐不保的貧窮，
> 吞飲過勢力小人刻薄的待遇，卻還是把我們六個子女帶大了，不但
> 帶大，而且令他們都受到大學及大學以上的教育。雖然他們並沒有
> 輝煌的成就，但都是正直守法、對社會有貢獻的公民！怎麼臨別沒
> 有告訴她：在我們心目中，妳是個了不起的女性及母親！〔註28〕

一句「在我們心目中，妳是個了不起的女性及母親」，將「女性」及「母親」
兩者身分綰合於「妳」（母親），既感激了母親養育的慈恩又肯定了母親所具
有的女性自覺意識。

蘇偉貞的〈有空就回家〉（1983）也是一篇將母親從邊緣地位推至中心的
散文作品，在父親面前母親依舊扮演著依附順從的角色，「爸爸的脾氣頂大，
也只有母親的沉默才使他們處了一輩子」〔註29〕即便是父親隨手撿來的一枚
鑲著假玻璃鑽的戒子，仍被母親視若珍寶地戴著，這樣一個依順著丈夫，以
丈夫為重心的女性，看似毫無自己的位置，卻是一個家最重要的中心人物：

> 我們做小孩的時候，都喜歡回家後看到母親。長大以後，每次回家，
> 推開門往往母親已經聞聲出來了，……〔註30〕

> 每年過春節，全家都會回臺南，屋子裡又充滿了聲音，到處是我們
> 下一代的叫鬧聲，母親升級做了奶奶，仍然是母親的母親，雙重的
> 中心。我想到有一年她生病住院，那兒環境很好，我每次去，在病
> 牀邊坐一下就出去逛逛，但是都以她為中心，逛一下便回到病牀邊，
> 大哥、小妹都和我一樣，連爸爸每天上班前、後都會繞到病牀邊坐
> 一會兒，那是我近幾年回臺南最頻繁的一段時間，彷彿我們這一生，
> 都要有個母親為中心。〔註31〕

母親不僅是孩子們兒時的中心，在升格成了奶奶以後母親成了「雙重中心」

<hr>

〔註28〕於梨華，〈探母有感〉《八十六年散文選》（台北：九歌，1998），頁102～103。
〔註29〕蘇偉貞，〈有空就回家〉，原載《中央日報》（1983年）收錄於《歲月的聲音》
　　　　（台北：洪範，1990），本文所引用者收錄於《親情無價》（台北：幼獅，1998），
　　　　頁57。
〔註30〕蘇偉貞，〈有空就回家〉《親情無價》（台北：幼獅，1998），頁57。
〔註31〕蘇偉貞，〈有空就回家〉《親情無價》（台北：幼獅，1998），頁58～59。

（孩子及孫子），更耐人尋味的是母親竟還成了父親的中心，作者在此特別強調在母親生病的期間，「連爸爸每天上班前、後都會繞到病牀邊坐一會兒」，全家幾乎無一不記掛著母親。此文除了突顯母親之於她及其家人的重要性之外，更進一步將母親的地位提升擴大至人類普遍共通的現象：「彷彿我們這一生，都要有個母親為中心」，文末甚且強調：「一年年在過去，有更多的母親誕生，人類的歷史暫時還不會改寫，在人群中，我送母親回家，母親仍然要一遍遍地說：『有空就回家』。」〔註32〕似乎預言著女性主義思潮在解構母親神話這一部分，暫時應不致帶來太大的影響及改變，一句「母親仍然是母親」，既靠向母性天性說的理論，同時也間接肯定了母親是一個家庭當中相對重要的穩定力量這一普世價值觀，從此文中我們看到了蘇偉貞筆下的母親，是一個典型的傳統母親，為家庭完全無私奉獻，而到了晚年，她獲得了丈夫子女的關愛及認可，這是她一生為家人犧牲奉獻後所得到的回報，堪稱是一種苦盡甘來的幸福人生模式，然而，是不是每個母親在奉獻一生後都能獲致子女的回報丈夫的肯定？陳幸蕙的〈日出草原在遠方〉一文，筆下的母親也同樣有著傳統母親的特質——犧牲、隱忍、奉獻，然而，文中的母親竟終其一生未曾得到丈夫的愛，子女也無法認同母親僕傭般的人生：

> 由於閱讀母親一生，在很長的一段時間裡，我完全無法也不忍去定義「女性」這名詞。與父親共度的二十年婚姻，於她，豈不只是一場附有性生活的僕傭生涯而已？〔註33〕

> 從傳統男性中心社會一路行來的父親，終其一生都是輕蔑女性的。更由於母親操持家務、生兒育女的工作，並不包含在任何統計價值之內，宰制一家經濟命脈的父親，遂更把母親視為寄生在自己生存之上的依賴人口，他對她享有絕對的管轄、統治與使用之權，卻完全不必予以尊重與——愛。〔註34〕

> 而母親，從婚姻細狹的鎖孔裡看人生的母親，卻也在東方女性典型的啞忍態度中，接受並默許了這樣的人生。〔註35〕

〔註32〕蘇偉貞，〈有空就回家〉《親情無價》（台北：幼獅，1998），頁60。
〔註33〕陳幸蕙，〈日出草原在遠方〉，原載《聯合報副刊》，收錄於蕭蕭主編《七十九年散文選》（台北：九歌，1991），頁223。
〔註34〕陳幸蕙，〈日出草原在遠方〉《七十九年散文選》（台北：九歌，1991），頁86。
〔註35〕陳幸蕙，〈日出草原在遠方〉《七十九年散文選》（台北：九歌，1991），頁224。

以上三段引文，分別從作家、父親及母親自我三者的觀點來看待婚姻中的母親，在作家眼中，混雜著憐憫卻無法認同的複雜情緒，「當母親背著人躲在自己的角落暗泣，我雖也被一種既鈍且厚的痛感所襲，但卻並不能同意且同情在傳統觀念籠罩下，她始終逆來順受、無能自我拯救的作法，因而也始終未曾實際有效地去昇華她個人的憂傷。——那樣一株卑微的耐寒植物！」〔註36〕而在父親眼裡，則視母親為「寄生在自己生存之上的依賴人口」，「寄生」、「依賴」等辭彙輕篾意味十分濃厚，母親不具有人應享有的價值——被愛與尊重。除了篾視之外，父親還經常對母親施以拳腳。而母親個人，究竟是無奈亦或無知竟「接受並默許了這樣的人生」？陳幸蕙在面對婚姻的危機之際，回頭審視母親走過的人生，毅然拒絕步上母親的後塵，表現出異於傳統女性的果敢姿態，強烈展現女性自覺自主的一面：

> 我拒絕如此洗劫尊嚴、剝削自由的婚姻。
>
> 拒絕如此無法掌握生活自主權的女性生涯！
>
> 我與母親不同！〔註37〕

從以上的論述，似乎可以確定的是，要成為蘇偉貞所說的一個家的中心人物，扮演一個守候甚至守護者，犧牲部分或全部的自我，恐怕是必須且必然的，囚居於家庭中的母親，沒有獨立的經濟，隨之而來的便沒有獨立的人格與自我的空間，她成了附屬於夫於子的從屬角色，女性主義者據此提出女性應自覺地進一步地去思考在父權文化之下，女性成為母親後所被編派的位置的合理性，女性作家因性別與母親相同，於是生命經驗也與母親更為貼近，因此，在這個部分的感受及思考比起男性作家更為深刻，張讓曾在成為母親前，針對「犧牲」這個看似神聖的字眼，揭露了「犧牲」之於即將為人母親的女性的恐慌與不安：

> 我樂意接受你為我生活的一部分，但是不準備犧牲一切，以你為唯
>
> 一、全部。然而我恐怕到時將身不由己，為了照顧你而不得不放棄
>
> 其他。這失去自由的可能性使我害怕。〔註38〕

張讓恐懼於為了照顧孩子「而不得不放棄其他」，這恐懼應緣自於看到身邊或

〔註36〕陳幸蕙，〈日出草原在遠方〉《七十九年散文選》（台北：九歌，1991），頁225。

〔註37〕陳幸蕙，〈日出草原在遠方〉《七十九年散文選》（台北：九歌，1991），頁86
　　　～87。

〔註38〕張讓，〈永恆的邊緣〉《斷水的人》（台北：爾雅，1995），頁125。

上一代有太多的女性在成為母親後為了孩子被迫放棄自我，失去自由。張曉風〈母親的羽衣〉便如此說道：「那一個母親不是仙女變的？……而有一天，她的羽衣不見了，她換上了人間的粗布——她已經決定做一個母親。……是她自己鎖住那身昔日的羽衣的。她不能飛了，因為她已不忍飛去」〔註39〕仙女的「羽衣」與人間的「粗布」對比著女性婚前如仙女般擁有著美好的青春夢想，及至婚後身著粗布衣裳成了平凡的妻子、母親，張曉風刻劃著天下的母親如何捨棄美麗的羽衣為子女無私付出的轉變，作家於文中憶及自己的母親曾擁有一隻刻有「靜鷗」的口琴，美麗的湘繡被面等舊物以及外公的寵愛等，而在結婚之後，她成了「吃剩菜、擦鍋飯」〔註40〕的母親，這樣的生命歷程的轉變，是張曉風的母親恐怕也是多數為人母親的共同經歷，這個相似的生命歷程大多緣自於女性在成為母親之後，對孩子產生「不忍」之情，所以才令即將為人母的張讓有了身不由己的恐懼。

關於母親擁有過的青春歲月及曾經懷抱過的夢想成了八〇年代以後母親書寫的重要題材，作家們藉此填補了我們一直以來所空泛的言說母親的犧牲與偉大的具體內容與細節，同時也展現了對母親的女性甚至女兒的身分的關懷。三毛寫於一九八五年的〈紫衣〉，全文以母親準備前去參加同學會一事貫串全文，三毛如此敘說母親因為這件事，整個人顯得十分快樂，透過回憶母親重新回到了屬於她自己的那一段青春歲月，「她臉上的那種神情十分遙遠，好像不是平日那個洗衣、煮飯的媽媽了。」〔註41〕在母親訴說著過往時，三毛才知道，母親上過學，念過《紅樓夢》，曾是籃球校隊等，這一刻她開始以一種新的眼光重新看待眼前這一個為了生活為了孩子而忙碌不已的平凡母親：

> 聽見母親說這些話，看過我也正開始在看的書，禁不住深深的看了
> 她一眼，覺得這些事情從她口裡講出來那麼不真實。生活中的母親
> 跟小說和籃球一點關係也沒有，她是大家庭裡一個不太能說話的無

〔註39〕張曉風，〈母親的羽衣〉《步下紅毯之後》（台北：九歌，1993年），收錄於張曉風編《親親》（台北：爾雅，1980），頁141～142。

〔註40〕所謂的「擦鍋飯」張曉風在文中特別說明就是把剩飯在炒完菜的剩鍋中一炒，把鍋中的菜汁都擦乾淨了的那種飯。《文學與人生》（台北：三民，2005），頁48。

〔註41〕三毛，〈紫衣〉原載《聯合報副刊》收錄於《傾城》（台北：皇冠，1985年），本文所引用的文本收錄於小民主編《感激——父母的愛》（台北：九歌，1986），頁171。

用女子而已。〔註42〕

三毛形容自己聽見母親的過往時「禁不住深深的看了她（母親）一眼」，這一個反應充滿著三毛的詫異與敬佩，她不著墨在母親對她們的付出而感動，卻是對母親的少女生活及興趣而深感佩服，在文字的敘述裡我們看到了曾經在學校、籃球場的少女，在多了母親的身分以後，成了一個「永遠只可能在廚房才會找到的女人」〔註43〕，母親的眷戀與無奈，全表現在欲參加同學會時的精心準備以及最後沒能趕上約定的車輛而在雨中狂喊及至「廢然倒身在三輪車靠背上」〔註44〕，這是生活中出現的一段插曲，在這之後母親仍然是母親，充滿著無奈及無力的況味。簡媜在〈一襲舊衣〉裡，敘述著自己陪母親回家探訪，同時也敘及了母親的青春姿態與往事，沉冬青認為此文最令人動容的一段，正在於阿母恢復女兒的姿態：

> 媽媽與我沉默地走著，有時我會落後幾步，撿幾粒白色小石子；我蹲下來，抬頭看穿毛料大衣的媽媽朝遠處走去的背影，愈來愈遠，好似忘了我，重新回到未婚時的女兒姿態。那一瞬間是驚懼的，她不認識我，我也不認識她。〔註45〕

或許太習慣了操持家務樸素的母親，以致於剎那間看著母親平時少有的裝扮及悠然的的背影，而產生了陌生的恍惚與驚懼，這樣的「驚懼」扣合至下一段所帶出母親向家族爭取自主婚姻一事，這位身處傳統保守年代的女性，卻敢於與傳統禮教抗爭，爭取女性婚姻自主權，深具女性自覺意識的母親至此方得到簡媜「完完整整的尊敬」：

> 偶然從鄰人口中得知母親的娘家算是當地望族，人丁興旺，田產廣袤，而她卻斷然拒絕祖輩安排的婚事，用絕食的手法逼得家族同意，嫁到遠村一戶常常淹水的茅屋。我知道後才揚棄少女時期的叛逆敵意，開始完完整整地尊敬她；下田耕種，燒灶煮飯的媽媽懂得愛情的，她沉默且平安，信仰著自己的愛情。〔註46〕

作家不在母親的燒灶煮飯帶大一群孩子的面向上肯定她，而是在母親不僅「懂得愛情」並自父權文化中成功爭取婚姻的掌控權，是這樣具有女性自覺並敢

〔註42〕三毛，〈紫衣〉《感激——父母的愛》（台北：九歌，1986年），頁171。
〔註43〕三毛，〈紫衣〉《感激——父母的愛》（台北：九歌，1986年），頁170。
〔註44〕三毛，〈紫衣〉《感激——父母的愛》（台北：九歌，1986年），頁178。
〔註45〕簡媜，〈一襲舊衣〉《女兒紅》（台北：洪範，1996年），頁135。
〔註46〕簡媜，〈一襲舊衣〉《女兒紅》（台北：洪範，1996年），頁136。

於付諸實際行動的女性，才深受簡媜「完完整整地尊敬」，同時她還進一步將自己創作的本能歸功於母親身上所凝聚的那股「神祕不可解的自然力」的影響，母親的地位與價值已不再停留在生命的孕育與撫育的初淺層面，而是更進一步地昇華至在生命能量上與作家的生命及創作緊緊相繫，至此，母女之間的傳承除了是相同的性別、相似的生命歷程之外，同時還擴大至更深一層的生命能量的意義。

重建母親的價值，便是恢復母親所有為「人」的一切身分，而在散文中，作家們開始著墨當母親還是父母的女兒時的種種情境，無非提醒著讀者，眼前操持家務、犧牲自己成全家人的母親也曾是為人所呵護疼惜的一個「女兒」，前述提到張曉風〈母親的羽衣〉中母親是一個吃擦鍋飯的角色，而在母親還是女兒時，她是這樣的受到寵愛：

> 母親最愛回顧的是早逝的外公對她的寵愛。有時她胃痛，臥在床上，要我把頭枕在她的胃上，她慢慢地說起外公。外公似乎很捨得花錢（當然也因為有錢），總是帶她上街去吃點心，……我每聽她說那些事的時候，都驚訝萬分——我無論如何不能把那些事和母親聯想在一起。我從記憶起，母親就是一個吃剩菜的角色，紅燒肉和新炒的蔬菜簡直就是理所當然地放在父親面前的……。〔註47〕

此段文字除了對比出當年倍受外公寵愛的女兒，如今成了「一個吃剩菜」的妻子、母親，還進一步具體寫出「紅燒肉和新炒的蔬菜」是「理所當然」地放在父親面前，間接點出了父權社會中男尊女卑的真實現象。

張惠菁〈往事的勝訴〉一文裡的母親回憶中快樂的時光也是出現在當女兒的時候：

> 有兩種往事是我媽常講的，一種陰暗，一種明亮。一種是與我爸、我爸的親戚之間種種不愉快。一種是關於她小時候，當她是我外公外婆的小女兒時的回憶。前者愈是不快樂，後者的記憶就愈完美。〔註48〕

母親的哀樂在張惠菁筆下也呈顯出今與昔，婚前與婚後，女兒與妻子，明亮

〔註47〕張曉風，〈母親的羽衣〉，收錄於張曉風編《親親》（台北：爾雅，1980），頁144～145。

〔註48〕張惠菁，〈往事的勝訴〉《閉上眼睛數到十》（台北：大田，2001），收錄於鍾怡雯、陳大為主編《天下散文選II》（台北：天下，2010），頁315。

與陰暗，完美與不完美的對比，明顯地婚前小女兒時的記憶是母親所眷戀不已的一段時光。從以上的例子可以看到，女性在經歷婚姻生活後，都不約而同地回憶起兒時的美好時光，究其原因，多半是婚姻生活帶給女性往往充滿著不愉快的感受，因此，即便是男性作家的楊富閔，在〈給（新）婚的母親〉一文中，也開始站在女性的立場上為母親說話：

> 回想母親做楊家媳婦三十年，青春美貌、生涯規畫、統統不在歐巴
> 桑的計畫內，有時我都略感抱歉，想替楊家祖宗問問她，妳後悔否？
> 我們楊家到底虧欠了妳啊。〔註49〕

除了心疼母親的青春歲月一路走到歐巴桑的模樣之外，文中更提及母親冒著生命危險生下他和哥哥，楊富閔述及至此，以人子的立場表達了對母親的疼惜：

> 想著母親生我們兄弟倆竟差點連命都休掉，我還是感覺痛、並且深
> 深歉疚了起來，畢竟母親還是母親，也是人家的女兒。〔註50〕

「畢竟母親還是母親，也是人家的女兒」一語，除藉此傳達對母親應有的關懷與尊重，同時也間接反思了父權文化中所編派於女性的母親義務與責任的合理性。

第三節　母親生命書寫

根據女權會在一九九八年所策劃出版《阿母的故事》，江文瑜於導言中提到了這樣的觀察：「從解嚴後至今，以女性為主體的生命故事開始於書市陸續出現，主要透過自傳、傳記和口述歷史。」〔註51〕她進一步的提出，這類自傳的特色之一在於：「大量的生活細節描寫徹底打破了過去以男性為主體的自傳或傳記所強調的『豐功偉業』」〔註52〕，楊翠也同樣觀察到這類女性生命史素樸無華的書寫特質，是「由瑣碎、細節、平凡女性的一生故事所串織而成」，具有多重的顛覆性意義〔註53〕，在多重的意義當中，最重要的

〔註49〕楊富閔，〈給（新）婚的母親〉《幼獅文藝》（台北：幼獅，2012年1月），頁81。
〔註50〕楊富閔，〈給（新）婚的母親〉《幼獅文藝》（台北：幼獅，2012年1月），頁83。
〔註51〕江文瑜〈導言〉，女權會策劃／江文瑜編《阿母的故事》（台北：元尊文化，1998），頁23。
〔註52〕江文瑜〈導言〉（台北：元尊文化，1998），頁24。
〔註53〕楊翠，〈原音重現──二十世紀台灣文學的回顧與反思〉《文訊雜誌》（台北：文訊，1999），頁48。

一點在於它的出現，開啟了以台灣婦女觀點為出發的女性史，一步一步改寫過去一向以大中國的、男性的、官方觀點充斥於各處的文化。〔註 54〕女性生命書寫的風潮正是呼應著二十世紀末第三世界婦女追求主體的共同目標。〔註 55〕這樣的風潮為散文中的母親書寫帶來了一定的影響，母親不再只是單純地成為子女所歌頌、抒發孺慕之情的對象而已，她有自己過往的歲月、喜怒哀樂的情感、懷抱的夢想、渴望的人生及奮鬥的歷史等，母親的人生，透過作家們的書寫，有集冊成書的如吳晟的《農婦》（1983）、陳文玲《多桑與紅玫瑰》（2000）、鍾文音《昨日重現》（2001）、廖玉蕙《後來》（2011）、張輝誠《我的心肝阿母》（2010），以及楊富閔的《我的媽媽欠栽培》（2013）等等，也有許多單篇作品，雖然不是以專業傳記寫作為標準，但是，在其中所書寫的內容或從母親直接口述的，或親眼所見所思的，或從旁人轉述而來，甚至是召喚自過往的記憶所拼湊而成，這些屬於女性／婦女／母親的獨特經驗成為建構女性生命史的重要來源。傳統台灣社會（約在二十世紀初期至中期），女性進入婚姻後，會在自己的姓氏前面加上丈夫的姓氏，即「冠夫姓」，雖然在現代社會中，此習俗已十分少見，但在公開場合，仍習見以「某太太」或「某媽媽」做為女性的稱呼，蘇芊玲在出席女兒學校的活動，聽到現代媽媽們的介紹，她如此感慨地說：「除了我，沒有聽到一個媽媽介紹自己的名字，說的都是：『今天我是代表我先生×××來開會的』」〔註 56〕，因此，恢復女性自己的名字，讓她成為她自己，是建構女性主體性的一小步，然而，檢視散文中刻意提到或間接點出母親的姓名並不多，鍾文音在收入於《昨日重現》的〈我的天可汗〉一文，於該書所附上的照片底下，幾行小小的字體寫著：「母親，我娘，我母，我媽，我的后，我的天可汗，她名喚秋貴，平輩稱伊阿貴嗦，長者叫伊阿貴妹。」〔註 57〕畢竟，散文與正式的自傳書寫還是有所差別，散文並非以介紹母親為前提，因此，鮮少出現直書母親名姓之段落，行文間仍以人子的立場稱「母親」或「媽媽」。

〔註 54〕江文瑜〈導言〉，女權會策劃／江文瑜編《阿母的故事》（台北：元尊文化，1998），頁 18。
〔註 55〕江文瑜〈導言〉，女權會策劃／江文瑜編《阿母的故事》（台北：元尊文化，1998），頁 18。
〔註 56〕蘇芊玲，〈今天我代表先生來開會？〉《不再模範的母親》（台北：女書文化，1996），頁 53。
〔註 57〕鍾文音，〈我的天可汗〉《昨日重現》（台北：大田，2001），頁 47。

母親於所處的社會中所形成的歷史記憶與感知，除了可以看到母親個人的生活史，也可以據此了解那時代多數女性的生命史，同時得以窺見時代變遷下名不見經傳的庶民生活史。陳芳明〈母親的昭和史〉帶出了一段日本統治台灣時所造成的影響：

> 患有失憶症的母親，在那個陽光下午居然使用優雅的日語對我說話。她的發音，帶有一份羞澀，斷斷續續又夾雜著泉州腔的台語。未能拭去的回憶，引領著她回到少女時代，那神祕的無可確切辨認的昭和年代。〔註58〕

> 母親也承認，她的日語思考勝過中文能力。雖然僅是小學畢業，父母常常在飯桌前使用日語對話……。〔註59〕

日本殖民時期，接受日本教育的母親「日語」成了她們所必學的一種語言，且在皇民化運動禁止學校漢文課程的教學政策下，加強日語常用運動，也就不意外母親的「日語思考勝過中文能力」，母親的少女時代縮合著昭和年代及日語的記憶，日本殖民對母親的影響不僅止於學會日語，同時也形成母親對日本歌曲、明星、雜誌等流行文化的喜好：「日本演歌歌手美空雲雀的歌聲，常常在家中流淌。母親在炒菜或洗衣之際，偶然也會低聲哼唱那些歌曲。我記憶最為鮮明的是，父母各自擁有日本明星偶像。」；「母親酷嗜日本的愛情物語」，「在母親的床頭，定期置放著日文書店租來的雜誌。」〔註60〕這是屬於陳芳明母親的昭和史，也是台灣庶民生活的顯影。在陳黎的〈母語〉通篇正是以母親日常所使用的語言，標誌出母親所行走過的一段台灣歲月，篇首即點出在母親身上所形成的四種語言背後的時代背景因素：

> 母親是客家人，在日據時代讀小學，光復後接受中學教育。她跟說台語的父親戀愛時用什麼話交談我不知道，但是記憶裡小時候母親總是用日語和父親說話，特別是在夜裡。他們的談話偶爾也夾雜一些台語……，用日語爭吵之後，安靜地播放一張日語歌曲唱片一起

〔註58〕陳芳明，〈母親的昭和史〉原載《中國時報》（2005年8月10日），收錄鍾怡雯主編《九十四年散文選》，（台北：九歌，2006），復收入廖玉蕙主編《中學生晨讀十分鐘：親情故事集》（台北：天下雜誌，2014），頁159。

〔註59〕陳芳明，〈母親的昭和史〉《中學生晨讀十分鐘：親情故事集》（台北：天下雜誌，2014），頁163。

〔註60〕陳芳明，〈母親的昭和史〉《中學生晨讀十分鐘：親情故事集》（台北：天下雜誌，2014），頁164～166。

聆賞——這是父母親送給我的最奇特的童年回憶之一。〔註61〕

母親是客家人，自然會說客家話；接受了日本教育學會日語，在國民黨來台後又接觸了國語文教育，嫁與閩南丈夫，因而學會台語，陳黎在演繹「母語」的過程裡，其實也側面析理出台灣社會所歷經的政權更迭及多元族群、多元文化的歷史事實。這樣的歷史現象不只發生在漢人社會，也發生在台灣原住民族部落：

> 母親能說日語，這在早期的台灣社會是有用的溝通工具，因為大部分
> 的「台灣人」都受過一點日文教育。然而，隨著「推行國語運動」的
> 徹底發展，以及相當一段時期對日本的政策性抵制，母親可以交談的
> 對象相對地縮小了。我永遠忘不了家裡有電視機以後，她常常坐在電
> 視機正前方的搖椅上，凝視電視畫面的情形，那種眼神是複雜的，充
> 滿好奇、猜測、迷惘與困惑，她多麼想了解這個世界啊……。〔註62〕

上述引文取自孫大川〈母親的歷史，歷史的母親〉，文中對於母親學習日語一事僅以「母親能說日語」一語帶過，在當時能說日語對於台灣人而言似乎是極其自然的事，因此，無需特別強調，反倒是在日本戰敗退出台灣接著國民黨來台，母親的溝通才真正陷入窘境，聽不懂國語，無法看懂以國語為主的電視節目，因此阻隔了母親對世界的了解；不會說國語，除了「交談的對象相對地縮小」就連生活上問路、買東西也發生了重重困難，政權的更迭竟使得自幼熟悉的故鄉成了陌生的異鄉。

母親的歷史當中，因外在環境所造成對生活形態的影響，除了語言之外，母親的工作、經歷往往也與台灣社會、經濟的變遷緊緊相扣，在上述文章中，孫大川除了提到母親使用日語的困境之外，該篇文章還記錄了母親十三歲時所參與的「鋤草團」一事：

> 十三歲輟學之後，母親開始參與村子裡的「鋤草團」（misahor）。……

〔註61〕陳黎，〈母語〉原收入《彩虹的聲音》（台北：皇冠，1992），後分別收入《陳黎散文選一九八三～二○○八》（台北：九歌，2008）；《陳黎跨世紀散文選》（台北：印刻，2016），本文所引用文本為廖玉蕙編選；林芳妃賞析《最好的時光：親情，愛在四季》（台北：正中，2010），頁33～34。

〔註62〕孫大川，〈母親的歷史，歷史的母親〉原載《首都早報》（1989年5月14日），收錄《久久酒一次》，（台北：張老師文化，1991）；復收入立緒文化編選，《我的父親母親（母）》（台北：立緒文化，2004）；其後再收入蕭蕭主編，《溫情的擁抱：經典親情散文集》（台北：幼獅，2009），頁122。

按部落之習俗，每至夏季農忙時，婦女便彼此邀約組成若干「鋤草團」，以集體耕作之方式，互助合作。〔註63〕

鋤草團的價值在於，「它透過集體勞動的方式，來塑造卑南族婦女的典型。」〔註64〕是原住民傳統社會的一項文化特色，母親除了是鋤草團的成員外，後來並長期扮演召集人的角色，孫大川說這讓母親「活得相當典型，成為不折不扣的卑南族婦女」〔註65〕這段歲月，成了母親生命中一段輝煌的歷史，然而到了民國四十年代中期以後，「鋤草團」因部落的解體而走入歷史，七十幾歲的卑南母親，就在「語言」及「部落社會的崩解」同時喪失的情況下，孫大川形容她們成了真正的異鄉人；在同一時期──一九五一年到一九六五年，台灣社會進入美援年代，其中一項是以美國剩餘農產品當作糧食援助，美國以小麥援助，經過台灣麵粉廠加工成麵粉之後，以棉布袋包裝運送給各單位使用，漢人女性──丘秀芷的母親，正是當時於貧困的年代以縫製麵粉袋而貼補家用的婦女之一：

尤其我讀中學時，家境非常困苦，年近花甲的母親常常設法找些零碎的工作來幫助家計，她為麵粉工廠縫麵粉袋；她從「放草帽仔」那兒領藺草，編織藺草帽。又在空地種菜，拿去賣。還養不少雞、鴨、豬……。〔註66〕

上述文字，除了點出美援年代母親「為麵粉工廠縫製麵粉袋」，還兼及台灣曾盛極一時（臺灣光復至大陸淪陷期間）的「苑裡帽蓆」的黃金時代，在當時「編織藺草帽」是許多婦女藉以幫助家計的重要收入來源。在台灣社會中，我們可以看到女性在家庭經濟所扮演的角色，除了消極的節省用度，積極地加以開源貼補家用外，還有一種女性更進一步地從「貼補家用變成了家庭裡的支柱」〔註67〕，范銘如〈母姨天下〉一文中所敘述的是母親及姐姐們從「赤

〔註63〕孫大川，〈母親的歷史，歷史的母親〉《溫情的擁抱：經典親情散文集》（台北：幼獅，2009），頁119。

〔註64〕孫大川，〈母親的歷史，歷史的母親〉《溫情的擁抱：經典親情散文集》（台北：幼獅，2009），頁120。

〔註65〕孫大川，〈母親的歷史，歷史的母親〉《溫情的擁抱：經典親情散文集》（台北：幼獅，2009），頁120。

〔註66〕丘秀芷，〈像媽媽多好！〉原載《吾愛吾家》（1985年5月號），收入小民編《感激──父母的愛》（台北：九歌，1986），頁182。

〔註67〕范銘如，〈母姨天下〉原載《聯合報》（2005年2月26日），收錄鍾怡雯主編《九十四年散文選》（台北：九歌，2006），頁59。

手空拳地奮鬥成獨當一面的老闆」的一則奮鬥史〔註 68〕，母親與她的姐姐皆出生於日據時期，三人命運相似從小即被安排在附近人家幫傭，一直到結婚才結束流離做工的生涯：

> 這一對苦情姊妹花顛沛失所的歲月在她們結婚之後總算稍微穩定下來，然而她們男人的收入都不足以支撐一個家庭。兩個女人繼續胼手胝足地賺錢，從補貼家用變成了家庭裡的支柱，相繼在她們最早成家自立的大姊家附近置產。三個姊妹的房子都在同一條街上、間隔著一個十字路口守望相助，隔壁街上相同路程裡坐落著她們年輕守寡的弟媳一家，四個女人都赤手空拳地奮鬥成獨當一面的老闆，在她們店裡幫忙的員工也以女性居多。〔註 69〕

從上述引文所提到的苦情姊妹、顛沛失所、男人的收入不足以支撐一個家庭以及年輕便守寡的弟媳等，其實已大致勾勒出一幅歹命的女性面貌，如果仔細閱讀文本，我們還可從文中拼湊出更多關於作家母親及其姊妹們的過往歲月——這群姊妹們有個一直嫌棄女兒「吃得多賺得少」的母親，父親過世後就不斷被母親四處轉賣當童工，白天背著雇主小孩洗衣服擦地板煮三餐、夜晚還得幫頭家嬤搥背搥到打瞌睡，從上述這些材料看來，十足可以鋪陳出一篇女性的苦難史，但范銘如不準備在讀者面前訴諸悲情或寄予同情，而是將筆鋒一轉朝向積極正向的一面，細數母姨們如何展示「困境裡的女人沒有示弱的特權」及「想生存，只能打拚再打拚」〔註 70〕的奮鬥歷程，這正顯示出作者所受到女性主義的影響，顯然她已站往不同的價值座標上，據此審視那時代女性所形成的一種新的觀看角度及不同的評價，她提到母親們捨棄了女性恬靜柔順、以夫為貴的婦道，就憑著能幹勤勞這一本事——「每天像插上不斷電裝置的機器人，睜開眼睛就要操勞到半夜」〔註 71〕，一分五釐地攢錢，終於成為在家裡「喊水會堅凍」，在外面獨當一面的老闆。

此文中，值得注意的是還有另一條軸線與母親們的奮鬥史呈平行發展，雖然看似毫無關係，卻十分深遠地影響著母親們對自己及女性的看法：

> 最特別的是，在我的家鄉嘉義市，打從我有政治記憶以來，一直就

〔註 68〕范銘如，〈母姨天下〉《九十四年散文選》（台北：九歌，2006），頁 59。
〔註 69〕范銘如，〈母姨天下〉《九十四年散文選》（台北：九歌，2006），頁 59。
〔註 70〕范銘如，〈母姨天下〉《九十四年散文選》（台北：九歌，2006），頁 60。
〔註 71〕范銘如，〈母姨天下〉《九十四年散文選》（台北：九歌，2006），頁 59。

　　是女當家，從已故的許世賢老市長迄今已經連續選出四位女市長
　　了。早在許世賢被尊稱為嘉義市的媽祖婆、甚至早在台灣有政治明
　　星這檔事以前，許世賢就是我媽的偶像。許世賢的豐功偉績〔註72〕
　　是忙得鮮少有時間為我講枕邊故事的母親一再講誦的傳奇。〔註73〕

許世賢的豐功偉業，在本文當中所佔據的篇幅與母親的奮鬥史相當，母親
第一次見到許世賢是日據時期她十歲，許世賢剛從日本醫學院畢業返回嘉
義擔任醫師之時，「小學還沒畢業就得賺錢謀生的她卻從那一個白色的身影
知道，原來女人有另一種可能，可以這麼強，這麼讓人佩服。」〔註74〕，范
銘如形容這是母親性別教育的初啟蒙。其後，許世賢醫師變成許世長，秉持
著清廉愛民，不畏強權的形象，深得市民的擁戴，其中以排除萬難推動嘉義
市的七彩噴水池工程一事，展現其巾幗不讓鬚眉的姿態，范銘如文中雌雄
同體的母親、阿姨們憑著女性堅韌的生命力所開闢出獨當一面的「母姨天
下」，正是許世賢精神典範的一種實踐，一種傳承，一種再現，這群母姨們，
在四、五○年代，從傳統父權婚姻裡女性所扮演的依附性角色一躍而為「當
家」的主要角色。

　　在書寫母親的散文作品當中，對於母親個人的價值觀或許並不是作家所
刻意呈顯的重點，然而，我們卻可以從作家所描述的事件或母親所說的話或
想法中，進一步窺視不同時代的母親們究竟存在著何種價值觀，我們知道，
個人乃存在於時代之中，那麼一個時代／社會的價值觀往往潛移默化地影響
著存在於其中的多數人，尤其，在封閉保守的年代如果是主導者所刻意為之
的，便很容易地就形成一整個社會的共同價值認知，吳晟的〈嘮叨〉提到母
親常說而顯得嘮叨的一番話：

〔註72〕有關許世賢的事蹟，根據公視所策劃飛越2000系列——《世紀女性・台灣第
　　　一》的介紹，標題即可見她在台灣第一的位置：「台灣第一位女省轄市長——
　　　許世賢（1908～1983）」她另外還有第一位女醫學博士，第一任嘉義女中校長，
　　　1968年許世賢當選嘉義市長，成為全省首位民選女性縣轄市長，1972年又於
　　　增額立委選舉中，以十九萬票全國最高票的破記錄當選立委。她經歷將近半
　　　世紀的政治生涯，樹立廉潔政治形象，培養了南台灣長達四十年兩代三人家
　　　族政治傳統，以及女性的政治參與。她的一生堪稱台灣地方史、女性奮鬥史
　　　的第一典範。網址：http://web.pts.org.tw/~web01/female/w3.htm。
〔註73〕范銘如，〈母姨天下〉原載《聯合報》（2005年2月26日），收錄鍾怡雯主編
　　　《九十四年散文選》（台北：九歌，2006），頁58。
〔註74〕范銘如，〈母姨天下〉《九十四年散文選》（台北：九歌，2006），頁58。

父親在世時，母親確實很少說話，每天默默的忙碌，全心照顧我們
的生活。父親去世時，我和幾個弟妹都還在求學，學業又不很順利，
母親常說父親最重視子女的教育，一生做人正直，唯恐我們沒有把
書讀好，沒有培養成正當的人格，對不起父親的期望……。〔註75〕

從吳晟所看到及母親所常說的話語裡，可以明顯感受到傳統婚姻中女性所抱
持的「出嫁從夫」的價值觀，父親在世時，母親扮演著配合（很少說話）、勞
動（默默的忙碌）及撫育（照顧孩子的生活）的角色；父親去世後，她又將丈
夫的期望視為己任，「唯恐」自己沒能完成而「一有機會，便一而再，再而三，
反反覆覆的舉例」〔註76〕，傳統社會的女性除了生活上從夫之外，就連心理
上也是十分地服膺丈夫的想法，這樣的想法在四、五〇年代台灣母親們的身
上其實是很普遍而無須特別強調的。而這個價值觀，同樣可見於外省母親身
上，於梨華在〈探母有感〉一文中，描述自己就讀大學時，一次在飯桌上回了
父親的嘴，父親竟隔著桌面搧來一個巴掌，於梨華負氣地在匿居在同學家，
兩天後回了家，母親如此的勸說著：「梨華啊，脾氣這樣倔強，將來誰敢娶妳
啊？」〔註77〕一番話顯見出母親的婚姻觀是偏向傳統的，除了「男大當婚，
女大當嫁」的婚姻迷思之外，同時母親也謹守著父權社會對於女性柔順／溫
婉／順從等標準，因此，作家倔強的脾氣明顯地不符合社會期望下的女性形
貌，這直接影響了她是否為男性所喜愛甚至選擇為妻的條件。若以現代的眼
光加以審視，我們當然可以輕易地提出許多質疑，如進入婚姻是女性自主的
決定亦或被動的安排？女性一定要柔順、溫婉才能為男性所愛嗎？男性所娶
的究竟是一個服從／服侍於他的妻子或是一個擁有自我主體的女性？然而，
若將這些質疑放置傳統時代的保守社會裡，顯然是不會被重視的，且傳統的
女性存在諸多的侷限──封閉保守的社會風氣，未能接受教育識字不多等，
自然也不容易有女性自覺這類的想法及意識，因此，對於母親們所持有的價
值觀，其焦點應不在於評斷其中的優劣，而是藉此，我們得以窺見母親們在
不同的時代裡曾經有過何種想法，不論是合乎社會主流的亦或個人內心真實

〔註75〕吳晟，〈嘮叨〉原載《聯合副刊》（1982 年），收錄《吳晟散文選》，（台北：洪
　　　　範，2006），復收入廖玉蕙編著《散文新四書──冬之妍》（台北：三民，2008），
　　　　頁 83。
〔註76〕吳晟，〈嘮叨〉《散文新四書──冬之妍》（台北：三民，2008），頁 93。
〔註77〕於梨華，〈探母有感〉，原載《聯合報副刊》（86 年 6 月 18 日至 20 日），收錄
　　　　於林錫嘉編《八十六年散文選》（台北：九歌，1998），頁 90。

的想法，而這樣的想法又是如何左右著她們及她們下一代的人生。

　　傳統社會當中存在已久且根深抵固的「重男輕女」的價值觀，已令女性無所遁逃於這樣的價值網絡中，陳靜宜在分析戰後小說的母親書寫時，曾有這樣的結論：

> 舊式婚姻中的女性有自己的思想和人格嗎？這群「受到傳統觀念的捆束，甘願淪為男性的附庸，為父權的需求去調整自己，認命於現實安排」〔註78〕的婦女們判斷自己有無價值的標準似乎只在於兩件事上：是否得到丈夫的愛，以及是否為夫家生兒子。〔註79〕

如果我們以此角度來看散文中母親們，似乎也有著類似的處境及想法。張惠菁〈往事的勝訴〉發表於二〇〇〇年，文中的母親深受未能生出兒子的壓力所苦，使得婚姻充滿挫折，身為女兒的作家也明顯感受到自己的出生是悖於母親的期望：

> 「咱小菁，親像查囡囝仔。」她總是這樣說。我的新曆生日正在婦女節那天，有時她和親戚們開玩笑：「若是青年節生，就是查囝了。」
>
> 老實說我也覺得自己該是男孩。我似乎出世就在性別上悖於我媽的期望。但我媽之所以這樣期望，並不是真對我不滿，是因為有一群親戚，在期望她生個男孩傳香火。而期望這東西幾經轉手，自然就添加了不少重量。我出生後兩年，我妹跟著來了，我媽終於沒達成祖父母的期望。此後是我媽和爸爸那邊親戚長久的不和。〔註80〕

引文中張惠菁提到自己女性的性別似乎是悖於母親的期望，換句話說，母親其實是十分渴望生個男孩，如果進一步地探究，母親渴望生男孩的心理因素究竟是源於自我的喜好亦或只是將夫家甚至社會的期望當成自我的期望，其實在文中作家已明白指出，在母親的婚姻生活常中「有一群親戚，在期望她生個男孩傳香火」，就在母親生下兩個女孩後，「終於沒達成祖父母的期望」，

〔註78〕陳碧月，〈林海音小說中的女性自覺書寫〉，頁 39。參見陳靜宜，《逆寫慈母——台灣戰後女性小說的母親書寫研究》（國立東華大學中國語文學系博士論文，2010），頁 28。
〔註79〕參見陳靜宜，《逆寫慈母——台灣戰後女性小說的母親書寫研究》（國立東華大學中國語文學系博士論文，2010），頁 28。
〔註80〕張惠菁，〈往事的勝訴〉，《閉上眼睛數到十》（台北：大田，2001），收錄於鍾怡雯、陳大為主編《天下散文選 II》（台北：天下，2013），頁 311。

張惠菁寫道「此後是我媽和爸爸那邊親戚長久的不和」，沒有為夫家生個男孩延續香火是不是造成母親與夫家親戚不和的主要原因，我們不得而知，然而，從文中可以明顯地感受到傳統社會所加諸於女性身上傳宗接代的壓力。平路〈母親的小照〉一文，敘述母親曾懷過一個男孩，然而卻無端終止了妊娠，使得母親一輩子「反覆地敘述自己流產的經驗」，這一遍又一遍訴說的遺憾，不在於失去自己所懷有的孩子，而是所失去的胎兒是個男孩：

> 許多時候，我只能夠做她沒有反應的聽眾，我翻轉著眼珠，坐在板凳上，聽她怨嘆地說，所流產的小孩已經成形，是一個男孩子。
>
> 一次一次，看見母親抽搐著肩膀，哀切地說：都怪啊，……沒有給你父親一個男孩子。
>
> 母親有的是我，唯一的女兒。為什麼，在這件事上，她絲毫不減悲傷的程度？……那時候，我多麼想要讓她開心，為什麼我不能夠決定自己的性別。為什麼，我不是母親最想生下的孩子？〔註81〕

從這段文字裡，可以再次得到印證，父權社會下的婦女們建構自身存在的價值確實源於是否得到丈夫的愛，以及是否為夫家生兒子，以這個角度來看，我們就不難理解何以母親如此怨嘆、哀切地說：「都怪啊，……沒有給你父親一個男孩子。」父權社會根深蒂固的重男輕女價值觀，影響所及的不僅是已婚的妻子、母親等女性，還有為母親所生與自己相同性別的女兒們，因此，女作家發出如此的感慨：「為什麼我不能夠決定自己的性別。為什麼，我不是母親最想生下的孩子？」，女性作家郝譽翔雖然不至於有如此不平之鳴的慨嘆，但迎接她到來的眼神也同樣不是喜悅的期望而是巨大的失望，因為在她之前，母親已生下了三個女孩：

> 她偏過臉來，漠然地看了我一眼，也沒有太大的喜悅。後來她還告訴我，就在那一刻她的心都涼了，因為我又是一個女孩。而這已經是母親的第四胎，前面三個全是女兒，她或許寄望如果我是一個男孩，可以讓父親回心轉意也說不定。對於未來，她充滿了不確定的恐慌感，要遠遠大過於對一個新生命的期盼，這已經是我母親的第二段婚姻了。她清楚地明白，自己再也承受不了又一

〔註81〕平路〈母親的小照〉，《我凝視》（台北：聯合文學，2002），收錄於立緒文化編選《我的父親母親（母）》，胡適等著（台北：立緒文化，2004），頁 268。

次的失敗。〔註82〕

「漠然地」看一眼、沒有太大的喜悅、「心都涼了」，我們實在很難想像這些辭彙如何套用在迎接新生兒誕生的畫面上，而且，這不是小說不是虛構的故事，而是作家所經歷的真實人生。藉此，我們可以看到一個深植於父權社會的價值觀，竟可以如此地扭曲母愛的天性，關於這否定天倫之愛的事實，平路於〈天倫否定？母女悲歌？〉一文針對一則關於臺灣社會將醫學上借以診斷胎兒健康情形的「產前篩檢」錯用為性別檢驗的報導，以此披露父權文化重男輕女的思想如何演變成一曲母女悲歌：

> 尤其令人心酸地，因為胎兒性別而施行人工流產的過程中，在手術檯上，被剝奪掉存活機會的是女兒，身體受到折磨創痛的是母親，很難再找到一幅畫面，那麼確切地隱喻著母女間環環相扣的命運——她們曾經血肉相連，到頭來卻彼此相捨！〔註83〕

透過醫學技術，母親提前知道腹中孩子的性別，在渴求男胎的偏差心理下，母親於是狠心地剝奪女兒生存的權利，平路意不只在揭露此社會現象，而是進一步地藉此批判造成女性悲劇人生的背後無形卻無所不在的父權文化價值體系，她如是分析女性施行人工流產的理由所在：

> 母親所以捨棄與自身同樣性別的胎兒，理由常是這位母親意識到多出一個女兒，足以讓自己在夫家的處境益發困難，或者，不免影響到丈夫在公婆面前的地位下跌……，凡此種種，墮胎表面上可能出於母親自願，事實上孰令致之：她抉擇的背後，無形中依從的仍是父權社會的行為準則。〔註84〕

上述提到郝譽翔敘述母親在生下第四個女兒的複雜心情，不正是因為意識到又多出一個女兒，除了自己在婚姻的處境益發困難外，還可能再次失去這一段婚姻，作家的母親心裡所寄望的是，如果郝譽翔是一個男孩，也許可以讓外遇的父親回心轉意也說不定。女性必須以生下男孩來鞏固自己在家庭中的位置，得到公婆的肯定，丈夫的愛，為此平路指出女性「必須一重又一重地扭曲自己，包括母親要去背叛原來的天倫本性。」〔註85〕她除了批判舊有的

〔註82〕郝譽翔，〈追憶逝水空間〉原載《中國時報》（2010年12月27、28日），收錄宇文正主編《九十九年散文選》（台北：九歌，2011），頁83。

〔註83〕平路〈天倫否定？母女悲歌？〉《愛情女人》（台北：聯合文學，1998），頁106。

〔註84〕平路〈天倫否定？母女悲歌？〉《愛情女人》（台北：聯合文學，1998），頁106。

〔註85〕平路〈天倫否定？母女悲歌？〉《愛情女人》（台北：聯合文學，1998），頁106。

社會價值觀對女性的迫害，更期盼能啟迪兩性平權的理念。

　　即便存在於傳統社會的重男輕女價值觀無所不在，從文本中也確實看到了它如何操控著女性婚後的人生，然而，可貴的是，我們仍可以在其他散文作品中看到光明的一面，母愛的天性，仍是可以衝破文化的桎梏，不論兒子亦或女兒，都為母親等同地照顧、呵護與疼愛。前行代作家劉靜娟的〈媽媽就是媽媽〉發表於六○年代，文中描述媽媽最大的樂趣，就是聽人家讚美她的兒女：

> 媽媽最大的樂趣，是聽人家讚美她的兒女。每逢這個時候，她的眼睛再疲憊，也會突然亮起來。除了充滿慈藹的光輝外，還顯得很陶醉；似乎很得意她生了這麼幾個「精采」的兒女。人家說她兒女乖，她得意；說她兒女能幹，她得意；人家說：「唷！您的女兒高您一個頭！」她也得意。就連有時候，我冒冒失失地指著姐姐或妹妹，說：「嘿！媽媽，您這個女兒長得真漂亮，不是嗎？」她也飄飄欲仙的。〔註86〕

雖然作家的母親有兒有女，但是從這一段文字的描述，「乖巧」、「能幹」及「漂亮」幾乎都是讚美女兒的，雖是女兒，母親仍是發自內心的感到得意、滿足，甚至「飄飄欲仙的」，女兒在母親的心中就是自己的孩子，無關乎性別。出身在傳統時代的丘秀芷（1940），一篇〈像媽媽多好！〉，母女情深躍然紙上，她提到：「我是母親的第八個孩子（排老七，因為上頭有個男孩一出生就夭折）。我下面緊跟著還有弟弟。」〔註87〕文中提及這群孩子當中，就有五個女兒，母親都十分疼愛，即使在丘秀芷之前有一個男孩夭折，母親也不致沉浸在憂傷裡而冷落女兒，還特別疼惜晚婚的丘秀芷，在她找到一個脾氣暴烈的對象託付終身時，母親親自為她張羅婚事，為她買全一切日用品，還從家中搬了許多，母親以此自嘲：

> 人家說嫁出去的女兒常是女兒賊，會回家搬東西，我啊！幫助女兒作賊。〔註88〕

母親的話語裡沒有嫌棄竟是充滿心甘情願的歡喜，除了喜孜孜的為女兒準備婚事，更在女兒懷孕時，為她搬宿舍；孩子出生時，為她做月子，就連女婿送

〔註86〕劉靜娟，〈媽媽就是媽媽〉，原載《中國時報副刊》（1963 年 5 月 12 日），收錄於張曉風編《親親》（台北：爾雅，1980），頁 129～130。

〔註87〕丘秀芷，〈像媽媽多好！〉，原載《吾愛吾家》（1985 年 5 月號），收錄小民主編《感激——父母的愛》（台北：九歌，2005），本文引用蘇偉貞等著《親情無價》（台北：幼獅，1998）頁 3。

〔註88〕丘秀芷，〈像媽媽多好！〉《親情無價》（台北：幼獅，1998），頁 8。

她極其普通的禮物，母親也視若珍寶，丘若芷在多年後所體悟到母親的這番用心，實在令人感動：「我慢慢懂了，媽所以在那麼多女婿媳婦的禮物中，獨獨器重『蠻子』女婿的禮物，無非是為了我！她希望這樣，可使那個蠻子女婿待女兒好一些。」〔註89〕

　　母親所持有的價值觀除了是社會上普遍存在的想法，劉靜娟有一個想法十分特別的母親，有一次，家裡來了小偷，沒有抓到，母親在事後所說出的一番想法，十分具有哲學意味：

> 媽媽曾經說過，要是她抓到了小偷，一定不往派出所送，相反的，
> 還要救濟他。她說：「人都有良心的，你這麼待他，就是他不學好，
> 以後他也不好意思再來了。」〔註90〕

母親對於即便抓到小偷非但不移送法辦還欲加以救濟，這種以德報怨的想法，與她所認為「人都有良心的」，顯見母親的想法是十分典型的人性本善論，在那年代她並未受過儒家經典教育，卻能有此見解，十分符應了劉靜娟所言「媽媽的心腸非常非常好」〔註91〕這是母親人格思想的具體呈現。

　　母親們自生活中所鍛鍊而出的智慧，往往十分的正面，具向上、向善的本質，如丘秀芷在叨唸母親節省得太過頭，母親回說：「好天要積雨來糧。」〔註92〕除了節儉、謙卑，還有感恩也是母親們所奉為圭臬的做人準則，廖玉蕙在〈取藥的小窗口〉一文中回憶小時候曾得了一種怪病，村子裡的醫生都束手無策，一位母親乾姊姊的丈夫將瀕臨死亡的她給救活，這一個救命的恩情，除了母親自己永記在心也不斷叮囑著廖玉蕙：「伊算是我們的救命恩人，你要一世人記咧。」〔註93〕甚至在往後的日子家中的九個小孩到診所看病，姨丈都未收取任何醫藥費，母親除了心存感激，只要乾姊姊有事開口，她再

〔註89〕丘秀芷，〈像媽媽多好！〉《親情無價》（台北：幼獅，1998），頁14。此處所言「南蠻子」是丘秀芷對其丈夫的稱呼，她說：「外子是海島人，結婚時什麼都沒有，沒房子、沒錢、沒……」，頁8。

〔註90〕劉靜娟，〈媽媽就是媽媽〉，原載《中國時報副刊》（1963年5月12日），收錄於張曉風編《親親》（台北：爾雅，1980），頁128。

〔註91〕劉靜娟，〈媽媽就是媽媽〉《親親》（台北：爾雅，1980），頁128。

〔註92〕丘秀芷，〈像媽媽多好！〉，原載《吾愛吾家》（1985年5月號），收錄小民主編《感激——父母的愛》（台北：九歌，2005），本文引用蘇偉貞等著《親情無價》，（台北：幼獅，1998）頁4。

〔註93〕廖玉蕙，〈取藥的小窗口〉，原載《聯合報副刊》（2010年9月12日），收錄於廖玉蕙編著《後來》（台北：九歌，2011），頁94。

忙再累也都會前去幫忙，以實際行動來實踐母親口中常說的：「呷人一斤，至
少著要還人四兩！」〔註94〕的價值觀：

> 母親沒有受過高深教育，不懂得古人「受人點滴，報以湧泉」的浪
> 漫，她一生常掛在嘴邊的是更具庶民精神的「呷人一斤，至少著要
> 還人四兩！」她無時無刻不把這四兩和一斤的重量揪在心底。「伊算
> 是我們的救命恩人，你要一世人記咧。」〔註95〕

不僅廖玉蕙的母親沒有受過高深的教育，那時代多數的母親們其實都沒有機
會受到教育，然而，她們的確都深具庶民精神，勤儉持家、腳踏實地、知足感
恩的努力生活，她們的想法大都深植於子女們的心中，這些良善的精神典範，
其實是十分具有社會意義的，同時也十分令人敬佩，誠如劉靜娟所言：「媽媽
並沒有如我小時候所期望的做過『驚天動地』的大事，沒有大學問，也不懂
得那一套持家、教孩子的大理論；但是，在我們心目中，媽媽是很了不起的。」
〔註96〕這些源自於婦女、母親們於實際的生活場域所累積的經驗與智慧，雖
然不致形成多麼深奧的學問，也沒構成驚天動地的豐功偉業，卻是補白台灣
歷史相當重要且珍貴的史料之一，法國結構學大師傅柯針對時代中的小人物
有一番特別的看法：

> 除了一個時代的代表人物外，我們也必須進一步研究那些名不見經
> 傳的人或事，因為他們在構成時代的話語中，亦占有舉足輕重的地
> 位。〔註97〕

散文文本雖不似自傳，將母親的一生詳實紀錄，但這些出自於作家筆下，有
意公諸於世，以不同的寫作動機、相異的敘述視角散落於各篇章中的母親們
的故事，亦可視為建構女性生命史的一個部分。

第四節　探討孝道的意涵

台灣延續著中國文化的傳統，一直以來便非常重視孝道。所謂「孝」的

〔註94〕廖玉蕙，〈取藥的小窗口〉《後來》（台北：九歌，2011），頁 101。

〔註95〕廖玉蕙，〈取藥的小窗口〉《後來》（台北：九歌，2011），頁 101。

〔註96〕劉靜娟，〈媽媽就是媽媽〉，原載《中國時報副刊》（1963 年 5 月 12 日），收
　　　錄於張曉風編《親親》（台北：爾雅，1980），頁 129。

〔註97〕轉引自張瑞芬，〈趙雲、張菱舲、李藍的現代主義轉折〉《臺灣當代女性散文
　　　史論》（台北：麥田，2007），頁 264。

本質，簡單來說其實就是報恩——報答父母的養育之恩，這個觀念已普遍地成了社會所認同的一種倫理觀，隨著時代的更迭世代價值觀點的差異，孝道的觀念或許有所鬆動，然而，孝道的核心價值卻仍為多數人所信守，至少在散文作家筆下，仍可見作家們竭力護持甚至再次發揚反哺報恩的倫理價值，但知易行難，尤其在繁忙的工商業社會當中，如何盡孝？如何承歡膝下？如何保有自己的生活又能照顧年老的父母，這些實際的問題，成了現代人首要克服的難題，散文反映真實的人生，因此，這個部分也自然地成了散文中母親書寫的另一個議題，為作家們所關注。年老、孤單與疾病是作家普遍會著墨的部分，但在散文中我們還發現到有些作家筆下的母親一反消極的走向衰老而展現開朗的一面積極地規劃自己的晚年，雖然數量不多，卻深具啟發的意義，至於，作家們如何看待孝順這件事並實踐孝道，在文章中他們抒發了何種看法、想法甚至作法？如何建構具備現代意義的孝順內涵，成為本章所欲深入探討的重點之一。

一、孤單的母親

在眾多書寫母親的散文作品中，書寫的視角大多是由兒女的角度來加以敘寫，因此，在許多作家的眼中，幾乎都看到了一個卸下母職之後孤單的母親，散文中母親孤單寂寞的身影多半是透過兒女的眼中加以描繪，幾乎未見由母親本身親述心中的寂寥，傳統的母親通常不擅於對子女表露內心的感受，而且即使孩子已經長大成人她仍繼續扮演著犧牲奉獻的角色，默默地支持孩子，不願為此帶給子女壓力甚至牽絆孩子的發展——學業、事業、家庭等。琦君的〈毛衣〉一文即明白訴說著沒能多陪伴年老的母親的遺憾，當年琦君告別母親自家鄉遠赴上海讀書，母親在當時身體已明顯衰弱，就在琦君離開的兩年後，母親辭世，在病危之急，母親愛女心切，仍堅持不讓琦君趕回來見她最後一面：

> 我不能不怨姨媽和叔叔，為什麼不把母親病危的消息告訴我。他們說那是母親的意思，她不讓我在畢業考試的時候分心，況且那時交通阻隔，單身女子繞路回家太危險。她不願她唯一的女兒為她冒這樣大的險。〔註98〕

〔註98〕琦君，〈毛衣〉《煙愁》（台北：爾雅，1981），收錄於正中書局主編，《親情維他命》（台北：正中，1997），本文引用《煙愁》中所收錄之〈毛衣〉，頁67。

一個母親即使已走到了人生的盡頭，她仍然用最後一絲力氣壓抑自己的想念，保護著她唯一的女兒，期盼她在安全的國度裡，順利完成學業。

傳統母親的價值，有很大一部分是建構在「功用性」——生育、勞動、服侍，而當她完成這些任務之後，子女長大成人紛紛離開家庭開展自己的生活，身為母親的價值也就跟著削弱，在大半生的忙碌與居處於家庭的小天地中，母親們已形成一種如波娃所形容的「內囿」的生命型態：

> 丈夫既然是個生產工作者，他便超越了家庭的利益而看向社會的利益，他的前途因參加了社會事業而光明正大：他是「超越」（transpendence）的化身，女人則不幸被編派了傳宗接代和操持家務的任務——那就是說，她的功用是「內囿」（immanence）的。……妻子除了維持生命而千篇一律地操作之外，別無他事。她單調地生兒育女，維持一家的日常瑣事，看顧門窗是否關緊等等。她不被允許對未來或對外在的世界有直接的影響。〔註99〕

蘇偉貞的〈有空就回家〉，從題目上便明顯可以感受到母親殷殷盼望著長大後的孩子仍能常回家，從另一個層面來看，母親的生活重心的確只在兒女身上，即使兒女已長大成人，她仍緊守著母親的崗位，繼續地待在家裡等候隨時都可能回家的孩子，令蘇偉貞所不忍的是母親孤單一人的生活景況：

> 長大以後，每次回家，推開門往往母親已經聞聲出來了，屋子裡經常是她一個人，而且電視聲總在響著，不知道她獨自在家等人回來的滋味是怎樣，奇怪，一個人養了六個兒女，結果還是要獨自看電視。〔註100〕

子女長大後，父親依舊出門上班，孩子們則振翅高飛擁有不一樣的生活，只有一生以兒女為中心的母親沒有得到自我的超越，在這個生命階段她的活動範圍仍是那偌大的住屋，所不同的是住屋裡只剩她「一個人」，一個「獨自在家等人回來」、「獨自看電視」的母親，在此，我們不禁想問，一個養大了六個兒女的母親最終的價值何在？如同蘇偉貞想問的，母親內心的滋味是什麼？這是非常值得探究的問題，只可惜蘇偉貞並沒有進一步的帶出母親的想

〔註99〕西蒙・波娃（Simone de Beauvoir）著，楊美惠譯《第二性》（Le Deuxieme Sexe）（第二卷：處境）（台北：志文，1992），頁11～12。

〔註100〕蘇偉貞，〈有空就回家〉，原載《中央日報》（1983年）收錄於《歲月的聲音》（台北：洪範，1990），本文所引用者收錄於《親情無價》（台北：幼獅，1998），頁57～58。

法，她仍著墨於母親的孤寂形貌，將之鋪陳的更加深刻：

> 可是我永遠忘不了每次回家時，看見母親一個人坐在椅子上看電
> 視，旁邊放著一把瓜子，她一個個拿在嘴裡嗑，『咳』地一聲，響在
> 沈靜中。〔註101〕

一句「『咳』地一聲，響在沈靜中」，顯見無比冷清的家屋與無比寂寥的母親，
這冷清的家和母親一直喜歡家裡充滿聲音形成強烈的對比。

　　同樣的孤單身影也見於蔡逸君〈聽母親說話〉，假日才回家的他，獨居的
母親總是抓住這個機會，鉅細靡遺地細數她周旁發生的所有事情，而且不分
大小，只要起個頭，便不停敘說，看著眼前的母親，蔡逸君有如此的感慨：

> 我看著母親，想若是平常日子，她一個人在家，要找誰說話呢？難
> 怪死了一隻孔雀魚她會說上好幾遍，難怪她那麼認真關心幾米苦不
> 苦，難怪她連我睡著時都還不斷對我說話。〔註102〕

連續三個「難怪」，透露出理解與心疼，「一個人在家」的母親，因為身邊已沒
有需要她忙碌的家人，多出的時間及空間構成無以排遣的寂寞，因此必須抓
緊機會對著偶爾才回家的孩子不斷地說話。除此之外，母親能做的不過就是
等待，等孩子打來電話，等孩子有空回家：

> 我安安靜靜地看著母親。藥罐旁就是她伸手即可抓到的電話筒，每
> 次我打電話回家，鈴聲不曾超過兩次，她就一定接起來，母親選擇
> 坐在電話旁的位置，不過就是等待著，深怕漏接任何一通我打回家
> 的電話。〔註103〕

不超過兩次的鈴聲以及深怕漏接子女電話的動作，俱現母親寂寞的悲涼。除
了子女成人離家的空虛，文中還透露了母親自南部老家遷移至台北，離開原
本熟悉故鄉的情況：

> 輪到我歎氣了，母親跟著我們搬離故鄉接近二十年，現在她夢裡的
> 場景人物都還留在過去，而我們已經各自在別處落地生根，搬不回
> 了。〔註104〕

遠離家鄉其實也意味著遠離了熟悉的人事，對母親而言，這無疑是另一重的

〔註101〕蘇偉貞，〈有空就回家〉《親情無價》（台北：幼獅，1998），頁58。
〔註102〕蔡逸君，〈聽母親說話〉原載《自由時報》（2005年12月5日），收錄於鍾
　　　　怡雯主編《九十四年散文選》（台北：九歌，2006），頁372～373。
〔註103〕蔡逸君，〈聽母親說話〉《九十四年散文選》（台北：九歌，2006），頁373。
〔註104〕蔡逸君，〈聽母親說話〉《九十四年散文選》（台北：九歌，2006），頁375。

失落，而且這份失落只能在夢裡重溫，現實生活中已無法再回去了，一則因為孩子「已經各自在別處落地生根，搬不回了」，另外，母親年紀已大，真的一個人搬回去，又恐會造成孩子們的負擔，因此，當作家探及母親有沒有想要搬回南部的念頭，母親如此說著：「想是想，但是太為難了，大家各人有各人的生活，太勉強就不完滿」。在台灣應該有不少這樣的母親，遠離自己熟悉的地方，跟著孩子自鄉村至都市生活，不論是居處空間、生活習慣以及熟悉的鄰居等，都與以往大不相同，對母親來說必須一一加以重新適應與學習，甚至必須勉強自己牽就子女的生活方式，牽就現代的工商業社會。

　　其實，不僅是年老的台灣母親必須面對孩子離巢後的孤寂，於梨華的外省母親，在飽嚐顛沛流離的艱辛歲月，養大了六個子女，行至晚年，也同樣有著這樣一段孤獨的時光。〈探母有感〉中，花了一些篇幅描述父母親晚年的流離生活，父親一生到老終究沒有自己的房子，於梨華婚後曾接父母親到美國的家中住，她提到：「父親是我知道的極少幾個公家機關做了一輩子後而居住沒有房子、家裡沒有金子、出門沒有公家派來的車的窮公務員。到美國後，他們輪流在幾個子女家裡住。若干年下來，『東家道是西家好』，幾經轉換。兒子有媳婦，女兒有女婿，而兒女都有兒女。況且，水往下流，子女的家，究竟不是久居之地，他們終於回到台灣，租屋而居，兩人相對。」〔註105〕一直到父親去世，母親孤單一人，再出國依靠子女，於梨華如此描述母親在美國的景況：

> 老年本已孤寂，更何堪子女終日忙碌，在異國又成了個無耳無嘴
> 又無腿的廢人！日等三餐，夜度一宿，過的是寂寞難言的日子。
> 她從不抱怨，但我們都知道。我們帶她去賭城度過八十歲後，就
> 由小弟接她回台，回到他的家。但誰的家都不是她自己的家，而
> 父親留給她的些許儲蓄，是絕對不夠她在台北購屋的。我們幾個
> 唯一可做的，是不時寄錢給她做賭本解悶，不時去電話打破她的
> 寂寞，如此而已。〔註106〕

這段文字，點出母親晚年「寂寞難言」的諸多原因，老年無事可做的孤寂、子女忙於工作家庭、不諳英文無法在美國溝通生活等，母親只好再回到台灣，

〔註105〕於梨華，〈探母有感〉，原載《聯合報副刊》（86 年 6 月 18 日至 20 日），收錄於林錫嘉編《八十六年散文選》（台北：九歌，1998），頁 101。
〔註106〕於梨華，〈探母有感〉《八十六年散文選》（台北：九歌，1998），頁 101。

至此於梨華明白指出了一個相當現實的事實，即母親沒有一個屬於她自己的空間，自己的房子，自己的家，所以「誰的家都不是她的家」，母親耗費一生的時間、精神及金錢，養大孩子，而且令他們都受到大學及大學以上的教育，甚至還以私房錢送作家出國深造，然而，母親卻沒有為自己購得一間自己的房子，這其實是相當值得令人深思的問題，當我們一味的沉浸在歌頌母親無怨無悔、無私奉獻的美好想像時，我們可曾為母親們設想當母職生活已經完全吞噬她的個人（時間、工作、興趣、人際），她們又該如何回到自己的生活，又該如何獨立且開朗的渡過自己的晚年時光，這應是一個身為母親們的女性所不得不正視的一個問題。

二、年老的母親

在上述散文文本中描摹卸下母職後的母親們，對著空無一人的家屋，顯得孤單、空虛令子女深感不忍的形象，值得注意的是，這只是文本中一部分的母親樣貌，不必然每個母親都會面臨獨居、獨處無所依靠的處境，然而，年老的問題，卻是每個母親都將逐步走上的人生階段，在描寫母親，許多作家都會觸及到母親年老的問題，透過這類文本，我們可以一窺作家們如何看待母親年老的事實。

在這類作品的寫作中，作家們分別從不同的面向切入描寫「發現」母親年老一事，驚覺母親變老，最直接的素材便是母親的年紀，然而，恐怕多數人都和陳黎一樣，因為朝夕相處，也沒有特別需要，所以並不會刻意去記著母親的年齡，〈青春〉一文陳黎提到偶然在鏡中看到自己的白髮，感到歲月的侵迫，進而也驚覺到不再青春的母親：

> 他從沒有想過自己的母親有多大多老了。……每日相處，更不覺得今日之她與昨日有何不同，照樣要她洗這些東西、做那些事情。在不停的工作與工作間，青春似乎不曾有羔。一直到過年前，學校要填一份資料，他打電話問她生日，細數之下，才發現快六十了。〔註107〕

作家直言「從沒有想過自己的母親有多大多老了」，一來有自責不孝的況味，該文在下一個段落裡延續著白天發現的這個事實，說自己「晚上躺在床上，一直問自己為什麼沒有注意到母親年紀越來越長了。」可見，陳黎是十分自

〔註107〕陳黎，〈青春〉《人間戀歌》（台北：圓神，1989），收錄廖玉蕙主編《流星雨的天空》（台北：幼獅，2010），頁151～152。

責的。再者也有意藉此提醒讀者，不要和他一樣輕心率性，以免有所遺憾。「歲月催人老」雖然是一個普遍的現象，但從文本當中，我們還可以看到與丈夫感情生變，也是造成母親們憂傷而變老的一個常見的原因，張耀仁在〈最美的・最美的〉寫下了父母親不甚美好的感情：

> 未來的家變成了現在的模樣：父親去了中國大陸經商，好久以來只打過幾通電話回家，或者一味要求匯款，偶爾返家倒頭便睡，只聽見母親來電訴苦：兩個人又吵架了，又不說話了——不說話的母親鬢髮生出了霜白，每隔幾個月要以染劑喚回青春，原以為這輩子不可能會老，未料一彈指竟也到了力不從心的年紀……。〔註108〕

在作家大學聯考前，父親結束中藥店的生意，改賣有機食品而至大陸經商，一連串的問題由此開始，不回家、要求匯款、與母親吵架……，母親就在這樣的煩惱中「鬢髮生出了白霜」，面對髮絲有了「白霜」，母親的做法是「每隔幾個月要以染劑喚回青春」，在此，作家的書寫帶出了時代的新元素——「染髮」。

　　以母親的白髮切入描寫母親逐漸變老，是讀者所熟悉的寫作手法，這是年老中最容易被查察覺的特徵之一，因而也成了作家們在書寫母親的年老時最直接汲取的寫作素材，其實關於年老還有許多細微不易察覺的細節，這在新生代作家筆下有了更感官更細膩的開展，收入在九歌九十七年散文選的吳柳蓓〈洗〉一文，以「洗血」、「洗味」、「洗白」三節分別寫到母親更年期的亂經、身上所散發腐老的氣味以及逐漸花白的頭髮。其中花白的頭髮仍是新生代筆下繼續書寫母親的素材，只是吳柳蓓更進一步地往下寫出了白髮之後的種種境遇：

> 於是，我得承受母親逐漸花白的事實，白髮之後的境遇是腎功能失調，膀胱虛弱，漏尿，發炎，尿路感染。阻止不了，誰都阻止不了時間分分秒秒裡賊去你身上任何東西，一寸一寸的趨白證明它是靜默的，讓人毫無所覺的掠奪。〔註109〕

母親的頭髮「逐漸花白」，是事實也是常見的描述，而白髮之後的境遇除了上

〔註108〕張耀仁，〈最美的・最美的〉原載《中國時報》（2009 年 10 月 22 日），收錄張曼娟主編《九十八年散文選》（台北：九歌，2010），頁 327。

〔註109〕吳柳蓓，〈洗〉原載《臺灣時報》（2008 年 11 月 21 日），收入周芬伶主編《九十七年散文選》（台北：九歌，2009），頁 354～355。本文獲第十屆磺溪文學獎散文創作類第二名。

述言及「腎功能失調，膀胱虛弱，漏尿，發炎，尿路感染」等現象，作者在「洗血」一則直接探觸了女性較為私密的話題，且對象是自己的母親。吳柳蓓透過與母親的對話，帶出母親進入更年期的主題，文中以直白的文字寫到她問母親「『妳的屁股紅紅的。』什麼紅紅？『媽，妳那個來……。』」，接著是陪母親上婦產科，醫生提的婦女在更年期會有亂經的現象，母親在服用醫生開給的荷爾蒙劑之後的所提到身體的感覺，作家如實的書寫下來：

> 服用幾次後來潮的次數減少，量也不像之前那麼多，她還說，那個地方不會澀澀的了。……「應該是萎縮吧。」我取走母親吃藥的杯子扭開水龍頭沖一沖，順手把幾個小碟子洗掉。鼻腔略略捉到一縷阿嬤身上的味道，很輕。「媽！妳有沒有在聽？那是陰道萎縮的關係。」……原來母親的問題不只是子宮頸鬆弛，行蹤不明的氣味是一種衰老的前兆。〔註110〕

從該段文字的敘述，至少顯現出兩重意義，一是同樣點明女性私密之處，母親以「那個地方澀澀的」加以指稱，母親所代表的是傳統女性含蓄的特質；作家則展現現代女性對女性身體感官坦然而健康的態度，直言母親所描述的是「陰道萎縮」，第二層意義則在於如此直接而細微的描述，卻是在這類母親書寫的散文中少見的，除了表現出女性所擅長的細節描寫，同時也扣合了世紀末台灣文壇中的女性書寫中的女性身體書寫的主題，楊翠曾針對此文學現象提出她的觀察：

> 台灣的女性書寫發展到了本世紀末期，也已經有了相當多元的景觀。女性書寫的議題日見開展，也日益細微，可以是私領域，也可以是公領域，可以是國族認同，也可以是身體情慾，女性書寫的文類包羅萬象。〔註111〕

> 本世紀末在台灣文壇中最眩目的女性書寫，應該可以說是女性身體／情慾書寫，書寫者從最細微處去刺探女人的身體記憶、感官觸覺，把女體從男性的凝視、審美中解放出來，把女體還給女人自己。〔註112〕

〔註110〕吳柳蓓，〈洗〉《九十七年散文選》（台北：九歌，2009），頁351。
〔註111〕楊翠，〈原音與女聲──跨世紀台灣文學的新渠徑〉，《文訊雜誌》（1999 年12 月），頁48。
〔註112〕楊翠，〈原音與女聲──跨世紀台灣文學的新渠徑〉，《文訊雜誌》（1999 年12 月），頁48。

作家從母親身上所捕捉到一縷很輕很淡，如阿嬤身的氣味，這股「行蹤不明的氣味」在吳柳蓓的形容下「是一種衰老的前兆」，是一種老朽的氣味。以「一縷」、「很輕」及「行蹤不明」等辭彙來勾勒母親身上最細微、最不易被察覺的味道及亂經等種種現象來顯露母親逐步走向老年的具體細節，是十分典型的女性的感官書寫，也唯有母女的關係方能有如此的凝視與描述，母親與女兒之間因性別相同的條件下其親密程度實是遠甚於母子之間，女性（母親）的身體在女作家的筆下也因此開拓出更私密的書寫面向。

　　蘇偉貞在〈有空就回家〉言及因為兄弟姐妹們長大成人後各自星散，慈愛的母親因此南北奔波的探望孩子，她有感而發的說「似乎天下的母親都在不知不覺中老去。」〔註113〕即便我們早已深知「樹欲靜而風不止，子欲養而親不待」的道理，我們還是容易忽略，在作家的文本中，通常也是在不經易中忽然「發現」母親也會老的事實，同時伴隨著這個發現，作家有感慨有震驚更有不願面對的種種複雜情緒。前述的吳柳蓓〈洗〉一文就說了「老這個字眼在我眼裡像天皇老子遠」，從不認為母親也會有老去的一天，因此她除了「震驚」之外，文章結尾也明言「我故意不去注意母親的白髮何時要長出來，因為我還在說服自己去正視母親逐漸衰老的事實。」〔註114〕。不同於吳柳蓓的消極應對，平路則顯得平靜以對，她說：「若能夠正眼看老人的垂暮，就知道最後的時日或是這樣或是那樣，至多是莫可奈何，談不上什麼喜感。」〔註115〕年老的時光真的只能如此令人喪氣的「或是這樣或是那樣」，不是孤單無依，就是開始病痛纏身？張蕙菁的〈往事的勝訴〉一文，完全不以感傷的角度來看待母親的年老，在她的筆下描繪出一群快樂活潑且充滿生命活力的退休媽媽們：

> 男人們退了休，還在努力適應，女人們早就替自己安排好了老去前
> 的生活步調。於是我媽和她的朋友們，成群結隊的小女孩歐巴桑，
> 在老去之前返歸青春期，手牽手浩浩蕩蕩穿越這城市。〔註116〕

〔註113〕蘇偉貞，〈有空就回家〉，原載《中央日報》（1983年）收錄於《歲月的聲音》（台北：洪範，1990），本文所引用者收錄於《親情無價》（台北：幼獅，1998），頁57。

〔註114〕吳柳蓓，〈洗〉原載《臺灣時報》（2008年11月21日），收入周芬伶主編《97年散文選》（台北：九歌，2009），頁355。

〔註115〕平路，〈歲月與……破娃娃〉，《讀心之書》（台北：聯合文學，2004），頁52。

〔註116〕張蕙菁，〈往事的勝訴〉，《閉上眼睛數到十》（台北：大田，2001年），收入鍾怡雯、陳大為主編《天下散文選II》（台北：天下，2013），頁320～321。

其實在你沒注意到的地方，媽媽們以歐巴桑的年齡、小女孩的精力，反攻城市空間。每個禮拜去合唱團唱歌，相約上餐廳吃飯、喝下午茶，有時也會去 KTV，要不然就往城市近郊跑，爬山、洗溫泉。〔註117〕

上述兩段文字，張蕙菁勾勒出一幅明亮而充滿朝氣的母親們的老去前的時光，作家在此除了以文字揭示母親的生活，同時也給予讀者另一層啟發，即不一定只有身邊的伴侶才是自己終老時唯一相伴的對象，女性除了忙於家庭、工作，更重要的是保有一些朋友，同時，主動規劃自己的退休生活遠比被動的等候子女的安排與陪伴，相對而言較有尊嚴，作家在此具體說明了母親們的活動內容——唱歌、吃飯、喝茶、爬山、洗溫泉等，其實不過就是一些平凡且日常的休閒活動，然而因為這些活動往往是一群人「成群結隊」、「浩浩蕩蕩」的進行著，多了人際間互動的樂趣，也多了一種歸屬感，取代了一個人甚至兩個人窩居的寂寥與孤單。對於卸下母職的女性們如何安排自己的老年生活，周芬伶提出這樣的想法：「老人的老年生活也可以是美麗豐富的，五十歲讀一個博士學位，六十歲學畫，七十歲寫小說，許多來不及實現的夢想，在兒女成長離家之後，也許可以好好地點收了。」〔註118〕這或許只是理想，然而，隨著時代的變遷，社會與家庭的結構逐日變化的情況下，如何開朗而健康的擁有自己的老年生活，成了每一個現代母親或女性生命中重要的課題了。

三、實踐孝道

上述分別自文本中析理出作家筆下所描摹卸下母職後的母親們其晚年景況與生命樣態，有不忍母親的孤單，也有驚覺母親年老卻莫可奈何的無力，在此我們或許可以提出這樣的疑問，自前行代作家至新世代作家的作品當中，我們都可以見到這樣一個年老或孤單的母親，作家們不間斷地在筆端展現這樣的母親形象，其用意果真僅止於在感傷的敘述中引起讀者的不忍之情？顯然，文學功能應不止於此，細讀文本後，我們發現作家除了以主觀情感的涉入進而消極的暗示讀者「樹欲靜而風不止，子欲養而親不待」之外，文中有不少篇幅更進一步的透過自身的體悟提出積極具體的行孝方式，同時，對於傳統孝道的合理合宜性也有了一番重新的省思，企圖提出更合情合理順應時

〔註117〕張蕙菁，〈往事的勝訴〉《天下散文選 II》（台北：天下，2013），頁 308。
〔註118〕周芬伶，〈女人的一生〉《女阿甘正傳》（台北：健行文化，1996 年），頁 46。

代的新的倫理孝道觀，以下分別自文本中歸納出作家所提出的行孝方式及其呈顯的思考觀點：

（一）保持母親的青春

在《大戴禮記》中曾子提揭關於孝順的三個層次，他說：「孝有三：大孝尊親，其次弗辱，其下能養。」根據曾子所言，孝敬父母最重要的是尊敬與關愛；其次是為人子女要能奉公守法，不行惡事以讓父母蒙羞；最下一等的孝即是供養父母所需的食衣住行。曾子所言，作家陳黎除了奉行不忒之外，且進一步思索如何能更孝順：

> 晚上睡覺時，他一直想要怎樣才能更孝順。大孝尊親，其次弗辱，
> 其次能養。只有這如何抵抗老去是他一點也無能為力的。他左思右
> 想，最後還是決定照樣叫母親幫他做這件、那件事吧。就像每天在
> 母親身邊比較不會感覺她變老一樣，讓母親在不斷的活動、關注中
> 感受到生命的活力，恐怕是保持青春最好的方法吧。〔註119〕

作家苦思著如何抵擋時光的流逝，「如何抵抗（母親）老去」，結果還是「一點也無能為力」，閱讀至此，其實我們對這樣的敘述並不感到意外或特別，因為親情書寫中關於這類的描述已十分常見，實難以再激盪出更多的情感波瀾，然而作家接著卻由心理層面的消極想法翻轉出實際積極的做法，即讓母親「感受生命的活力」，具體的做法就是「照樣叫母親幫他做這件、那件事」，藉著讓母親有事可做，讓她仍為身邊的人所需要著，這是陳黎左思右想體悟而出的做法，看似平淡無奇的敘述裡，除了得以感受到作家對母親那份依戀、細緻的情感之外，也進一步顛覆了人們對孝順的想法，拓展了孝順的意義與價值。廖玉蕙評論〈青春〉一文也點出如何讓母親保持青春，是陳黎關切的焦點，也是他展現孝順要及時的具體作為：

> 對「老」的腳步的侵逼，就算神仙亦無可奈何！作者以母親同學會
> 參加人數的逐年遞減，描摹衰老與死亡威脅的不可扼抑！而如何讓
> 母親保持青春，從此成為作者關切的焦點！「孝順」從關心起始，
> 他自此不再率性輕心！〔註120〕

不同於陳黎在精神層面讓母親擁有生命活力，保持青春，女作家則以「染

〔註119〕陳黎，〈青春〉《人間戀歌》（台北：圓神，1989），收錄廖玉蕙主編《流星雨的天空》（台北：幼獅，2013），頁152。
〔註120〕陳黎，〈青春〉《流星雨的天空》（台北：幼獅，2013），頁154～155。

髮」來留住母親身體樣貌的青春：

> 我突然興起幫母親染髮的念頭。……母親還坐在外面等頭髮入色，
> 顏色能撐多久，她是隨口問問，我卻不是隨意染染，刻意讓時間慢
> 下來，不要踩到時光的翼是我的計謀，染髮只是一種手段。「媽，妳
> 能感覺我的無能為力嗎？」我問您？〔註121〕

「染髮」也是為了讓時間緩慢下來的手段之一，然而，究其實那只是一種自我欺瞞的障眼法，白髮仍是在時光的推移間悄悄蔓延，只是這次被染劑掩蓋了起來，母親依然無可避免的走向衰老，無怪乎作家要發出無能為力的感嘆。欲留住母親的青春，從另一個角度來看，即是渴望留住母親的生命，因為不論是內在生命失去活力亦或是外在的年老色衰，都容易讓人聯想到死亡，死亡意味著天人之間徹底的永隔，因此，作家們紛紛在文本中透露出這樣的焦慮，但也同時積極的關心起身邊的母親。

（二）色難，順心

關於孝順，孔子所提出的「色難」〔註122〕直至今日，仍為多數人所推崇肯定的，孔子認為侍奉父母最不容易做到的便是臉色和悅，吳晟在〈嘮叨〉一文，雖也有微辭但更多的是體諒：

> 年歲漸增，漸能體會母親的苦心，即使被嘮叨得很煩，也要想辦法
> 化解不耐的情緒，不使顯露出來，以避免傷了母親的心。
>
> 父親去世後，母親日日操勞，獨自撐持家計，東挪西借，籌措我們
> 的學費，已經夠苦了，我們怎麼不孝，何忍再傷母親的心？〔註123〕

對父母，要時刻保持恭敬的心，和悅的態度，已非易事，況且文中的母親又是一個極其嘮叨之人，在這段文字作家點出之所以能夠化解、隱藏母親嘮叨所帶來「不耐的情緒」的關鍵在於「年歲漸增」，因為這層因素所致，作家才有了「漸能體會母親的苦心」的心境轉折，在這段文字的敘述裡，我們除了作家可以感受作家對母親的付出感念在心，不忍讓母親傷心之外，其中我們

〔註121〕吳柳蓓，〈洗〉原載《臺灣時報》（2008年11月21日），收入周芬伶主編《九十七年散文選》（台北：九歌，2009），頁355。

〔註122〕在《論語・為政第二》有子夏問孝。子曰：色難。

〔註123〕吳晟，〈嘮叨〉原載《聯合副刊》（1982年），收錄《吳晟散文選》，（台北：洪範，2006），復收入廖玉蕙編著《散文新四書──冬之妍》（台北：三民，2008），頁83。

也隱微的看到了吳晟在侍俸母親時所顯露的苦惱與心煩，恐怕這才是生活的真相，天倫之情的真實面相原是集糾結、衝突、愛與包容於一體的，吳晟在這糾結中所體悟出的孝順之道是「即使被嘮叨得很煩，也要想辦法化解不耐的情緒，不使顯露出來，以避免傷了母親的心。」這正符應了孔子所提倡的孝道——「色難」。

吳晟在這篇文章中只點出了母親的「嘮叨」，以及抒發自己「被嘮叨的很煩」的感受，並未具體描繪出母親嘮叨的事件及情狀，〔註124〕相較於吳晟的平鋪直述，廖玉蕙在〈你怎麼愈來愈像妳媽！〉一文則大篇幅詳盡生動地描述侍奉年老母親的甘與苦，且文中參入大量的對話，既突顯出年老母親無理取鬧的一面，也讓母親擁有主動發聲的權利，使得人物立體化，令人如聞其聲如見其人。整篇文章以年老的母親與外傭爭戰為主軸，觸及老人的老化現象、年老母親的歸宿及照料問題以及兒女的對待方式等，十分切合現代社會的實際問題。廖玉蕙敘及「母親過世之前，有很長一段時間，完全處於與外傭激烈爭寵的生活狀態」〔註125〕，認為子女偏疼外傭而冷落自己的母親，不滿子女為外傭佈置房間添購新棉被而惱怒，抱怨洗澡用水太多、煎魚太大聲、用油太浪費、坐沒坐相、坐椅子坐出奇怪的聲音、掃地馬虎、喜歡大聲回嘴等，作家鉅細靡遺的鋪述著日常瑣碎的事例，突顯出母親的無理取鬧，其中一次，母親抱怨外傭吃太多，廖玉蕙一時心直口快地回著：「媽！妳一向不是最大方的嗎？怎麼如今變得這麼小器！」〔註126〕一番話將母親惹惱了，藉由此段作家具體展現出女兒對年老母親的「色難」情狀：

> 痛快的話說完，我就知道慘了！媽媽一聲不響將電話掛了，我緊接著連續撥號，再也撥不通。一整晚，我為著自己一時心急口快而懊惱萬分。我知道她不會輕易善罷干休，接下幾天，我得耐下性子持續地撥電話，表達我的悔過誠意。母親鬧彆扭，特意換上有來電顯示的電話，懲罰性地拒接，存心讓犯錯的子女閉門思過。情況嚴重

〔註124〕吳晟於此篇文章雖然並沒有詳細描述母親嘮叨的內容及事件，然而，如果閱讀《農婦》全書，就可以清楚看到一個嘮叨的母親以及明白吳晟何以被嘮叨的很煩。

〔註125〕廖玉蕙，〈妳怎麼愈來愈像妳媽！〉原載《聯合報》(2008 年 2 月 16 日、17日)，收入周芬伶主編《九十七年散文選》(台北：九歌，2009)，頁 86。

〔註126〕廖玉蕙，〈妳怎麼愈來愈像妳媽！〉《九十七年散文選》(台北：九歌，2009)，頁 89。

時，我還得專程驅車南下，當面道歉，低姿態地請求原諒。〔註127〕

母親掛電話、拒接電話，鬧彆扭、不輕易善罷干休，明顯地展示母親的權威；女兒則是先是馬上緊接著連續撥電話、繼而接連幾天「耐住性子持續地撥電話」、甚至直接驅車南下當面賠罪，同時在作家的心中更翻騰著「懊惱萬分」，女兒不論外在所為或內心所想，竭盡所能的實踐著孝順之道，然而從文中我們還是可以看到作家隱微顯露出的辛酸。真正全面展現出為人子女的煎熬，還在於文中的另一件事，作家於下班歸來時，特地買了原味、辣味雞條孝盡母親，擔心母親吃到辣味而先將辣味一包遞予外傭，豈料此舉引來母親的不悅，竟索性鬧起脾氣不吃了，廖玉蕙詳敘自己因應之道：

> 當她幾十年的女兒，豈會不知道她的心事！我坐到她旁邊的小椅子上，又陪笑臉、又哄、又請求地把東西往她嘴裡塞，她才勉強張口吃了一些。晚上，母親開始獨力整理包袱，作勢明早要回中部去……。〔註128〕

> 教了整天書，我雖已疲憊不堪，卻仍捺下性子溫言解釋，無奈母親執意不聽，刻意閃避我的眼神，冷著臉上床。一時之間，我萬念俱灰，踱到浴室蓮蓬頭下，讓巨大的水柱當頭沖下，忍不住手捶牆壁、失聲痛哭。然後，收拾了眼淚，依舊綻開笑顏，跪倚到母親的床前，承認一時疏忽，傷了母親的心，撒嬌地請求母親寬諒。〔註129〕

女兒又是「陪笑臉、又哄、又請求」又是「捺下性子溫言解釋」只希望母親消氣，母親的脾氣卻仍依舊如此執拗，作家轉進浴室痛哭，繼而「收拾了眼淚，依舊綻開笑顏，跪倚到母親的床前」一幕，正如她於《後來》一書的序言所形容的，孝親之路「儘管一路坑坑疤疤，飽含淚水、充滿辛酸，可也同時盈溢飽滿的情意和讓人安定的溫暖。」〔註130〕從文中，正可印證孔子所言的「色難」之「難」，作家既做到了曾子所言的「尊親」、「弗辱」及「能養」，最難實行的仍在於時時保持和悅的臉色這個層次了，這不僅考驗著子女的孝心，更本質

〔註127〕廖玉蕙，〈妳怎麼愈來愈像妳媽！〉《九十七年散文選》（台北：九歌，2009），頁89。

〔註128〕廖玉蕙，〈妳怎麼愈來愈像妳媽！〉《九十七年散文選》（台北：九歌，2009），頁92～93。

〔註129〕廖玉蕙，〈妳怎麼愈來愈像妳媽！〉《九十七年散文選》（台北：九歌，2009），頁93。

〔註130〕廖玉蕙，〈後來〉（代序）《後來》（台北：九歌，2011），頁6。

的還在於考驗人性，究竟人所接受的孝道觀念，能否戰勝人性上的種種限制，對母親而言，年邁體弱加上病痛不斷，很多事都得假手於他人（子女或外傭），難免心情欠佳，正如平路所點出的關於年老的細節，「等在後面的，不是最有尊嚴的時刻」〔註131〕，再加上「老人家像孩子」〔註132〕等，特別容易鬧脾氣，這對正忙於工作及家庭的子女而言，無疑是一個沉重的心理負擔，無怪乎廖玉蕙直言：「這樣的戲碼不斷地重演，母親、阿漆和做子女的我們全吃不消，彼此都厭煩極了」〔註133〕，每次陷入情緒的泥淖中，傳統孝道的倫理觀總會再次喚起作者不忍之情，繼之而來的是自責事親之事未盡周到：

> 母親一生劬勞，如今老了，本應好好享受的，卻因為請了外傭而日日椎心痛苦，一想到這點，我就自責不已。所以，一遇到母親的事，總小心翼翼，刻意順著她的心意，然而，雖已竭盡所能地周到設想，總也還是時時誤觸埋藏的地雷，而我，似乎怎麼做都出錯，都是失敗，讓我萬分沮喪。〔註134〕

傳統年代照料老人的責任大都編派在媳婦身上，社會上普遍的認知甚至以媳婦的責任為由，讓多數的女性難以推卸，而從此文，我們可以窺見由外傭照顧年老的長者似乎已成時代的新趨勢，這段引文，所流露的仍是事親的無奈與無力。這篇文章除了論及孝順態度之「難」以外，其實，文中還表現了一種異於傳統的做法，傳統的孝道觀裡，年老的父母親一般都是與兒子同住，這也是形成傳統母親重男親女的其中一個因素，而在本文，廖玉蕙卻為了減少母親與外傭兩人扞格不斷，而遊說母親北上住到自己的家裡，雖然時間不長，但已點出了孝順無分兒子、女兒，傳統孝道觀的責任界線似乎有所鬆動。

（三）承歡膝下：帶母親遊山玩水

因為性別相同，以女性（女兒）的角色來照顧女性（母親），在一般的認知裡，相對於男性（兒子）來得體貼周到且方便，然而，有現代孝子之稱的張

〔註131〕平路，〈歲月與……電話筒！〉原載《讀心之書》（2004，聯合文學），收入廖玉蕙編選《最好的時光——親情，愛在四季》（台北：正中，2010），頁120。

〔註132〕廖玉蕙，〈妳怎麼愈來愈像妳媽！〉原載《聯合報》（2008年2月16日、17日），收入周芬伶主編《九十七年散文選》（台北：九歌，2009），頁88。

〔註133〕廖玉蕙，〈妳怎麼愈來愈像妳媽！〉《九十七年散文選》（台北：九歌，2009），頁89。

〔註134〕廖玉蕙，〈妳怎麼愈來愈像妳媽！〉《九十七年散文選》（台北：九歌，2009），頁92。

輝誠，以實際行動顛覆了這種刻板傳統的想法及做法，以男性的角色照顧年老的母親，而且無微不至。

　　張輝誠前後出版了兩本散文集：《離別賦》（2005）與《我的心肝阿母》（2010），主題相同，前者寫父親，後者記下他與母親的點滴，余光中將兩書並稱為「孝子文學」，或曰「親情書寫」、「孺慕告白」〔註135〕，與書名同名的散文〈我的心肝阿母〉，〔註136〕及〈我那目不識丁的阿母〉二文，情真意切的昭告讀者，那位來自雲林蔥仔寮，不識半字，不懂國語，凡事絮絮叨叨，身兼數病，「她」正是我的「心肝阿母」：

> 我如此疼愛我阿母，經常讓旁人覺得我實在太過溺寵我阿母了，以至於讓她覺得這是理所當然，常告訴她說「人在福中不知福」，這話當然不對，因為旁人只看到現在，沒看到過去，不知道她老人家過去對待她這個么子我，打從她小兒子一出生娘胎，完完全全就是一整個偏心、寵愛、溺愛，到了超乎尋常的狀況。而我當然也不是什麼懂得知恩圖報這類大道理使然，單單只是母子連心，忽然我就長大了，我阿母忽然就變成小孩了，母子變成了子母，我開始也是對她一整個偏心、寵愛、溺愛，完完全全捨不得她有任何病痛難過，因為她一旦病痛難過了，我可也是一點兒開心不起來，那或許就是
> ——因為我是她的心肝兒子，她是我的心肝阿母。〔註137〕

這段文字，除了點明母親在他心目中的位置及份量，也說明了孝順之心始於「母子連心」的天性，而非後天所習得的「知恩圖報」等道理，這是十分啟人深思的見解，其實在上述幾篇散文中，關於為何要孝順一義，作家仍不免流露出緣於母親一生劬勞的層面上，而深覺應該盡孝〔註138〕，當然，這或許只能視為作家的動機之一，不應就此有所歸類與或劃分，只是這天性之說，實點出了孝順最本質也最珍貴的核心內涵，孝順不是一種責任，而是一種愛，

〔註135〕余光中，序文：〈耿耿孺慕——讀張輝誠的親情文集〉，《我的心肝阿母》（台北：印刻，2010），頁9。

〔註136〕張輝誠，〈我的心肝阿母〉《我的心肝阿母》（台北：印刻，2010），頁9。

〔註137〕張輝誠，〈我的心肝阿母〉《我的心肝阿母》（台北：印刻，2010），頁32。

〔註138〕吳晟的〈嘮叨〉：「父親去世後，母親日日操勞，獨自撐持家計，東挪西借，籌措我們的學費，已經夠苦了，我們怎麼不孝，何忍再傷母親的心？」（《農婦》，頁83）；廖玉蕙〈妳怎麼越來越像妳媽〉：「母親一生劬勞，如今老了，本應好好享受的，卻因為請了外傭而日日椎心痛苦，一想到這點，我就自責不已。」（《後來》，頁36。）

如余光中所言：「由愛出發，總是大道」〔註139〕。另外，文中提到作家對母親的寵愛，換來「旁人」的議論，這應該是台灣社會的特殊現象，在我們的文化裡，經常存在著一些人，或是親朋好友或是左鄰右舍，時刻投以評價的眼光或言辭，來議論著你是否孝順，無形中也造成了一種莫名的壓力，其實，就連張輝誠也自言，「孝順兩字，何其難哉！」〔註140〕，他也是經歷了苦苦參修之後，才領略其中的要義：

> 照顧老人家，確實是「家家有本難唸的經」。唸得好的人家就是《易經》，看亦簡易，其實博大精深、複雜深奧，得努力解除其難，方能成就其易；唸得不好的人家就是《難經》，處處問難，疲於應付，治絲益棻，終至難如登天。實不敢相瞞，我自個兒也是從「難經」長久領受，苦苦參修，最後才有點兒漸入「易經」佳境，參透個中三昧者。〔註141〕

子夏問孝，孔子也說了「色難」；張輝誠在此亦將行孝視作「難唸的經」，且此「難的高度」，還可能達到「難如登天」的境地，令讀者好奇的是，作家究竟如何在「難經」領受了什麼？又如何苦苦參修，而能漸入「易經」的佳境，深獲余光中的盛讚：「這一切都難不倒今之大孝阿誠。子夏問孝，子曰色難。張輝誠一以貫之，奉行的孝道正是『孝順』。」〔註142〕

簡媜評論《我的心肝阿母》一書時，以〈「如何當一個孝子」教學示範手冊〉一文中，針對「孝子」與「孝法」及「同住」等孝順之道，提出她的觀察：

> 「孝子」有兩種，一種古代，一種現代。

> 「孝法」有兩種，一種不同住，一種供食宿。

> 「同住」有兩種，一種不同遊，一種同遊同樂。〔註143〕

以上述簡媜觀察所得據以分析張輝誠所實行的孝道，得到的結論是：作家與母親同住，且供食宿；並與母親同遊同樂，尤有甚者，經常與母親牽手同行，

〔註139〕余光中，序文：〈耿耿孺慕——讀張輝誠的親情文集〉《我的心肝阿母》（台北：印刻，2010），頁13。

〔註140〕張輝誠，〈自序〉《我的心肝阿母》（台北：印刻，2010），頁24。

〔註141〕張輝誠，〈自序〉《我的心肝阿母》（台北：印刻，2010），頁22。

〔註142〕余光中，序文：〈耿耿孺慕——讀張輝誠的親情文集〉《我的心肝阿母》（台北：印刻，2010），頁13。

〔註143〕簡媜，序文：〈「如何當一個孝子」教學示範手冊〉《我的心肝阿母》（台北：印刻，2010），頁14～20。

或親或擁或抱，頻頻對母親「示愛」，他是名符其實典型的現代孝子，無怪乎簡媜說：「如果內政部要票選『新二十四孝』，我肯定投張輝誠一票。」〔註144〕

〈我的心肝阿母〉一文，作家細敘陪母親看病：「老人家難免大大小小長長短短的病痛，大而長的像糖尿病、高血壓，小而長的像暈眩、關節酸痛，大而短的像白內障開刀，小而短的像感冒、掉牙、肚子痛等等」〔註145〕作家所羅列的老人家可能患有的大小病症，在張母身上一應俱全，偏偏母親是個極其害怕就醫的人，抽血要哄要騙；檢查神經系統，因手腳上所夾的塑膠夾會放電，一氣之下，全遭母親扯落，檢查未做完，掉頭就走，留下作家「趕緊向醫護人員點頭道歉」〔註146〕的身影；在白內障手術時，醫生說：「才開到一半，令慈就說要尿尿，沒辦法只得讓她去尿尿，開的過程很辛苦。」〔註147〕作家再次苦笑賠禮；除了代母親賠禮之外，還得忍受母親驚天動地的口頭禪：「我父我母，我會乎你害死！」〔註148〕然而，愛母之切的作家，除了醫院開給的藥之外，還添購了許多所費不貲的保健食品，對此，張輝誠言：

> 那都沒關係，只要能讓我阿母舒服一些、輕鬆一些、開心一些，我
> 可是半點猶豫皆無，海派地買、買、買。〔註149〕

陪母親看病，是一個為人子女最基本限度的孝行，然而，若論及帶母親遊山玩水，可就不是人人都能做到了。在〈我和我阿母的台北日常之旅〉〔註150〕母親因為孩子北上工作，落地生根，所以不得不自南部北上與張輝誠同住，所不同的是，作家筆下的母親，完全沒有「鄉下老人家住不慣台北，適應不了都市步調」〔註151〕的情況，當然，母親的隨遇而安的性格是原因之一，然而，真正讓母親在台北成了鄉下鄰居口中的台北人，且樂不思蜀的，應歸功於她有一個既孝順又完全了解母親的兒子，知道母親喜歡到處去玩，便投其

〔註144〕簡媜，序文：〈「如何當一個孝子」教學示範手冊〉《我的心肝阿母》（台北：印刻，2010），頁20。

〔註145〕張輝誠，〈我的心肝阿母〉《我的心肝阿母》（台北：印刻，2010），頁27。

〔註146〕張輝誠，〈我的心肝阿母〉《我的心肝阿母》（台北：印刻，2010），頁30。

〔註147〕張輝誠，〈我的心肝阿母〉《我的心肝阿母》（台北：印刻，2010），頁31。

〔註148〕張輝誠，〈我的心肝阿母〉《我的心肝阿母》（台北：印刻，2010），31。

〔註149〕張輝誠，〈我的心肝阿母〉《我的心肝阿母》（台北：印刻，2010），32。

〔註150〕張輝誠，〈我和我阿母的台北日常之旅〉《我的心肝阿母》（台北：印刻，2010），頁39。

〔註151〕張輝誠，〈我和我阿母的台北日常之旅〉《我的心肝阿母》（台北：印刻，2010），40。

所好，帶著她逛夜市，為了擔心母親逛膩，失去新鮮感，張輝誠的體貼與周到實在令人感動：

> 為了怕阿母逛久了熟極生厭，便在幾個夜市輪流交換走逛，另一方面不斷尋找新夜市，什麼公館夜市、師大路夜市、永康街夜市、南機場夜市，甚至新店的流動小夜市，或者千里迢迢趕赴淡水夜市，不誇張地說，我阿母走透透啦。〔註152〕

作家鉅細靡遺鋪敘自己與母親遊玩的地點，使得這類的親情書寫，有了更真實更具體也更貼近生活的況味，流盪在其中的親情，便顯得輕鬆自在又不失感動人的元素，作家舉重若輕地演繹著侍親的課題。

除了看病、逛夜市，每逢假日，張輝誠更是陪著母親到處亂逛，看花燈、遊淡水、爬山、逛動物園，甚至在兒童樂園裡玩了起來，作家如此形容這一青一老側身在一群爸爸媽媽和小孩的歡樂氣氛中的心情：

> 三十三歲的我帶著六十七歲的阿母，跟著小朋友排隊，坐小摩天輪、小碰碰車、小旋轉木馬，真是不知老之將至云爾，——都說老人家返老還童，看看我阿母，這話一點兒不假。〔註153〕

這段引文，作家羅列他帶著母親遊玩兒童樂園的種種遊樂設施，如果將時間往前推移至作者童年時期，母親不也是這樣陪著他到處去玩，這一次，作家的反哺報恩，不在供養食宿，而是讓母親重溫母子之間過往曾有過的快樂，只是現在「角色反轉」，他像父親，母親成了女兒，因此，他情溢乎辭的說著母親是她的「心肝」。

同樣面對父母的年老，平路無奈的說著：「若能夠正眼看老人的垂暮，就知道最後的時日或是這樣或是那樣，至多是莫可奈何，談不上有什麼喜感。」〔註154〕相較於張輝誠在書寫母親年老的時光，文風恰如余光中所言「洋溢反哺的笑聲」〔註155〕，簡媜也以「嘻然笑鬧」〔註156〕來形容之，張輝誠照顧父

〔註152〕張輝誠，〈我和我阿母的台北日常之旅〉《我的心肝阿母》（台北：印刻，2010），頁39～40。

〔註153〕張輝誠，〈我和我阿母的台北日常之旅〉《我的心肝阿母》（台北：印刻，2010），頁41～42。

〔註154〕平路，〈歲月與……破娃娃〉《讀心之書》（台北：聯合文學，2004），頁52。

〔註155〕余光中，序文：〈耿耿孺慕——讀張輝誠的親情文集〉《我的心肝阿母》（台北：印刻，2010），頁11～12。

〔註156〕簡媜，序文：〈「如何當一個孝子」教學示範手冊〉《我的心肝阿母》（台北：印刻，2010），頁20。

母多年，當然飽嘗其中的辛酸，只是他體悟到侍奉父母一場，「再苦的事，就讓它隨風而逝吧，犯不著苦苦追憶；而歡樂的事，如過眼雲煙，有必要常掛嘴邊、記諸文字以求傳諸久遠。」〔註157〕這是他寫書記誌母親的主要原因，張輝誠在「孝順」的意涵及實際作法上，實為讀者開拓了一個新的方向。

　　作家以散文的形式書寫母親書寫親情，行文或長或短，文字或優美或樸素，俱見作家真摯的情感，達到了散文貴在「真」的藝術價值。且透過不同世代的作家筆下，親情這一個主題思想的意義與價值，有了傳承也有更進一步的創新與開展，深入剖析探究作家書寫背後所呈顯的思想意涵，可以歸納出一個簡單的脈絡，在前行代至中生代的作家筆下，因倫理觀內化較深，因此「尊母」色彩較濃，視母親為長輩，與母親之間有其一定的距離，行文中也多半以較正式的「母親」一詞加以稱呼；至新生代乃至最新世代作家筆下，母女／母子之間，開始出現相對輕鬆的相處模式，嘻笑怒罵，相互調侃，相偕出遊等，且在文中多以「媽媽」稱之，「媽媽」較諸「母親」，更顯日常、親切與親膩，母親與兒女之間像親人也開始像朋友。作家在實踐孝道的心得裡，苦樂參半，正是如此，才更彰顯出親情的真實面並不是母慈子孝的單一論述，親情不必然永遠是光明與溫暖的象徵，究其實，親情實俱存著光明與黑暗，溫暖與嚴寒，幸福與不幸等多重面向，然而，作家勠力提筆為文，除了抒發對母親的感懷，借由文字使親人復活，為母親個人立傳等，更重要的是透過作家一己的書寫，反映出一整個時代的女性／母親的身影，補白了女性長期在歷史中缺席的部分，呈現了歷史感，實深具意義。

〔註157〕張輝誠，〈自序〉《我的心肝阿母》（台北：印刻，2010），頁23。

第五章 結 論

第一節 研究成果

　　論文以 1990 以降所出版的散文選集——九歌年度散文選、現代散文選集及以親為主題之選集，聚焦於書寫母親之文本為研究範疇，作家的分佈上自前行代琦君、林文月、吳晟等直至新世代楊富閔盡在其內，作品的時空向度從五〇年代大陸遷台作家的懷念母親至九〇年代台灣多元的社會，透過不同世代、不同作家及不同時空背景的母親書寫，從中探究母親的形象、表現手法及其蘊涵的主題思想。研究成果及發現分述如下：

一、隨時空的變遷，母親形象多元化

　　傳統母親大多具慈愛寬容、無私奉獻、無怨無悔的正面意義之形象，她們在父權文化中的婚姻地位多半處於附屬的角色，即便婚姻出現問題，也多採取隱忍與退讓的方式以求全家庭的和諧與安寧，子女成了她們生活中最主要的重心；在台灣時空下，母親與傳統陰柔的慈母形象有所差別，母親大多來自農村，身處貧困的時代，生育眾多的孩子，除了要撫育孩子也要分擔家計，展現出堅毅／堅韌的地母形象；時至七〇年代以後，作家筆下開拓出更多元的母親形象，突破為長者諱的倫理界限，並存完美與不完美的母親，嘮叨瑣碎、強悍強權且挑戰了傳統婚姻的桎梏，文本中出現了離家／離婚的母親們，甚至是瘋顛的母親形象，作家所描繪的多元的母親形象，在某種程上有意將母親自神聖的位置恢復其身為人所具有的人性缺陷與弱點，不論是傳統的正面慈母亦或具人性上的不完美的母親，都具有一定的時代意義，也顛

覆讀者對母親形象僵化的想像，期待以新的眼光重新理解母親的是與不是，且進一步給予女性的母親身分更多的尊重與關懷。

二、開展出不同面向母親形象表現手法

　　散文是最貼近生活的文類，親情中的母親書寫予讀者的印象多半在懷人、念舊、歌頌母愛之偉大，以溫馨幸福的基調展開敘述，然而，深入文本分析後，可以發現散文中的母親書寫作品，有來自散文家之作，但也不乏詩人及小說家的作品，不同作家所擅長的文學技巧，豐富了散文的寫作藝術，作家選取母親平常瑣碎的物件——頭髮、雙手及衣服為象徵材料，賦予其象徵意涵，呈現文本的多重涵義，也以此顯露母親的幽微心事。同時，藉由小說中「對話」的技巧，靈活穿插於文本中，既保留了母親庶民的語言，也傳神地突顯母親的性格，同時得以一窺母親的內心世界，對愛情的嚮往，對孩子的教育、教養的觀點。

三、寄寓深刻的主題思想，多元的辯證意涵

　　分析作家書寫母親所寄寓的意涵，歸結出作家所開展出的四個書寫意識：抒發子女對母親的感懷、重建母親的中心價值、書寫母親的生命以及探討孝道的意涵。透過文字書寫母親以懷念、重溫母愛，同時感懷母親一路的提攜，感激母親無微不至的守護，甚至到了多元價值觀的時代，同志的身分考驗著母愛無邊的包容；在父權社會中偏向以男性歷史為價值中心，九〇年代以來所開發的母親／女性過往的生命史，有對生活的奮鬥，從事過的勞動，遭遇過的苦難等，這些將是補述台灣歷史重要的資料；隨著時代價值觀的多元，作家在傳統的孝道基礎上也開展出更符合現代精神的孝道，保持母親的青春、讓母親順心、帶著母親出遊等，為孝道注入了新的價值觀也展演了更符合人性的實踐方式。

第二節　研究限制與展望

　　以主題式的研究，所面臨的問題除了文本的搜羅難免疏漏，且以散文選集作為文本的範疇，這些由不同編者所選錄的文本，也形成選者在選文上的洞見但也可能是偏見，因為在大量湧現的選本當中，可以發現有些作品被編者反覆選錄，它可能是極具價值但也不免存在有人云亦云的可能性。另外，

母親書寫所涉及的幾個問題也會是研究上所待克服的，首先，母親在文本中的位置有以母親為主，集中書寫母親，有父母合寫，但也有家族人物合寫，母親只是其中一員，從作家所刻意或無意的書寫經營下，它將形成不同的詮釋面向，正寫、側寫之下，顯露母親多元視角下的面貌，但這也存在著主觀的取樣，所以本論文盡量以選取以母親為主的書寫，集中於兒女視角下的母親樣貌與對話的開展。

其次，散文是最貼近自身的文類，但在真實之下也存在虛構的可能。九〇年代藝文界掀起一場散文的「真實」與「虛構」的討論，針對「散文」與「小說」文類混合現象作家、學者及評論家等各自從不同角度提出不同的看法，在這場爭辯中也論及了親情散文虛構的問題，帶出論者所以為親情散文的核心價值，由此或可突顯親情散文的重要性及其研究價值。焦桐在《八十八年散文選》序裡提到：

> 近幾年，台灣的散文擂台似乎傾向虛構發展，時報文學獎散文獎是最明顯的例子。一九九六年，張啟疆以小說〈失聰者〉參賽獲散文首獎之後，四年來除了鍾怡雯的〈垂釣睡眠〉之外，郝譽翔和張瀛太分別以小說〈午後電話〉、〈瑟琴海域〉〔註1〕參賽，連續獲得散文首獎。這現象之流行，究竟意味著散文需附麗於故事性？抑或散文已經存在著某種敘述瓶頸？〔註2〕

散文究竟是「需附麗於故事性」抑或「存在著某種敘述瓶頸」，這個問題可分別從散文的內容與創作技法加以討論，這也是文藝界論述的重點。以「創作技法」而言，王盛弘從實際的散文寫作經驗說明了他所面臨的創作瓶頸，即以散文現有的寫作技巧，「已經遠遠不能表現豐沛、紛繁、複雜如叢林如蓁莽如沼澤的現代人內心世界」，因此必得借用小說的技法來表現「不能目睹、不能聽聞、不能撫觸的抽象心理狀態。」〔註3〕早期親情書寫旨在懷人念舊，以幸福、溫馨與溫暖為其底蘊，九〇年代以來台灣社會在政治、經濟、文藝思潮等變遷與衝擊之下，親情敘說也益形紛繁多元，書寫的角度

〔註1〕〈午後電話〉獲時報文學獎第二十一屆（1998年）散文首獎；〈瑟琴海域〉獲時報文學獎第二十二屆（1999年）散文首獎。

〔註2〕焦桐，〈博觀約取的敘述藝術──序《八十八年散文選》〉《八十八年散文選》（台北：九歌，2000），頁16～17。

〔註3〕王盛弘，〈散文的真實與虛構〉（《聯合文學》339期，2013年），頁64～67。

更廣更深，「時移事往，故人已杳，往事灰飛煙滅，親人與歷史值得寫下的原因絕不僅僅是紀其實而已，對作者而言，其實是一種了悟前愆的心理治療。」〔註4〕親情的書寫已不僅止於紀實而已，其更深層的動機在於——「了悟前愆」的心理治療，誠如廖玉蕙所言家族書寫的目的在止痛療傷，並藉此為生命尋找存在的意義。〔註5〕欲藉由文字梳理親情間的種種輆轕，傳統散文的寫作手法實已不敷使用，散文無可避免地與小說或詩產生混融的現象。然而，就散文「內容」而論，學者們仍傾向於堅守散文文類「真實」的獨特價值。二○一二年鍾怡雯在聯合報發表〈神話不再〉一文中，除了抨擊散文過份虛構的現象之外，也指出「占文學獎最大宗的親情散文」過度消費親人的問題，以親人為主要書寫對象，鉅細靡遺重複書寫，且「為求效果不惜下重手或重口味」〔註6〕此處所指出的「下重手」、「重口味」等說法，當是指散文的內容在真實的基礎上過度虛構與誇大，根據鍾怡雯的推測，這是創作者為了獵取散文獎項的手段之一。黃錦樹在二○一三年發表於中國時報的〈文心凋零〉一文也論及了這樣的問題，且視它為「嚴重的問題」甚至可能已被常態化了，針對以虛構親人的身世與職業等獲取散文獎的現象，黃錦樹認為散文，尤其以抒情散文而言，應有其「倫理界限」〔註7〕，他所提出的這道「倫理界限」正是為了守護散文文類中所獨具的珍貴特質——「真」。

〔註4〕參見網路鍾文音《昨日重現》一書介紹 ttp://www.mingdao.edu.tw/cultea/read club/book45.html 。

〔註5〕詳見廖玉蕙，〈止痛療傷——談家族書寫〉，該文提到的「家族書寫不同於大人物的歷史回顧之著重於豐功偉業的鋪陳；而比較近似盤點私密記憶，加以拼貼、反剪、重組並產生新意的歷程，目的在止痛療傷，並藉此尋找存在的意義。」《聯合文學》325 期（2011.11）。

〔註6〕鍾怡雯，〈神話不再〉一文指出：「占文學獎最大宗的親情散文如今也有消費之嫌，一而再消費自己的父母親，或者祖父母，或者兒子。同樣的主題寫了又寫，再感人再真實的生命經歷，也要彈性疲乏了吧？我很難想像一位作者翻來覆去都在寫同樣的人物，鉅細靡遺，裡裡外外，為求效果不惜下重手或重口味的也有。」（《聯合報》，2012.10.7）。

〔註7〕黃錦樹在〈文心凋零〉一文中，指出一九七八年出生的年輕作家吳柳蓓在這些年得了不少文學獎，如〈小黃之城〉獲第十一屆台北文學獎散文首獎，在該文中父親是一個計程車司機；〈上邪〉一文，父親是金發號的漁人；〈海水湛藍〉父親又成了碼頭捆工；〈她從安徽來〉父親甚至是大陸來台的老兵，多年後大女兒來台奔喪尋親。黃錦樹不禁質疑，她有幾個爸幾個媽？個個身分好像都不同。此處僅舉父親書寫的例子，黃錦樹於該文中還有提到她寫母親的情形，詳見（《中國時報》，2013.5.20）。

　　抒情散文以經驗及情感的本真性作為價值支撐，文類的界限就是為
　　了守護它。讀抒情散文不就是為了看那一絲純真之心、真摯的情感、
　　真誠的抒情自我，它和世界的磨擦或和解。這興許是中國抒情詩遺
　　留下來的基本教養吧，那古老的文心。黃金之心。〔註8〕

在文學獎中已出現為求效果不惜虛構母親的故事或製造情節，以獲取評審的
青睞，吸引讀者的目光，這個問題除了考驗作家寫作的真誠之外，恐怕也透
顯出親情散文在寫作題材上窮盡的瓶頸，溫馨的書寫已普遍至無法引起讀者
情感的波瀾，而批評父母的不是又有違倫理道德，因此，究竟如何在母親的
主題下，開發出新材料寫出新意，考驗著作家也考驗著評論者及更廣大的閱
讀者的閱讀想法。

　　台灣融合著多元族群，從早期的大陸外省、原住民、閩南及客家到現代
更有新住民等族群，在不同族群的文化下，母親所展現的面貌、個性及文化
價值觀也將有所不同，未來在這個主題之下勢必將會帶出更多樣的母親形象，
更繁複多樣的親子對話，同時隨著文化的交融、社會多元開放價值觀以及時
代環境改變種種的激盪下，正如蘇偉貞所言人類的歷史暫時不會改變，只是
這一代又一代所誕生的母親，會為人類開發出什麼新的母親面貌，作家書寫
母親的筆端又會將母親帶往何種創作境地，這些在在都是令人期待的母親、
母親書寫及母親研究！

〔註8〕黃錦樹在〈文心凋零〉，《中國時報》，2013 年 5 月 20 日。

參考書目

一、散文選集

（一）九歌散文選集

1. 宇文正主編：《九十九年散文選》，台北：九歌，2011。

2. 周芬伶主編：《九十七年散文選》，台北：九歌，2009。

3. 林錫嘉主編：《八十年散文選》，台北，九歌，1991。

4. 林錫嘉主編：《八十三年散文選》，台北，九歌，1995。

5. 林錫嘉主編：《八十六年散文選》，台北：九歌，1998。

6. 阿盛主編：《一〇三年散文選》，台北：九歌，2015。

7. 柯裕棻：《一〇二年散文選》，台北：九歌，2014。

8. 張曼娟主編：《九十八年散文選》，台北：九歌，2010。

9. 陳芳明主編：《九十三年散文選》，台北：九歌，2005。

10. 焦桐主編：《八十八年散文選》，台北：九歌，2000。

11. 廖玉蕙主編：《八十九年散文選》，台北：九歌，2001。

12. 蕭蕭主編：《七十九年散文選》，台北：九歌，1991。

13. 蕭蕭主編：《八十二年散文選》，台北：九歌，1994。

14. 鍾怡雯主編：《一〇〇年散文選》，台北：九歌，2012。

15. 鍾怡雯主編：《九十四年散文選》，台北：九歌，2006。

16. 簡媜主編：《八十四年散文選》，台北：九歌，1996。

17. 簡媜主編：《八十七年散文選》，台北：九歌，1999。

18. 顏崑陽主編：《九十二年散文選》，台北：九歌，2004。

（二）現代散文選集

1. 向陽、林黛嫚主編：《台灣現代文選》，台北：三民，2004。

2. 向陽主編：《二十世紀台灣文學金典：散文卷一～三部》，台北：聯合文學，2006。

3. 周芬伶、鍾怡雯主編：《台灣現代文學教程：散文讀本》，台北：二魚文化，2002。

4. 阿盛主編：《散文 30 家：台灣文學三十年菁英選 1978～2008（上、下）》，台北：九歌，2008。

5. 凌性傑、楊佳嫻主編：《靈魂的領地：國民散讀本》，台北：麥田，2013。

6. 陳芳明、張瑞芬主編：《五十年來臺灣女性散文選文篇》，台北：麥田，2006。

7. 陳義芝主編：《散文二十家》，台北：九歌，1998。

8. 陳義芝主編：《散文教室》，台北：朱衣，1994

9. 陳萬益主編：《國民文選：散文卷二、三》，台北：玉山社，2004。

10. 黃錦樹、高佳謙主編：《散文類：新時代「力與美」最佳散文課讀本》，台北：麥田，2015。

11. 楊牧、顏崑陽主編：《現代散文選續編》，台北：洪範，2002。

12. 蕭蕭主編：《台灣現代文選‧散文卷》，台北：三民，2005。

13. 蕭蕭編著：《現代散文手冊》，臺南：翰林，1999。

14. 總編輯余光中張曉風主編：《中華現代文學大系 1989～2003》，台北：九歌，2009。

15. 鍾怡雯、陳大為主編：《天下散文選Ⅰ，Ⅱ：1970～2010 台灣》，台北：天下，2013。

（三）親情主題散文選集

1. 小民主編：《感激──父母的愛》，台北：九歌，1986。

2. 幼獅文化主編:《無盡的愛》,台北:幼獅文化,1997。

3. 幼獅文化主編:《千針萬線紅書包》,台北:幼獅文化,1999。

4. 幼獅文化主編:《像太陽一樣的笑容》,台北:幼獅文化,2010。

5. 正中書局主編:《愛是無價寶──親情與孝思》,台北:正中,1993。

6. 正中書局主編:《親情維他命》,台北:正中,1997。

7. 正中書局主編:《永恆的愛》,台北:正中,1998。

8. 正中書局主編:《有空就回家》,台北:正中,2003。

9. 正中書局主編:《父母心彩虹情》,台北:正中,2007。

10. 正中書局主編:《真情來敲門》,台北:正中,2007。

11. 正中書局主編:《親情靠站列車》,台北:正中,2007。

12. 正中書局主編:《親情學分 ALLPASS》,台北:正中,2007。

13. 立緒文化主編:《我的父親母親(母)》,台北:立緒文化,2004。

14. 沈惠芳主編:《親情之旅》,台北:幼獅文化,2008。

15. 林黛嫚主編:《阿爸的百寶箱》,台北:幼獅文化,2001。

16. 林黛嫚主編:《媽媽剝開青橘子》,台北:幼獅文化,2001。

17. 林黛嫚主編:《散文新四書春之華》,台北:三民,2008。

18. 張曉風主編:《親親》,台北:爾雅,1980。

19. 陳幸蕙主編:《49 個夕陽》,台北:幼獅文化,2004。

20. 陳幸蕙主編:《煮飯花──溫馨的親情小品選集》,台北:幼獅文化,2006。

21. 焦桐:《當你失去親愛的人──走過悲傷的幽谷》,台北:二魚文化,2013。

22. 楊明主編:《親情無價》,台北:幼獅文化,1998。

23. 廖玉蕙主編:《散文新四書冬之妍》,台北:三民,2008。

24. 廖玉蕙主編:《流星雨的天空》,台北:幼獅文化,2010。

25. 廖玉蕙主編:《最好的時光──親情,愛在四季》,台北:正中,2010。

26. 廖玉蕙主編:《中學生晨讀十分鐘:親情故事集》,台北:天下雜誌,2014。

27. 鄭明娳‧林燿德主編:《有情四卷──親情》,台北:正中,1989。

28. 蕭蕭主編:《溫情的擁抱:經典親情散文集》,台北:幼獅文化,2009。

29. 蕭蕭、王若嫻主編：《溫情的愛：現代親情散文集》，台北：幼獅文化，
2010。

（四）散文作品

1. 女權會策劃／江文瑜編：《阿母的故事》，台北：元尊文化，1998。

2. 小民：《媽媽鐘》，台北：健行文化，1993。

3. 王盛弘：《大風吹：台灣童年》，台北：聯經，2013。

4. 平路：《愛情女人》，台北：聯合文學，1998。

5. 平路：《女人權力》，台北：聯合文學，1998。

6. 平路：《我凝視》，台北：聯合文學，2002。

7. 平路：《讀心之書》，台北：聯合文學，2004。

8. 吳晟：《農婦》，台北：洪範，1982。

9. 吳鈞堯：《金門》，台北：爾雅，2002。

10. 林文月：《遙遠》，台北：洪範，1981。

11. 林文月：《午後書房》，台北：洪範，1986。

12. 阿盛：《綠袖紅塵》，台北：前衛，1985。

13. 洪醒夫：《懷念那聲鑼》，台北：號角，1983。

14. 高大鵬：《永遠的媽媽山》，台北：九歌，1995。

15. 張輝誠：《我的心肝阿母》，台北：印刻，2010。

16. 張讓：《斷水的人》，台北：爾雅，1995 年。

17. 陳文玲：《多桑與紅玫瑰》，台北：大塊文化，2002。

18. 陳黎：《人間戀歌》，台北：圓神，1989。

19. 琦君：《紅紗燈》，台北：三民，1969。

20. 琦君：《三更有夢書當枕》，台北：爾雅，1975。

21. 琦君：《桂花雨》，台北：爾雅，1976。

22. 琦君：《煙愁》，台北：爾雅，1981。

23. 琦君：《橘子紅了》，台北：洪範，1991。

24. 廖玉蕙：《廖玉蕙精選集》，台北：九歌，2002。

25. 廖玉蕙：《不信溫柔喚不回》，台北：九歌，2006。

26. 廖玉蕙：《後來》，台北：九歌，2011。

27. 賴鈺婷：《老童年：美好，很久之後才明白》，台北：有鹿文化，2015。

28. 鍾文音：《昨日重現》，台北：大田，2001。

29. 鍾文音：《美麗的苦痛》，台北：大田，2004。

30. 簡媜：《女兒紅》，台北：洪範，1996。

31. 簡媜：《紅嬰仔》，台北：聯合文學，1999。

二、專書

1. 王瑞香：《一個女人的感觸》，台北：女書文化，1997。

2. 王德威：《臺灣：從文學看歷史》，台北：麥田，2009。

3. 西蒙·波娃（Simone de Beauvoir）著，楊美惠譯：《第二性》（Le Deuxieme Sexe），台北：志文，1992。

4. 李光連：《散文技巧》，台北：洪葉文化，1996。

5. 李楯，《性與法》，河南：河南人民出版社，1993。

6. 貝蒂·傅瑞丹（Betty Friedan）著，李令儀譯：《女性迷思》（The Feminine Mystique），台北：新自然主義，1995。

7. 周芬伶：《女阿甘正傳》，台北：健行文化，1996。

8. 洪富連：《當代主題散文研究》，高雄：復文出版社，1998。

9. 張春榮：《修辭新思維》，台北：萬卷樓，2001。

10. 張春榮：《現代散文廣角鏡》，台北：萬卷樓，2001。

11. 張瑞芬，《五十年來台灣女性散文·評論篇》，台北：麥田，2006。

12. 張瑞芬：《臺灣當代女性散文史論》，台北：麥田，2007。

13. 陳月霞：《聰明母雞與漂亮公雞》，台北：女書文化，2000。

14. 陳芳明：《台灣新文學史（上）（下）》，台北：聯經，2011。

15. 馮永敏：《散文鑑賞藝術探微》，台北：文史哲，1998。

16. 黃慶萱：《修辭學》，台北：三民書局，2007。

17. 瑪倫·愛伍德（Maren Eiwood）著，丁樹南譯：《人物刻劃畫基本論》，

臺北：文星書局，1967。

18. 鄭明娳：《現代散文縱橫論》，台北：大安出版社，1986。

19. 鄭明娳：《現代散文類型論》，台北：大安出版社，1987。

20. 鄭明娳：《現代散文構成論》，台北：大安出版社，1989。

21. 鄭明娳：《現代散文現象論》，台北：大安出版社，1992。

22. 蘇芊玲：《不再模範的母親》，台北：女書文化，1996。

23. 蘇芊玲：《我的母職實踐》，台北：女書文化，1998。

24. 顧燕玲主編，林芳玫等作：《女性主義的理論與流派》，台北：女書，1996。

三、期刊

1. 王盛弘：〈散文的真實與虛構〉，《聯合文學》339 期，2013 年，頁 64～
   67。

2. 何寄澎：〈當代台灣散文中的女性形象〉，收入鄭明娳主編，《當代台灣女
   性文學論》，台北：時報文化出版公司，1993。

3. 何寄澎：〈孤寂與愛的美學——綜論簡媜散文及其文學史意義〉，原載於
   《聯合文學》2003 年 7 月號，後收錄於何寄澎所著《永遠的搜索——台
   灣散文跨世紀觀省錄》，台北：聯經，2014 年。

4. 吳鈞堯：〈終於原諒我媽媽了〉，《幼獅文化》，2001 年 5 月，頁 62。

5. 吳鈞堯：《幼獅文藝序文——〈媽媽〉》，《幼獅文藝》，2001 年 5 月。

6. 宋澤萊：〈臺灣農村生活紀實文學的巔峰——論吳晟散文的重大價值〉，
   《臺灣日報》，1996 年 11 月 10 日～13 日。

7. 林至仁：〈台灣奉祀「地母至尊」宮廟考查及信仰觀念探析〉，《興大中文
   學報》第二十三期，2008 年 11 月 10 日。

8. 林芳玫：〈自由主義女性主義——自由、理性、與平等的追求〉，收入顧
   燕玲主編《女性主義的理論與流派》（台北：女書，1996）

9. 南方朔：〈「壞媽媽」的斑駁書頁〉，《多桑與紅玫瑰》，台北：大塊文化，
   2000。

10. 范銘如：〈土地氣味的家族史——評鍾文音《昨日重現》〉，收入范銘如著
    《像一盒巧克力——當代文學文化評論》，台北：印刻，2005。

11. 張放：〈真實是散文的靈魂〉，《文訊》，1996 年 2 月。

12. 張淑麗：〈「出走」到未來、「漫步」到過—新世紀台灣文學中的女性文學〉，《文訊》229 期，2004 年 11 月。

13. 張瑞芬：〈散文的下一輪太平盛世——2000～2004 台灣散文現象〉，《文訊》，2004 年 10 月。

14. 張瑞芬：〈國族‧家族‧女性——陳玉慧、施叔青、鍾文音近期文本中的國族／家族寓意〉，《逢甲人文社會學報第 10 期》，2005 年 6 月。

15. 張瑞芬：〈台灣散文概述〉，《聯合文學》314 期，2010 年 12 月，後收入《2010 台灣文學年鑑》。

16. 張瑞芬：〈關於青春，以及青春不再〉，原載《文訊》326 期，2011 年 12 月，後收入張瑞芬著《荷塘雨聲》，台北：爾雅，2013。

17. 莊裕安：〈吃蓬萊米，打萬邦喎——讀陳黎散文〉，《陳黎散文選一九八三～二〇〇八》，台北：九歌，2009。

18. 陳文玲：〈不美麗人生——寫在《多桑與紅玫瑰》出版以後〉，《文訊》，2000 年 10 月。

19. 陳月霞：〈「結婚」和「嫁人」不一樣——關於《聰明母雞與漂亮公雞》〉，《文訊雜誌》，2000 年 9 月。

20. 陳玉玲：〈台灣女性主義思潮的發展〉，《文訊雜誌》，1996 年 5 月。

21. 陳芳明：〈在母性與女性之間——五〇年代以降台灣女性散文流變〉，原發表於《聯合文學》，收入陳芳明、張瑞芬主編，《五十年來臺灣女性散文‧選文篇（上）（下）》，台北：麥田，2006。

22. 陳芳明：〈我是如何到達台灣女性主義〉，《文訊》，2011 年 3 月。

23. 陳國偉：〈九〇年代台灣文學現象觀察——女性主義文學研究〉《文訊》，2000 年 12 月。

24. 陳碧月：〈林海音小說的女性自覺書寫〉，收入李瑞騰主編，《霜後的燦爛——林海音及其同輩女家學術研討會論文集》，台南：國立文化資產保存研究中心籌備處，2003 年 5 月。

25. 黃如焄：〈當代散文選本與文學書寫之考察——以 2000～2006 為範圍〉，《花大中文學報》第一期，2006 年 12 月。

26. 楊翠：〈她們要歌唱！—本世紀台灣女作家鳥瞰〉《文訊》，1996 年 5 月。

27. 楊翠：〈原音與女聲——跨世紀台灣文學的新渠徑〉《文訊》，1999 年 12 月。

28. 廖玉蕙：〈止痛療傷——談家族書寫〉《聯合文學》325 期，2011 年 11 月。

29. 廖輝英：〈八〇年代女性創作與社會文化之關係〉《文訊》，1996 年 5 月。

30. 鄭至慧：〈存在主義女性主義—拒絕做第二性的女人〉，收入顧燕玲主編《女性主義的理論與流派》，台北：女書，1996。

31. 鄭明娳：〈臺灣現代散文女作家筆下的父親形象〉，收入鄭明娳著《現代散文現象論》，台北：大安出版社，1992。

32. 應平書：〈近世散文的特質〉，《文訊》，1996 年 5 月。

33. 鍾文音：〈以家族表幀百年風景〉，《幼獅文藝》，2011 年。

34. 鍾文音：〈藝術是整個人格的事，散文美學亦復如是〉，《聯合文學》339 期，2013。

35. 顏崑陽：〈2003 年台灣現代散文論〉，《文訊》，2004 年 3 月。

36. 顏崑陽：〈21 世紀台灣現代散文首途的景象〉，《文訊》，2009 年 2 月。

四、學位論文

1. 孫于清：《九歌年度散文選研究》，國立中央大學中國文學研究所碩士論文，2006。

2. 許珮馨：《五〇年代遷台女作家散文研究》，國立台灣師範大學國文研究所博士論文，2006。

3. 陳靜宜：《逆寫慈母——台灣戰後女性小說的母親書寫研究》，國立東華大學中國語文學系博士論文，2000。

4. 黃薇靜：《冰心散文研究》（銘傳大學應用中國文學系桃園在職專班，碩士論文，2007。

5. 劉佳珍：《1990 年以降台灣女作家散文中母職經驗探究》，國立政治大學中國文學系國文教學碩士學位班碩士論文，2010。

五、報紙

1. 平路，〈想像她／否定她／要她不說話——中文女作家筆下的母親形

象〉,《中央日報》,1996 年 6 月 7 日。

2. 黃錦樹,〈文心凋零〉,《中國時報》,2013 年 5 月 20 日。

3. 鍾怡雯:〈神話不再〉,《聯合報》,2012 年 10 月 7 日。

4. 蘇芊玲,〈母職的變與不變〉,《蘋果日報》,2016 年 5 月 7 日。

六、網路資源

1. 〈「留學生文學始祖」於梨華經典作品惹哭作家廖玉蕙!〉,記者楊蕙綾於台北的報導,2016 年 2 月 25 日。參見網址:https://www.ettoday.net/news/20160225/653245.htm。

2. 吳鈞堯,〈高粱酒事之敬邀天地〉,刊載於《金門日報全球資訊網》(2012 年 1 月 24 日),網址:www.kmdn.gov.tw/1117/1271/1275/205319?cprint=pt。

附　錄

附錄一 「九歌年度散文選」親情散文分佈情形整理

年度	編輯	文章篇名		書寫人物
80	林錫嘉	〈在山林〉	唐捐	家庭
		〈地道〉	王貞君	父親
		〈尋找藥草〉	馮菊枝	家庭
81	簡媜	〈父親〉	林文月	父親
		〈靜靜的水塘〉	吳翎君	父親
		〈大河及河邊的姊姊〉	賴大安	手足（姊）
		〈問路回家〉	蘇偉貞	手足（弟）
		〈拼裝車〉	詹澈	手足（兄）
		〈十八弦〉	張錯	兒女（女）
		〈父難〉	方杞	兒女（子）
82	蕭蕭	〈野獸派丈母娘〉	莊裕安	母（丈母娘）
		〈心靈中那口永遠的清井〉	劉定霖	母親
83	林錫嘉	〈地圖〉	高芬	父親
		〈塔〉	白靈	父親
		〈永遠的媽媽山〉	高大鵬	母親
		〈吾兒〉	張啟疆	兒女（子）
		〈晴天筆記〉	李黎	兒女（子）
		〈大亨小傳〉	鄧海珠	兒女（子）
		〈故鄉異鄉〉	龍應台	家族
		〈檳城香火〉	楊錦郁	舅舅

84	簡媜	〈阿媽的草店尾〉	陳政恆	祖母
		〈哈姆雷特父親與唐吉軻德母親〉	莊裕安	父母合寫
		〈蓮花瓦厝〉	林素芬	家族
85	蕭蕭	〈姊姊的家書〉	許佑生	手足（姊）
86	林錫嘉	〈扁擔與繩子的哲學〉	蕭蕭	父親
		〈探母有感〉	於梨華	母親
		〈蟲蟲蟲蟲飛飛〉	子詢	母親
		〈我看見我的女兒〉	樊雪春	母親
		〈日不落家〉	余光中	兒女（女）
		〈遠行還是回家〉	吳鳴	妻
87	簡媜	〈我們今生是這樣相聚〉	朱天心	父親
		〈番薯王〉	楊樹清	父親
		〈駝背記錄〉	吳鈞堯	父親
		〈苦路〉	楊索	母親
88	焦桐	〈女命〉	張清志	祖母
		〈秧大娘〉	尉天驄	伯母
		〈有人被家門吐出〉	唐捐	父親
		〈你道別了嗎〉	林黛嫚	母親
		〈我的天可汗〉	鍾文音	母親
		〈迷路〉	吳億偉	母親
		〈消失在鏡中的兒子〉	顏崑陽	兒女（子）
89	廖玉蕙	〈老〉	李進文	祖母
		〈父親〉	陳映真	父親
		〈巴吉魯〉	方梓	母親
		〈水兵領洋裝〉	宇文正	母親
90	張曉風	〈緩步走進恍惚的世界〉	廖玉蕙	婆婆
		〈皆造〉	呂政達	手足（姊）
91	席慕蓉	〈相思炭〉	王盛弘	祖父
		〈跟蹤父親〉	倪國榮	父親
		〈回首金鋼橋〉羅蘭	羅蘭	父親
		〈聰仔〉	施綉好	父親
		〈這些人與那些人〉	楊索	家族

92	顏崑陽	〈大屋〉	陳柏青	祖父
		〈記憶中那一班夜間進站的富貴列車〉	唐諾	父親
		〈此生緣會〉	平路	父母合寫
		〈報平安〉	黃國峻	母親
		〈雪原之音〉	洪川	母親
93	陳芳明	〈啊，流年〉	李儀婷	父親
		〈父親〉	陳玉慧	父親
		〈故事〉	蔣勳	母親
94	鍾怡雯	〈臨摹我父〉	賴鈺婷	父親
		〈肚痛帖〉	黃信恩	父親
		〈聽母親說話〉	蔡逸君	母親
		〈母姨天下〉	范銘如	母親
		〈我的西遊記〉	宇文正	兒女（子）
		〈活著，像一支駝隊〉	駱以軍	兒女（子）
95	蕭蕭	〈夢的遠方〉蔡逸君——祖母	蔡逸君	祖母
		〈灶腳〉許蓓苓——阿嬤	許蓓苓	祖母
		〈時差〉黃信恩——父親照顧阿嬤	黃信恩	祖母
		〈航海家的臉〉——父	夏曼·藍波安	父親
		〈父爻〉——父	劉真儀	父親
		〈父親？〉——父	許惠琪	父親
		〈出航〉——給女兒	廖鴻基	兒女（女）
		〈為了下一次的重逢〉——紀念兒子	陳義芝	兒女（子）
96	林文義	〈梵唱〉	古蒙仁	父親
		〈遠方〉	廖玉蕙	兒女（子）
		〈神戲〉	吳鈞堯	兒女（子）
97	周芬伶	〈回程〉	木焱	外祖母
		〈白雪公主和七矮人〉	呂政達	外祖母
		〈知了〉	田威寧	父親
		〈有鬼〉	徐嘉澤	父親
		〈租書店的女兒〉	蘇偉貞	父親
		〈脫身術〉	謝明成	母親
		〈洗〉	吳柳蓓	母親
		〈妳怎麼越來越像妳媽〉	廖玉蕙	母親

98	張曼娟	〈兩百地的雲和月〉	蔡怡	父親
		〈黎明，才正要降臨〉	羅珊珊	父親
		〈取藥的小窗口〉	廖玉蕙	母親
		〈追憶逝水空間〉	郝譽翔	父母合寫
		〈在龍眼樹上哭泣的小孩〉	黃春明	母親
		〈自己的房間〉	張耀仁	母親
		〈生生不息〉	張輝誠	兒女（子）
99	宇文正	〈餘光〉	童偉格	祖母
		〈失落的照片〉	童真	父親
		〈來到曠野〉	心岱	父親
		〈尿片戰爭〉	許裕全	父親
		〈夢中見〉	張維中	父親
		〈想念的記憶〉	李儀婷	父親
		〈陪我走一段〉	李冠穎	母親
		〈最美的‧最美的〉	張耀仁	母親
		〈超人的愛〉	陳浩	兒女（女）
		〈斷線〉	吳鈞堯	手足（弟）
100	鍾怡雯	〈夢中的父親〉	利格拉‧阿媯	父親
		〈身後〉	吳鈞堯	母親
		〈我的媽媽嫁兒子〉	廖玉蕙	母親
		〈不合時宜——母親的固執〉	吳晟	母親
101	隱地	〈四季桂〉	朱天衣	父親
		〈父親與民國〉	白先勇	父親
		〈浴女圖〉	田威寧	父親
102	柯裕棻	〈畫像〉	陳淑瑤	祖母
		〈寂寞不死〉	李秉朔	祖母
		〈我們現代怎樣當兒子〉	楊富閔	父親
		〈錯位〉	林巧棠	父親
		〈懵懂時光〉	楊索	母親
		〈如果，你有一名窮親戚〉	石曉楓	伯父
		〈我妹妹〉	李桐豪	手足（妹）

103	阿盛	〈太早出生的設計師〉	李秉朔	祖父
		〈關鍵十六天：父親與二二八〉	白先勇	父親
		〈禾夕夕〉	葉國居	父親
		〈我的理髮師父親〉	姚秀山	父親
		〈父親的歌〉	徐國能	父親
		〈晨起〉	黃志聰	母親
		〈運動青年母親的太陽花日誌〉	楊翠	母親
		〈磨〉	張光仁	母親
		〈盤子總是會破的〉	宇文正	母親
		〈散戲〉	黃錦樹	母親
		〈宛如白鷺鷥〉	簡媜	姑丈
104	袁瓊瓊	〈一日花／是啊，是這樣啊／父親〉	王定國	父親
		〈我的蟻人父親〉	謝凱特	父親
		〈失戀家族〉	楊隸亞	家族

附錄二 「現代散文選集」親情散文 分佈情形整理

選集書名	編者	出版社 出版日期	選文總 篇數	親情散文 （篇）	母親散文 （篇）
《散文教室》	陳義芝	朱衣 1994	32	4	2
《散文二十家》	陳義芝	九歌 1998	41	7	2
《中學生現代散文手冊》	蕭蕭	翰林 1999	24	4	2
《現代散文選續編》	楊牧 顏崑陽	洪範 2002	44	5	2
《台灣現代文學教程：散文讀本》	周芬伶 鍾怡雯	二魚文化 2002	34	6	1
《天下散文選 I、II、III》（註6）	鍾怡雯 陳大為	天下文化 2004	64	15	4
《台灣現代文選》	向陽 林黛嫚 蕭蕭	三民 2004	16	4	1
《國民文選：散文卷一、二、三》	陳萬益	玉山社 2004	106	18	5
《台灣現代文選‧散文卷》	蕭蕭	三民 2005	32	4	1

《二十世紀台灣文學金典：散文卷一〜三部》	向陽	聯合文學 2006	114	21	9
《五十年來臺灣女性散文選文篇》	陳芳明 張瑞芬	麥田 2006	100	16	5
《散文30家：台灣文學三十年菁英選 1978〜2008（上、下）》	阿盛	九歌 2008	60	8	3
《中華現代文學大系》1989〜2003	張曉風	九歌 2009	209	21	5
《靈魂的領地：國民散讀本》	凌性傑 楊佳嫻	麥田 2013	35	5	2
《散文類：新時代「力與美」最佳散文課讀本》	黃錦樹 高佳謙	麥田 2015	38	8	2

附錄三　「現代散文選集」母親書寫收錄情形整理

作者	篇名	收錄選集書名
琦君	髻	《中學生現代散文手冊》
琦君	毛衣	《五十年來臺灣女性散文選文篇（上）》
王顥	家譜（選自鄉情篇）	《中學生現代散文手冊》
小民	母親的頭髮	《五十年來臺灣女性散文選文篇（上）》
琦君	母親的書	《二十世紀台灣文學金典：散文卷第一部》
蕭傳文	一雙布鞋	《五十年來臺灣女性散文選文篇（上）》
奚淞	姆媽，看這片繁花	《國民文選：散文卷二》、《二十世紀台灣文學金典：散文卷第二部》
蔣勳	無關歲月	《台灣現代文選・散文卷》、《二十世紀台灣文學金典：散文卷第二部》
孫大川	母親的歷史，歷史的母親	《國民文選：散文卷三》、《二十世紀台灣文學金典：散文卷第二部》
高大鵬	清明河上圖	《現代散文選續編》
陳幸蕙	日出草原在遠方	《台灣現代文選》、《二十世紀台灣文學金典：散文卷第二部》、《中華現代文學大系1989～2003》（第三冊）
簡媜	母者	《散文教室》、《散文二十家》、《現代散文選續編》
莊裕安	野獸派丈母娘	《散文教室》、《散文二十家》、《台灣現代文學教程：散文讀本》、《國民文選：散文卷三》、《二十世紀台灣文學金典：散文卷三》

廖玉蕙	示愛	《台灣現代文選·散文卷》
劉靜娟	背影	《五十年來臺灣女性散文選文篇（上）》
龍應台	屬於冬英屬於我	《國民文選：散文卷三》
鍾文音	我的天可汗	《國民文選：散文卷三》、《二十世紀台灣文學金典：散文卷第二部》、《五十年來臺灣女性散文選文篇（下）》
莊裕安	哈姆雷特父親與唐吉訶德母親	《中華現代文學大系 1989～2003》（第二冊）
莊裕安	鳳梨目毛衣女王	《散文 30 家:台灣文學三十年菁英選 1978～2008（下）》
宇文正	水兵領洋裝	《散文 30 家:台灣文學三十年菁英選 1978～2008（下）》
方梓	南方嘉疏	《二十世紀台灣文學金典：散文卷第三部》、《中華現代文學大系 1989～2003》（第三冊）
鍾文音	在夜市裡沉默的那年夏天——我的第一件胸衣（成長+母親）	《靈魂的領地：國民散讀本》
龍應台	人生詰問	《散文 30 家:台灣文學三十年菁英選 1978～2008（上）》
隱地	漲潮日（父母合寫）	《中華現代文學大系 1989～2003》（第一冊）
廖玉蕙	永遠的迷離記憶	《中華現代文學大系 1989～2003》（第二冊）
陳芳明	奔流入海	《散文類：新時代「力與美」最佳散文課讀本》
湯舒雯	初經·人事	《靈魂的領地：國民散讀本》
張錯	逸仙雅居	《散文類：新時代「力與美」最佳散文課讀本》

附錄四　「親情主題散文選集」母親書寫收錄情形整理

選集名稱	編者	出版社	出版日期	選文總篇數	母親散文篇數
《母親的愛》	小民	道聲 百合	1980	36	36
《親親》	張曉風	爾雅	1980	35	19
《我的母親》	鍾麗慧	大地	1983	39	39
《感激——父母的愛》	小民	正中	1986 初版 2005 新版	27	8
《給你一份愛——親情之書》 （《有情四卷——親情》）	鄭明娳 林燿德	正中	1989 初版 1990 再版	23	10
《愛是無價寶——親情與孝思》	正中書局	正中	1993	11	4
《親情維他命》	正中書局	正中	1997	9	6
《無盡的愛》	幼獅文化	幼獅	1997	6	2
《親情無價》	楊明	幼獅	1998	9	5
《永恆的愛》	正中書局	正中	1998	9	4
《千針萬線紅書包》	蕭蕭	幼獅	1999	14	4
《阿爸的百寶箱》	林黛嫚	幼獅	2001	12	8
《媽媽剝開青橘子》	林黛嫚	幼獅	2001	14	7
《有空就回家》	正中書局	正中	2003	10	5

《49 個夕陽》	陳幸蕙	幼獅	2004	9	3
《我的父親母親（母）》	立緒文化	立緒文化	2004	46	46
《煮飯花——溫馨的親情小品選集》	陳幸蕙	幼獅	2006	11	4
《親情靠站列車》	正中書局	正中	2007	15	6
《父母心 彩虹情》	正中書局	正中	2007	12	5
《親情學分 ALL PASS》（內容同《愛是無價寶》）	正中書局	正中	2007	11	4
《真情來敲門》	正中書局	正中	2007	12	4
《散文新四書 冬之妍》	廖玉蕙	三民	2008	12	3
《散文新四書 春之華》	林黛嫚	三民	2008	13	3
《親情之旅》	沈惠芳	幼獅	2008	8	3
《溫情的擁抱：經典親情散文集》	蕭蕭	幼獅	2009	9	3
《溫馨的愛：現代親情散文集》	蕭蕭 王若嫻	幼獅	2010	12	3
《流星雨的天空》	廖玉蕙	幼獅	2010	13	6
《像太陽一樣的笑容》	幼獅文化	幼獅	2010	14	5
《最好的時光——親情，愛在四季》	廖玉蕙	正中	2010	16	5
《當你失去親愛的人——走過悲傷的幽谷》	焦桐	二魚	2013	20	5
《中學生晨讀 10 分鐘：親情故事集》	廖玉蕙	親子天下	2014	23	8